Inhalt

Inhalt

Vorwort

Montenegro ist als Urlaubsziel noch ein Geheimtip. Dabei weist die kleine Teil-republik Jugoslawiens eine große landschaftliche Vielfalt auf. Montenegro hat mehr zu bieten als eine traumhafte Küste mit langen und einsamen Stränden und geschichtsträchtigen Orten.

Viele Reisende aus den deutschsprachigen Gebieten haben in den 70er und 80er Jahren ihren Urlaub an der montenegrinischen Adriaküste verbracht und waren begeistert von der Schönheit des Landes und der Gastfreundschaft seiner Men-schen. Die kriegerischen Auseinandersetzungen im ehemaligen Jugoslawien haben in den 90er Jahren – von wenigen Wagemutigen abgesehen – die Reisenden abge-halten, in das kleine Land der Schwarzen Berge zu kommen, wenn auch Montene-gro von direkten Kriegshandlungen verschont geblieben ist. Mit dem Frieden im ehemaligen Jugoslawien kommen nun auch die Besucher langsam zurück.

Die meisten Gäste zieht es an die Küste. Budva mit seiner von einer Stadt-mauer umgebenen Altstadt, dem königlichen Strand und der Hotelinsel Sveti Ste-fan versetzt die Besucher in Verzückung. Sie staunen in der Bucht von Kotor über einen einzigartigen Fjord und kommen der Geschichte des Landes in der von der UNESCO zum Weltkulturerbe erklärten Altstadt von Kotor näher. Aber auch fern der touristischen Küstenorte erlaubt Montenegro tiefe Einblicke in seine Ursprün-ge und eine von verschiedenen Kulturen geprägte ereignisreiche Geschichte. In der alten Residenzstadt Cetinje etwa scheint die Zeit stehen geblieben zu sein.

Nur eine Autostunde von der Küste entfernt beginnt ein ganz anderes Monte-negro mit seiner unberührten und faszinierend schönen Natur. Der Skutarisee wirkt wie eine eigene, der Zeit entrückte Welt, das Durmitorgebirge und sein Nationalpark laden ein zu Wanderungen, zum Besuch der oft einsam gelegenen Seen und zum Entdecken der zahlreichen Kulturgüter, die die Völker dem Land gebracht haben.

Montenegro ist nicht nur während der warmen Monate reizvoll. Fast noch unbekannt und unberührt vom Massentourismus sind die Wintersportzentren. Hier läßt sich nicht nur Ski fahren, sondern in reiner Luft wandern und die Natur erleben. Ausländische Besucher vergleichen nach einem Besuch die Skigebiete Montenegros oft mit denen der Schweiz.

Auf seine touristische Entdeckung wartet der Osten Montenegros, eine Ansammlung zahlreicher Geheimtips mit der Ortschaft Plav und seinem See als touristische Höhepunkte.

Wer nach Montenegro kommt, wird mit reichen Eindrücken und Erlebnissen belohnt. In Montenegro läßt sich viel entdecken, und ehe man es sich versieht, hat man sein Herz an die Schwarzen Berge verloren.

Zeichenlegende

 Allgemeine Informationen

 Anreise mit dem Auto, Autovermietung

 Anreise mit dem Bus, Busbüros

 Anreise mit der Bahn, Bahnbüros

 Anreise mit dem Flugzeug

 Fährverbindungen

 Taxistände

 Unterkünfte

 Campingplätze

 Einkehrmöglichkeiten

 Museen, Ausstellungen und weitere Sehenswürdigkeiten

 Kulturelle Veranstaltungen, Feste

 Sport und Erholung, Sporteinrichtungen

 Strand

 Tankstelle

Montenegro ist bereit für seine Wiederentdeckung als Urlaubsland.
Lebhafte touristische Orte und einsame Strände beeindrucken neben historischen Denkmälern, alten geschichtsträchtigen Städten und unberührter Natur.

Land und Leute

Geographie

Montenegro liegt auf der südlichen Balkanhalbinsel und grenzt im Nordosten an Serbien, im Westen an Kroatien, im Nordwesten an Bosnien-Herzegowina, im Südwesten meerseitig an Italien, im Südosten an Albanien und im Osten an das Kosovo.

Die zwei voneinander am weitesten entfernten Punkte Montenegros trennen nur 190 Kilometer Luftlinie. In Montenegro leben circa 650 000 Menschen, das entspricht etwa der Einwohnerzahl einer mittelgroßen Stadt in Deutschland. Montenegro war mit einer Fläche von knapp 14 000 Quadratkilometern die kleinste Republik im ehemaligen Jugoslawien. Selbst Slowenien, die zweitkleinste Teilrepublik, war mit über 20 000 Quadratkilometern erheblich größer.

Obwohl Montenegro relativ klein ist, weist es drei Klimazonen auf. Es ist zugleich ein Küsten-, Kontinental- und Gebirgsland. So ist es möglich, während der Sommermonate das typische Mittelmeerklima an der Küste zu genießen und nach einer dreistündigen Autofahrt schneebedeckte Bergspitzen im Durmitorgebirge zu erleben. Interessant ist, daß genau über dem Gebiet Montenegros warme Luftströme aus Afrika auf die kältere Polarluft treffen und dann weiter nach Norden ziehen.

Mit 150 000 Einwohnern ist die Hauptstadt Podgorica die bevölkerungsreichste Stadt in Montenegro und zugleich auch das wirtschaftliche, politische und kulturelle Zentrum des Landes. Die zweitgrößte Stadt ist Nikšić mit rund 90 000 Einwohnern.

In der Bücht von Kotor treffen Meer und Berge unmittelbar aufeinander

Die Küste

Für Touristen ist die montenegrinische Küste von besonderem Interesse. Sie ist schmal und wird durch einen steilen Gebirgszug vom Hinterland getrennt. Die Küste erstreckt sich auf insgesamt 293 Kilometern; 173 Strände mit einer Gesamtlänge von über 70 Kilometern stehen den Sonnenhungrigen zur Verfügung.

Das Meerwasser vor der montenegrinischen Küste gehört zu den saubersten im Mittelmeer. Für einen regen Wasseraustausch sorgen zahlreiche Ströme nahe der Küste, sie lassen das Wasser kristallklar aussehen.

Die Küste ist zu großen Teilen für den Tourismus erschlossen. Nahe der Grenze zu Kroatien befindet sich der Kurort Igalo mit seinem europaweit

Montenegro hat ein Vielzahl schöner Küstenabschnitte zu bieten

bekannten Kurzentrum. Nach wenigen Kilometern erreicht man die altertümliche Stadt Herceg Novi. Von hier hat man einen Ausblick auf den Eingang zur Bucht von Kotor, ein einzigartiger Fjord aus verschiedenen kleineren Buchten, der in der Welt seinesgleichen sucht. Vorbei an den kleinen aber geschichtsträchtigen Ortschaften Risan und Perast erreicht man die Stadt Kotor mit ihrer zum Weltkulturerbe gehörenden Altstadt.

Budva ist das Zentrum des Sommerfremdenverkehrs und vereint, wie so oft in Montenegro, die Vergangenheit mit der Gegenwart. So liegen die mittelalterliche und mit einer Mauer umgebene Altstadt sowie die moderne Feriensiedlung Slovenska Plaža und die zahlreichen lebhaften und auch einsamen Strände in der Umgebung einträchtig beieinander.

Weiter südlich liegen weitere für Touristen interessante Ortschaften wie Sutomore und Petrovac. Eine Besonderheit stellt die Hotelinsel Sveti Stefan dar. Früher ein Fischerdorf, wurde sie in den 1960er Jahren für den Tourismus umgebaut und bietet seitdem ihren Besuchern ein luxuriöses Ambiente.

Auch Ulcinj, die südlichste Stadt Montenegros, bietet eine Symbiose aus Alt und Neu. Die Stadt kann auf eine 2000 Jahre alte Geschichte zurückblicken, wie man an den Ruinen in Alt-Ulcinj heute noch sehen kann. In der Stadt nahe der Stadtmauer tummeln sich die Badegäste am Strand. Etwas außerhalb erstreckt sich auf 13 Kilometern der Große Strand. Wo einst blutige Schlachten tobten, machen heute Hotels, Cafés, Restaurants den Besuchern den Aufenthalt angenehm.

Die Gebirge

Möchte man von der Küste ins Hinterland reisen, müssen zunächst die steil aus dem Meer herausragenden Berge überwunden werden. Über Serpentinen erreicht man das weite Karstgebiet mit seinen Schluchten, Felsen, Tälern und dem Nationalpark Lovćen. Mittendrin thront der Berg Lovćen, das Wahrzeichen Montenegros. Auf seinem Gipfel befindet sich das Njegoš-Mausoleum. Unterhalb des Lovćen liegt in einem Tal die ehemalige Residenzstadt Cetinje.

An den Rändern der Zeta-Ebene steigen die Berge steil in den Himmel. Eine halbstündige Autofahrt in die Berge ist nötig, um im Sommer der tropischen Hitze der Hauptstadt zu entkommen und in einem erfrischendem Gebirgsklima Abkühlung zu finden. Hier schlängelt sich der Fluß Morača durch Abgründe und Schluchten. Der Nordosten Montenegros gilt als sandiges Karstgebiet. Er beherbergt zwei weitere Nationalparks: Durmitor und Biogradska Gora.

Biogradska Gora ist einer der letzten drei Urwälder in Europa. Seine 5000 Hektar sind zu 80 Prozent bewaldet. Teilweise sind die Bäume ein halbes Jahrhundert alt und älter und ragen bis zu 50 Meter hoch in den Himmel. Es wurden über 80 verschiedene Baumarten, 220 verschiedene Pflanzen und über 350 Insekten-

Das Durmitorgebirge bei Žabljak

arten gezählt. Ebenso zahlreich sind die verschiedenen Tierarten – unter anderem Bären, Fischotter, Füchse oder Wildschweine – vertreten.

Der Nationalpark Durmitor hat eine Größe von 39 000 Hektar. 22 000 Hektar wurden Anfang der achtziger Jahre in das Weltkulturerbe der UNESCO aufgenommen. Das Durmitorgebirge besteht aus 22 Bergspitzen mit einer Höhe von über 2200 Metern und 19 Bergseen, die sich teilweise in einer Höhe von 2000 Metern befinden.

Im Durmitorgebirge auf dem Berg Savin Kuk befindet sich in einer Höhe von 1456 Metern die Stadt Žabljak. Sie ist die höchst gelegene Ortschaft in Montenegro und zugleich das Zentrum des Wintersports in der Republik.

Der höchste Berg ist Bobotov Kuk mit 2523 Metern, der längste Fluß ist die Tara. Sie schlängelt sich auf rund 150 Kilometern durch die Bergwelt Montenegros. 80 Kilometer fließt die Tara durch die zweitlängste Schlucht der Welt. Mit einer Tiefe von 1300 Metern nimmt die Taraschlucht auch in dieser Disziplin den zweiten Platz hinter der Coloradoschlucht in Amerika ein. Die Taraschlucht wurde ebenfalls von der UNESCO zum Weltkulturerbe erklärt.

Die Tiefebene

Etwa 20 Kilometer von Cetinje entfernt, in nordöstlicher Richtung, liegt die Hauptstadt Podgorica im sogenannten Zetatal. Die Tiefebene ist das fruchtbarste Gebiet in Montenegro und weist zugleich die größte Bevölkerungsdichte auf. Mit Podgorica und Nikšić liegen die beiden einwohnerstärksten Städte im Zetatal.

Hier, im mittleren Montenegro, befindet sich der Nationalpark Skadarsko Jezero, deutsch Skutarisee. Er hat eine Fläche von 40 000 Hektar, sein kleinerer Teil liegt in Albanien. Ein Teil der Grenze zwischen Montenegro und Albanien verläuft quer durch den See. Der Nationalpark ist bekannt für seine zahlreichen Vogelarten, die teilweise nur noch in dieser Region vorkommen.

Der See ist nur sechs Kilometer Luftlinie von der Küste entfernt, allerdings liegt das Rumijagebirge dazwischen, dessen Überwindung eine mehrstündige Autofahrt nötig werden läßt.

Die Gewässer

Die Wasserressourcen in Montenegro sind knapp. Besonders während der heißen und trockenen Sommermonate kann es zu Engpässen in der Wasserversorgung der Bevölkerung kommen. Trinkwasser wird teilweise aus den Nachbarländern importiert. Dies ist umso erstaunlicher, als ein recht dichtes Adergeflecht an Flüs-

Die Zeta bei Danilovgrad

sen und Bächen Montenegro durchzieht. Besonders im Norden Montenegros, in den Bergen, sind zahlreiche Seen zu finden. Der wohl bekannteste See liegt im Südosten des Landes und ist der Skadarsko jezero (Skutarisee). Er ist mit 37 Quadratkilometern der größte See auf dem Balkan und weist eine Länge von 43 Kilometern auf.

Im Nationalpark Biogradska Gora befindet sich der See Biogradska jezero. Während der Wasserspiegel des Skutarisees teilweise unter dem Meeresspiegel liegt, liegt der Biogradskasee in einer Höhe von über 1000 Metern über dem Meer und ist so einer der höchstgelegenen Seen auf dem Balkan. Etwas weiter nördlich im Nationalpark befindet sich der etwas kleinere See Šiško jezero.

An den Hängen des Berges Bobotov Kuk im Durmitorgebirge gibt es insgesamt 19 Gletscherseen, die bei den Montenegrinern auch Bergaugen genannt werden. Der bekannteste ist der Schwarze See. Im Winter ist seine Oberfläche oft von einer Eisschicht überzogen, während man im Sommer in ihm baden kann. Weitere Seen im Durmitorgebirge sind neben anderen Zminje jezero, Barno jezero, Riblje jezero.

Nahe dem Fluß Bojana, der die natürliche Grenze zu Albanien bildet, befindet sich der See Šasko jezero. Nordöstlich von Nikšić liegen die Seen Slano jezero und Krupaćko jezero. Beide Seen werden durch den Fluß Zeta gespeist.

Der bekannteste Fluß Montenegros ist die Tara. Die Tara fließt durch den Nationalpark Durmitor und zugleich durch die zweitgrößte Schlucht der Welt. Die Schluchten der Tara sind am manchen Stellen bis zu 1300 Meter tief. Die Tara schlängelt sich auf 150 Kilometern durch Montenegro, vereinigt sich dann mit dem Fluß Piva, beide füllen dann die Drina mit ihrem Wasser. Die Morača fließt durch Podgorica und trifft vor den Toren der Stadt auf die Zeta. Die Lim fließt im Osten Montenegros und durchquert unter anderem die Stadt Berane.

Eine lange Tradition hat das leicht radioaktive Mineralwasser aus Igalo. Die Quelle wurde vor vielen Jahren nahe der Mündung des Flusses Sutorina entdeckt. Unter der Bezeichnung Igaljka werden täglich mehrere tausend Flaschen verkauft.

Flora und Fauna

Für die Tier- und Pflanzenwelt herrschen in Montenegro Bedingungen, die in vielen anderen Gegenden Europas in dieser Form nicht mehr vorzufinden sind. Viele Regionen Montenegros sind unbesiedelt, die geringe Einwohnerdichte und die unberührte Natur schaffen ideale Lebensräume für seltene Pflanzenarten und Tiere, von denen eine beträchtliche Zahl nur noch hier zu finden ist. Die im Vergleich mit anderen Ländern relativ schwach ausgeprägte Industrialisierung Montenegros kommt ebenso den Lebensbedingungen der Natur zugute.

Von besonderer Bedeutung sind die vier Nationalparks in Montenegro. Neben dem Durmitor Nationalpark sind dies der Skutarisee, der Park Biogradska Gora und der Nationalpark Lovćen.

Im Nationalpark Biogradska Gora findet man Bäume, die über 500 Jahre alt und bis zu 50 Meter hoch sind. Der Wald nimmt insgesamt eine Fläche von 80 Prozent des Parks ein. 86 Baumarten sind bisher gezählt worden, darunter Fichte, Tanne, Ulme, Buche, Eiche, Ahorn, Linde oder Esche. Neben 26 Ökosystemen wurden über 200 Pflanzenarten und 150 Vogelarten entdeckt. Zu den wichtigsten Vogelarten gehören Steinadler und Auer-

Fischerboote in Virpazar am Skutarisee

hühner. Der Nationalpark ist ebenfalls Lebensraum von 350 Insekten- und unge-
zählten Tierarten. Dazu gehören beispielsweise Hirsche, Rehe, Bären, Gemsen,
Wölfe, Wildschweine, Füchse, Hasen oder Fischotter. Der bedeutenste See im
Nationalpark ist der Biograder See. Er liegt 1094 Meter über dem Meer.

Der Skutarisee ist das größte Vogelreservat in Europa, in dem unter anderem
Pelikane ihren Lebensraum haben. Der Pelikan ist auch das Wahrzeichen des
Sees. Insgesamt 270 Vogelarten leben am See. Er ist zugleich einer der wenigen
noch im Mittelmeerraum zu findenden Süßwassersümpfe. Die Fläche des Sees
unterliegt großen Schwankungen und variiert zwischen 360 und 540 Quadratkilometern, bei einer durchschnittlichen Wassertiefe von sechs Metern. An manchen
Stellen ist der See aber auch bis zu 60 Meter tief. Die tiefsten Stellen werden
›Augen‹ genannt und stellen eine Besonderheit dar, da an dieser Stelle die Oberfläche des Sees unter dem Meeresspiegel liegt.

Der See ist mit einem Teppich aus Sumpfpflanzen bedeckt. Die Ufer sind ebenfalls sumpfig und von einem breiten Schilfstreifen durchzogen. 1996 fand der See
Aufnahme in die Weltliste der Sümpfe. Charakteristisch für den südlichen Teil des
Sees sind der steinige Uferbereich und die Waldgebiete mit überwiegend wild
wachsenden Kastanienbäumen. Der See ist Heimat von 40 verschiedenen Fischarten. Zu den wichtigsten zählen Karpfen und Ukeleien. Auch typische Meerfi-
sche wie etwa Aale findet man hier.

Die Inseln des Sees sind für die zahlreichen Vogelarten ein beliebter Nistplatz.
Die Insel ›Golubovo ostrov‹ bietet eine Seltenheit für den Vogelfreund. Sie ist eine
der wenigen Süßwasserinseln, die von der Silbermöwe als Nistplatz genutzt werden. Auf den Inseln sind auch wilde Tauben und Eulen zu finden wie auch Käuze,
Fischreiher oder Seidenreiher, die in der jüngsten Vergangenheit unter Schutz
gestellt wurden, da sie vom Aussterben bedroht sind.

Der Nationalpark Durmitor ist von der UNESCO in das Weltkulturerbe eingetragen worden. Die Flora im Nationalpark hat sich über Jahrhunderte in einer von
Menschen fast unberührten Region entwickeln können. Über 1500 Pflanzenarten
sind heute noch dort zu finden. Ebenso vielfältig hat sich die Tierwelt entwickelt.
Bären und Wölfe leben dort ebenso wie 130 verschiedene Vogelarten, unter denen
der Adler zu den bekanntesten gehört.

Das Wasser vor der montenegrinischen Adriaküste gilt als das sauberste im
gesamten Mittelmeerraum und ist Lebensraum für zahlreiche Fischarten, darunter Muränen, Meeraale und Rochen. Man findet auch Schnecken, Krebse, Seeigel
und Korallen. Auf Quallen stößt man nur vereinzelt. Die Adria ist frei von Raub-
fischen. Es soll in den letzten Jahrzehnten einige wenige Male vorgekommen sein,
daß sich ein Hai vor die Küste Montenegros verirrt hat. Manchmal sind in den
Sommermonaten in der Bucht von Kotor oder auch vor der Küste Budvas Del-
phine zu sehen.

Klima und Reisezeit

Milde Winter ohne Schnee und heiße trockene Sommer sind das bestimmende Klima an der Küste. Der Herbst ist meist sehr mild, der Frühling beginnt schon sehr früh. Im Kontrast dazu sind die Gebirgsspitzen Montenegros oft das ganze Jahr über schneebedeckt.

Die Mittagstemperatur liegt an der Küste im Juli durchschnittlich bei 29 Grad, die Meerestemperatur bei durchschnittlich 23. Herceg Novi, am Eingang der Bucht von Kotor gelegen, hat im Jahresdurchschnitt hundert Tage eine Tempera-

Während der Hochsaison an der Küste

tur von über 25 Grad, an über 30 Tagen sogar über 30. Die Badesaison umfaßt insgesamt 180 Tage, in einem Jahr gibt es 240 Sonnentage. Im Januar liegt die Durchschnittstemperatur immerhin noch bei fast 10 Grad.

Vorherrschend sind an der montenegrinischen Adria in erster Linie während der Wintermonate die Winde Jugo und Bura. Der Jugo weht feucht-warm aus südöstlicher Richtung mit einer gleichbleibenden Stärke. Der Bura ist ein kalter und trockener Wind. Im Sommer, bei schönem Wetter, weht aus nordwestlicher Richtung tagsüber bis zum Sonnenuntergang der Mestral. Der Jugo wie auch der Mestral sind zum Segeln und Surfen sehr günstig.

Große Temperaturschwankungen und plötzliche Luftdruckveränderungen, die belastend auf den menschlichen Organismus wirken könnten, sind äußerst selten.

Oft sind auch im Sommer die Gebirgs-spitzen schneebedeckt

Anfang Juni scheint die Sonne noch nicht so heiß, die durchschnittliche Mittagstemperatur beträgt 25 Grad. Die Tage sind jetzt am längsten, Blumen und Blüten stehen in voller Pracht und duften. Die Einheimischen erwarten die Gäste und sind zum Teil noch mit letzten Vorbereitungen beschäftigt. Bis Mitte Juni kann man die Ruhe vor dem Sturm genießen. An den Stränden ist noch reichlich Platz, die Hotels und Restaurants sind von nur wenigen Gästen frequentiert, sämtliche touristischen Angebote aber bereits vorhanden.

Im Juli strömen die Touristen an die Küste. Die Werksferien in Jugoslawien haben begonnen. Im vierzehntägigen Rythmus reisen jugoslawische Touristen mit Bussen und Privatautos an die Strände, während die schon braungebrannten Urlauber wieder nach Hause abreisen. Zusätzlich strömen die ausländischen Gäste in das Land. Die Hochsaison hat begonnen und läuft erst Ende August aus.

Die Wassertemperatur erreicht im Juli durchschnittlich 25 Grad, tagsüber kann es bis zu 35 Grad heiß werden. Besichtigungen, Ausflüge und Einkäufe sollten während dieser Zeit nur noch bis zum frühen Vormittag oder ab dem späten Nachmittag unternommen werden. Die Gefahr, einen Sonnenstich zu bekommen, ist sehr groß. In der Zeit von 11 bis 17 Uhr wird man kaum einen Einheimischen auf den Straßen und Plätzen finden.

Am ersten September enden die Schulferien in Montenegro, wie auch im übrigen Jugoslawien. Die einheimischen Touristen und auch der größte Teil der ausländischen Besucher sind nach Hause zurückgekehrt. Die Preise sinken, in den Restaurants findet man immer einen guten Platz. Selbst an den schönsten Stränden tummelt sich nur eine lichte Schar von Gästen. Das Wasser ist mit durchschnittlich 22 Grad angenehm warm, die Lufttemperatur beträgt nicht zu heiße 26 Grad, im Oktober immerhin noch 22 Grad.

Für diejenigen, die Montenegro erkunden möchten, sich für die Sehenswürdigkeiten interessieren oder in den Bergen wandern möchten, können die Monate April und Mai die richtige Reisezeit sein.

Ökologie und Naturschutz

Auch im Bereich Ökologie und Naturschutz zeigt sich ein kontrastreiches Bild. Montenegro wurde zu Beginn des Jahres 1991 zum ökologischen Staat ausgerufen, Schutz und Erhalt der Natur sind in der Verfassung verankert. Das ist ein vorbildlicher Schritt, der andere, auch westliche Staaten zur Nachahmung anregen könnte.

Leider klaffen auch hier Theorie und Wirklichkeit weit auseinander. Autowracks an den Straßenrändern, Müllberge in der Natur und überquellende Mülltonnen, nicht nur in der Sommersaison, sprechen eine andere Sprache. Mit den wieder wachsenden Touristenzahlen steigen auch die Bemühungen der montenegrinischen Tourismusorganisationen, die Strände und Küstenorte sauber zu halten. Die aufgestellten Hinweisschilder sind schön anzusehen, überzeugen aber offensichtlich noch nicht jeden Besucher.

Im Vergleich zu anderen europäischen Staaten ist das Umweltbewußtsein in Montenegro nicht sehr ausgeprägt. Papier- und Glascontainer wird man kaum finden, der private Müll und auch der Sperrmüll wird nicht selten im eigenen Garten verbrannt. Abwässer werden mitunter immer noch ins Meer geleitet. Viele Montenegriner haben eine Senke im Garten, die in regelmäßigen Abständen leergepumpt werden muß. Dafür wird eine nicht unerhebliche Gebühr verlangt, die bis zu einem halben Monatseinkommen ausmachen kann. Das Abfuhrunternehmen entsorgt letztlich alles ins Meer. Gesetze schreiben strenge Umweltauflagen für

Der Schutz der Natur ist in Montenegro Staatsziel

Firmen vor, aber auch in diesem Punkt hinkt die Realität hinter den gut gemeinten Beschlüssen der Regierung hinterher.

Gerade in der jüngsten Vergangenheit fanden immer mehr ausrangierte und somit billige Autos den Weg aus westeuropäischen Ländern nach Montenegro. Einen Katalysator haben die meisten Autos in Montenegro nicht. Gerade in diesem Bereich sind Fortschritte festzustellen. Denn mittlerweile ist es nicht mehr möglich, Autos nach Montenegro zum Verkauf einzuführen oder in Montenegro anzumelden, die älter als fünf Jahre sind.

Die Umwelt in Montenegro profitiert von der noch vergleichsweise wenig ausgeprägten Industrie. Die relativ dünne Besiedlung in weiten Teilen des Landes, insbesondere in den nur schwer zugänglichen Bergen, ist ebenfalls ein Vorteil für die Umwelt. Obst und Gemüse wird oft noch ohne Chemie und ungespritzt im heimischen Garten angebaut und später auf dem Markt verkauft. Der Massentierhaltung steht noch immer der Kleinbauer gegenüber, der seine Produkte in Eigenregie verkauft; BSE hat in Montenegro keine Rolle gespielt. Zumindest in den Dörfern weiß man, von welchem Bauer das Fleisch stammt, und wenn Fisch auf den Tisch kommt, ist dieser oft vom Hausherrn vor wenigen Stunden eigenhändig gefangen worden. Viele Restaurants haben ihre Fischer, von denen sie den in der Nacht gefangenen Fisch täglich beziehen. Lange Transporte im Kühlwagen sind nicht nötig, da der gefangene Fisch bis zum Endverbraucher nicht selten nur wenige Meter zurücklegt und manchmal noch zappelt, wenn er verkauft wird.

In der Tourismusindustrie verlangen die Gesetzte des Marktes ein Umdenken. Die westlichen Reiseunternehmen verlangen gewisse Standards, gerade in Umweltfragen. Ein Hotel, das noch heute seine Abwässer ungeklärt ins Meer laufen läßt, wird nicht mehr akzeptiert. Viele Hotels besitzen daher mittlerweile eine hoteleigene Kläranlage, waschen Bettzeug und Handtücher nicht mehr jeden Tag und versuchen auch sonst, die Umwelt nicht übermäßig zu belasten.

Einzigartige Beispiele unberührter und auch geschützter Natur sind die verschiedenen Nationalparks. Sie werden gepflegt und verfügen über eigene intakte Ökosysteme. Das Wasser der Flüsse ist klar und die Luft sauber. Obwohl es zu einigen Umweltsünden an der montenegrinischen Küste kommt, ist das Wasser vor der Küste noch immer das sauberste im ganzen Mittelmeer. Algenteppiche sind hier unbekannt.

Den Montenegrinern ist die Einzigart ihrer Natur und Landschaften bewußt. Sie versuchen sie zu schützen, nicht zuletzt weil eine unberührte Natur auch die Besucher ins Land kommen läßt. Viele Ideen und Pläne zum Schutz der Natur sind ausgearbeitet und werden auch umgesetzt. Die angespannte finanzielle Situation des kleinen Landes und das mitunter noch nicht sehr ausgeprägte Bewußtsein für die Belange des Umweltschutzes sind die Hauptgründe dafür, daß noch nicht überall westliche Standards erreicht sind.

Der Staat

Die Republik Montenegro ist laut Verfassung eine parlamentarische Demokratie. Sie bildete zusammen mit der Republik Serbien einen gemeinsamen Staat unter der Bezeichnung Bundesrepublik Jugoslawien, gegenwärtig unter dem Namen Serbien und Montenegro.

Das Parlament, die gesetzgebende Macht, besteht aus Abgeordneten, die direkt von den Bürgern gewählt werden. Die protokollarisch höchste Position ist die des Staatspräsidenten. Er wird in direkter Wahl durch die Bürger bestimmt. Seine Amtszeit beträgt fünf Jahre.

Die Regierung besteht aus 15 Ministern und dem Ministerpräsidenten. Sie bestimmt die Innenpolitik ebenso wie die Außenpolitik, so weit sie die Republik Montenegro betreffen. Die Regierung organisiert und kontrolliert die Staatsverwaltung und überwacht die Arbeit der einzelnen Minister und anderer Verwaltungsorgane. Internationale Verträge werden von der Regierung abgeschlossen, wenn Sie ausschließlich Montenegro betreffen. Darüber hinaus bestimmt sie über die Verteilung und Ausgabe der Haushaltmittel.

Wichtigste politische Parteien in Montenegro sind die DPS (Demokratische Partei der Sozialisten) von Staatspräsident Milo Đukanović und die Sozialistische Volkspartei SNP seines Widersachers, des ehemaligen Republikpräsidenten Momir Bulatović. Beide waren bis 1997 Parteifreunde in der DPS. Innerhalb der

Gebäude der ›Gemeindeverwaltung‹

Partei kam es zu einer Spaltung in einen pro-westlichen und einen Milošević nahestehenden pro-jugoslawischen Flügel mit Momir Bulatović an der Spitze. Bulatović verließ mit seinen Anhängern die DPS und gründete die SNP, während Đukanović mit der DPS erster Mann Montenegros wurde.

Vorbild für die Gesetzgebung Montenegros waren die westeuropäischen Länder und ihre Marktwirtschaft. Auch in Montenegro hat nach dem Selbstverwaltungssystem aus kommunistischer Zeit die Entwicklung der freien Marktwirtschaft erste Priorität. Von der Regierung wird das freie Unternehmertum gefördert. Garantiert wird die volle Sicherheit des Vermögens und des wirtschaftlichen Gewinns.

1991 erklärte das montenegrinische Parlament die Republik zum sogenannten Umweltstaat. Der Naturschutz und dessen Erhalt wurden zur staatlichen Aufgabe erklärt, die allerhöchste Priorität genießt. So wird beispielsweise denjenigen ein Gewerbe verwehrt, die die Auflagen zum Schutz der Umwelt nicht erfüllen.

In der montenegrinischen Verfassung sind Presse- und Meinungsfreiheit fest verankert. Jedem soll das Recht gewährt werden, seine Meinung öffentlich zu äußern. Gleiches gilt im Bereich der Kultur und der Benutzung anderer Sprachen und Schriften.

Zu den Nationalsymbolen gehört die Fahne Montenegros. Sie besteht aus den Farben Rot, Blau und Weiß, die von oben nach unten in gleichmäßigen Balken angeordnet sind. Das Wappen Montenegros besteht aus einem zweiköpfigen Adler mit einem Schild, auf dem ein Löwe prangt.

Der Bevölkerung fällt es nicht leicht, der vermeintlich neugewonnenen Freiheit begeistert demokratisches Leben einzuhauchen. Etwas verunsichert und abwartend beginnen sie, sich das demokratische Handwerk anzueignen. Das ist verständlich, da Montenegro bis vor kurzem demokratisch im westeuropäischen Sinne noch nie war. Über Jahrhunderte führten meist einzelne Personen die Geschicke des Landes, im kommunistischen Jugoslawien waren Tito und die Partei das Maß aller Dinge.

Die heutigen Repräsentanten des demokratischen Montenegro waren noch vor wenigen Jahren Profiteure einer kommunistischen und hierarchischen Gesellschaftsordnung. So ist die Skepsis der Bevölkerung nicht erstaunlich. Viele trauen ihren politischen Vertretern viel Sinn für das Mehren ihres persönlichen Reichtums zu, nicht aber die Förderung einer demokratischen Streitkultur und die Vertretung der Wählerinteressen.

Nicht nur die europäischen Medien berichten von Schmuggelgeschäften des ersten Mannes in Montenegro, Đukanović', der auf diese Weise zu seinem Reichtum gekommen sein soll. Sein Gehalt als Präsident hätte dafür auch kaum ausgereicht. Allerdings ließ er auch die Bevölkerung daran teilhaben: So wurden die Renten jahrelang aus dem Erlös dieser dubiosen Geschäfte gezahlt.

Daß die Medien in Montenegro auch darüber berichten, war vor einem Jahrzehnt noch undenkbar. Die Demokratie in Montenegro ist noch jung, alte politische Verkrustungen werden zwar langsam aber doch merklich aufgebrochen. War die Presse über Jahrzehnte Sprachrohr der kommunistischen Partei in Jugoslawien, müssen sich die heute demokratisch gewählten Politiker mit einer immer selbstbewußteren Berichterstattung der Medien auseinandersetzen. Als hohe Staatsfunktionäre in illegale Geschäfte und Menschenhandel verwickelt waren, brachte erst die Berichterstattung in den Medien das Treiben ans Tageslicht. Ein Grund für das keimende und sich entwickelnde Unabhängigkeitsbewußtsein mag darin begründet sein, daß zahlreiche ausländische Zeitungsverlage in montenegrinische Zeitungen investieren haben.

Bildungswesen

Vom 7. bis zum 14. Lebensjahr besuchen die Schüler in Montenegro die sogenannte Grundschule. Anschließend haben die Schüler die Wahl zwischen dem Gymnasium und einer fachspezifischen weiterführenden Schule. Die Schüler müssen sich dadurch in der Regel relativ früh für einen Berufszweig entscheiden. Wer beispielsweise später Musik studieren möchte, muß bereits nach der Grundschule die weiterführende Musikschule besuchen.

Für die Grundschule besteht die allgemeine Schulpflicht. Sie wird von nahezu allen Kindern in Montenegro besucht. Etwa 40 Prozent der montenegrinischen Schüler und Schülerinnen beenden ihre Schullaufbahn mit dem Ende der Grundschule und wechseln direkt in einen Beruf. Die übrigen 60 Prozent besuchen eine fachspezifische weiterführende Schule oder das Gymnasium. Anschließend besteht die Möglichkeit zum Besuch der Hochschulen in Montenegro. Viele Montenegriner studieren aber auch in Serbien, häufig in der Hauptstadt Belgrad. Die größte Universität Montenegros befindet sich in Podgorica. Mehrere zehntausend Studenten sind dort an den verschiedenen Fakultäten eingeschrieben.

Eingang zur Grundschule in Kolašin

Bevölkerung und Konfessionen

Die letzte Volkszählung wurde 1991 durchgeführt und stellt bis heute die aktuellste verläßliche Erhebung dar. Demnach leben 650 000 Menschen in Montenegro. Davon bezeichnen sich 62 Prozent als Montenegriner. 15 Prozent geben ihre Nationalität mit muslimisch an. Im kommunistischen Jugoslawien hatte Tito den Muslimen den Status einer eigenständige Nationalität zuerkannt.

Die drittgrößte Gruppe stellen die Serben dar, die neun Prozent der Bevölkerung ausmachen. Besonders der Norden Montenegros, nahe der Grenze zu Serbien, wird von Serben bewohnt. Die Albaner stellen sieben Prozent der Bevölkerung und leben überwiegend in der Region Ulcinj und an der Grenze zum Kosovo. Vier Prozent, oft Menschen aus gemischtnationalen Ehen, bezeichnen sich als Jugoslawen. Die Kroaten machen mit 6000 Personen noch ein Prozent der Bevölkerung Montenegros aus. Sie leben überwiegend in der Bucht von Kotor.

In Montenegro sind auch Menschen anderer Herkunft zu finden. So stößt man hin und wieder auf italienische, russische oder mazedonische Namen und vereinzelt auch auf Namen, die einen deutschen Ursprung verraten, deren Schreibweise aber der serbischen Sprache angepaßt wurde. An der montenegrinischen Küste ist beispielsweise der Nachname ›Klajn‹ nicht unbekannt. Vor dem Zweiten Weltkrieg lebten viele Deutsche in der Vojvodina und siedelten im Zuge des Krieges nach Montenegro.

Es wird vermutet, daß die Zahl der emigrierten Montenegriner viel höher ist als die Anzahl der tatsächlich in Montenegro lebenden Menschen. Viele Montenegriner sind noch zu Zeiten von König Nikola nach Amerika oder Australien ausgewandert, später war auch Europa das Ziel der Emigranten. Das Nationalbewußtsein der Exilmontenegriner ist oft sehr viel ausgeprägter und zeigt sich beispielsweise darin, daß man sich auf eine eigene montenegrinische Sprache beruft und sich in Vereinigungen organisiert.

Die Bevölkerungsdichte Montenegros beträgt nur 44 Einwohner pro

Montenegrinische Tracht in Cetinje

Quadratkilometer (in Deutschland ist sie etwa fünfmal so hoch). Verantwortlich dafür ist die oft bergige und unzugängliche Landschaft, die in vielen Gebieten eine Besiedlung fast unmöglich macht.

Mit rund 150 000 Einwohnern ist die Hauptstadt Podgorica die größte und bevölkerungsreichste Stadt in Montenegro, Nikšić ist mit 90 000 Einwohnern die zweitgrößte Stadt.

Die Lebensweise der Montenegriner ist vom Jahrhunderte währenden Kampf um die eigene Freiheit geprägt. Die Montenegriner sagen von sich, freiheitsliebend und traditionsbewußt zu sein und berufen sich auf den Jahrhunderte währenden Kampf, der dazu diente, die Unabhängigkeit zu wahren. Zugleich gelten sie als sehr gastfreundlich und anpassungsfähig, was den vielen ausgewanderten Montenegrinern in der ganzen Welt hilfreich war und kaum zu Integrationsproblemen in der zweiten Heimat führte.

In Montenegro hat der Zusammenhalt der Familie eine sehr große Bedeutung. Nicht nur auf dem Land leben oft drei Generationen unter einem Dach. Während die Eltern berufstätig sind, beaufsichtigen die Großeltern die Kinder. Der Einfluß der Großeltern auf Familienangelegenheiten ist insgesamt sehr groß und führt nicht selten zu erheblichen Konflikten.

Die montenegrinischen Familienstrukturen sind häufig patriarchalischen Charakters. Aber gerade in den letzten Jahren sind auch in diesem Bereich vorsichtige Veränderungen festzustellen. So kommt es vor, daß die Frau bei der Eheschließung ihren Mädchennamen behält oder einen Doppelnamen führt, der Ehemann in der Küche anzutreffen ist und die Kinder beaufsichtigt.

In Montenegro wird relativ früh geheiratet. Eheschließungen, bei der die Braut gerade mal 18 Jahre alt ist, sind keine Seltenheit. Das Durchschnittsalter der Frauen liegt bei der Heirat bei etwa 20 Jahren, der Bräutigam ist vier bis fünf Jahre älter.

Bei den unverheirateten montenegrinischen Frauen nahe der 30 macht sich nicht selten eine gewisse Torschlußpanik bemerkbar. Auch der unverheiratete Mann über 30 kann Anlaß für Nasenrümpfen und Tratsch in seiner

Muslimische Frauen in Ulcinj

Umgebung sein. Nach der Eheschließung ziehen die Frischvermählten in der Regel zu den Eltern des Bräutigams. Wohnungsnot und knappe Geldmittel sind die Gründe, nicht gleich eine eigene Wohnung zu beziehen.

Die Montenegriner gehören der christlich-orthodoxen, der römisch-katholischen oder der islamischen Religion an. In Montenegro gilt die Religions- und Glaubensfreiheit, in der montenegrinischen Verfassung ist die Glaubenstoleranz fest verankert. Alle Religionen leben in Montenegro gleichberechtigt nebeneinander und genießen den gleichen Status.

In der jüngsten Vergangenheit wurde versucht, eine eigene orthodoxe Kirche, unabhängig von der serbisch-orthodoxen Kirche, zu etablieren. In der Bucht von Kotor ist der katholische Glaube sehr stark vertreten. Hier leben viele kroatischstämmige Bürger Montenegros. Montenegriner islamischen Glaubens sind sehr stark im Süden Montenegros zu finden, in der Region um Ulcinj.

Sprache und Schriftarten

Die Amtssprache in Montenegro ist serbisch. In den Küstengebieten wird häufig auch englisch, italienisch und deutsch gesprochen. Insbesondere in den Touristenzentren dürfte eine Verständigung kaum Probleme bereiten. Selbst für den Fall, daß der Reisende nur einen seltenen afrikanischen Dialekt beherrscht, wird er sich mit Händen und Füßen und mit der Unterstützung der hilfsbereiten Montenegriner durchaus verständigen können.

Serbisch gehört zum südlichen Zweig der slawischen Sprachen. Im ehemaligen Jugoslawien war Serbokroatisch die Amtssprache, mit dem Auseinanderfallen des Landes zerfiel auch die Bezeichnung in Serbisch und Kroatisch. In dem Maße, wie sich ein nationales Bewußtsein stärker herausbildete, reklamierten auch einige Montenegriner eine montenegrinische Sprache für ihre Volksgruppe. Durchsetzten konnten sie sich bis heute jedoch nicht mit diesem Gedanken. Die historische Nähe zu Serbien und die geringen, eher lokalen Unterschiede in der Sprache werden dies wohl auch in Zukunft verhindern.

Die serbische Sprache ist verwandt mit dem Kroatischen, Mazedonischen, Bulgarischen und dem Slowenischen. Die verschiedenen Machthaber und Einflußbereiche hinterließen ihre Spuren nicht nur in der Historie des Landes, sondern auch in der Sprache.

So tauchen im Wortschatz der Küstenbewohner Montenegros italienische Begriffe oder Worte italienischen Ursprungs auf, in Ulcinj und nahe der albanischen Grenze sind die islamischen Einflüsse hörbar. Aus der Zeit, als die Österreicher Teile des heutigen Montenegro kontrollierten, stammen Begriffe wie

›Escajg‹ vom deutschen Eßzeug für Besteck oder auch der Begriff Bademantel. Nicht selten findet man auch in kleineren Dörfern sprachliche Eigenheiten, die wenige Kilometer weiter unbekannt sind. In der Bucht von Kotor schmunzeln die Bokelji über die sprachlichen Eigenarten der Kotoraner. Der in Kotor oft gebräuchliche Begriff ›ko' mame‹, was soviel heißt wie ›zur Mama‹, zeigt nicht nur die enge Verbundenheit zur eigenen Mutter, sondern auch die Vorliebe der Kotoraner, Worte abzukürzen oder Buchstaben zu verschlucken, fehlt bei kod doch das ›d‹.

Die Sprache an der Küste Montenegros weist Unterscheide zur Sprache im Hinterland auf. Viele bezeichnen dieses Gebiet als das eigentliche, das wirkliche Montenegro. Die Einflüsse anderer Sprachen sind hier am geringsten, wurde das bergige und unwegsame Gebiet doch immer erfolgreich gegen feindliche Angreifer verteidigt.

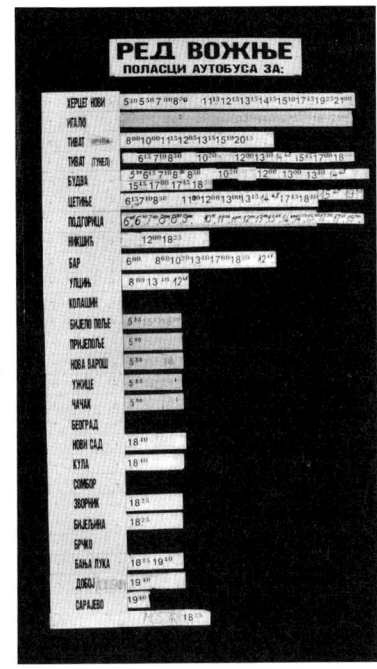

Busfahrplan in Kotor

Es gilt als das Kernland Montenegros und ist es sicherlich auch in sprachlicher Hinsicht. Möchte man sich auf die Suche nach der montenegrinischen Sprache begeben, wird man sie hier am ehesten zu hören bekommen.

In Montenegro ist das lateinische und das kyrillische Alphabet in Gebrauch. In der jüngsten Vergangenheit macht sich aber auch hier eine Hinwendung zu westlichen Gepflogenheiten deutlicher bemerkbar. Die lateinische Schrift gewinnt immer deutlicher an Oberhand und ist gerade in den von Touristen frequentierten Gegenden praktisch der Standard. Eine Speisekarte in kyrillischen Buchstaben wird man sicherlich nur noch sehr selten in Händen halten können, aber es kann vorkommen, daß beispielsweise Busfahrpläne oder Hinweisschilder in öffentlichen Gebäuden kyrillische Zeichen benutzen.

Wörter und Redewendungen

1	jedan	10	deset
2	dva	11	jedanaest
3	tri	12	dvanaest
4	ćetiri	13	trinaest
5	pet	14	ćetrnaest
6	šest	15	petnaest
7	sedam	20	dvadeset
8	osam	30	trideset
9	devet	100	sto

Guten Morgen!	Dobro jutro!
Guten Tag!	Dobar dan!
Guten Abend!	Dobro veće!
Auf Wiedersehen!	Doviđenja!
Ja / nein	da / ne
Gut / Schlecht	dobar / loš
alt / neu	star / nov
gross / klein	veliki / mali
rechts / links	desno / lijevo
geradeaus	pravo
bitte / danke	izvolite / hvala
Damen / Herren	Gospoda / Gospodin
Frau / Mann	žena / muškarac
Entschuldigung	oprostite
Gestern	juće
Heute	danas
Morgen	sutra (die Montenegriner sagen sjutra)
Geöffnet / geschlossen	otvoren / zatvoren
Eingang / Ausgang	ulaz / izlaz
Wie geht es Ihnen?	Kako ste ?
Danke gut	Hvala dobro
Sprechen Sie deutsch?	Govorite li njemaćki?
Ich verstehen nicht.	Ne razumijem.
Was kostet das?	Koliko košta?
Wie komme ich nach..?	Kako da dođem do...?
Ich möchte etwas essen / trinken	Želi bih nešto pojesti / popiti
Die Rechnung bitte.	Raćun, molim Vas.
Wo sind...?	Gdje su...?

Wirtschaft

Vor dem Zweiten Weltkrieg war die Industrialisierung in Montenegro wenig ausgeprägt und beschränkte sich auf eine Handvoll Unternehmen und einige Handwerksbetriebe. Der größte Teil der Bevölkerung lebte von der Landwirtschaft. Die wenigen Industriebetriebe wurden während des Krieges zerstört und mußten völlig neu aufgebaut werden.

Einen industriellen Aufschwung erlebte Montenegro im sozialistischen Jugoslawien. Bis zu Beginn der achtziger Jahre stieg die Industrieproduktion kontinuierlich bis auf über das Dreißigfache des Vorkriegsniveaus an. In Podgorica entstand ein gewaltiges Aluminiumkombinat, in Nikšić ein Stahlwerk. Hier wird auch das weit über die Landesgrenze hinaus bekannte Bier gebraut. Nahe Cetinje entstand das größte Werk zur Produktion von Kühlschränken im ehemaligen Jugoslawien. Außerdem entstanden Fabriken zur Papierherstellung und zur Verarbeitung von Textilien sowie ein Wasserkraftwerk.

Die Bemühungen Montenegros, den Ausbau der Industrie voranzutreiben, stießen aber auch auf Kritik, die Rentabilität der montenegrinischen Werke lag stets weit unter denen der anderen Republiken im ehemaligen Jugoslawien. Dies lag zum einen an der geringen Arbeitseffektivität der Werke, zum anderen aber auch daran, daß die Fabriken oft aus Prestigegründen gebaut wurden und weniger am tatsächlichen Bedarf ausgerichtet waren.

Montenegro war während des Krieges im ehemaligen Jugoslawien ebenso wie Serbien dem Embargo der Vereinten Nationen ausgesetzt. Wirtschaftliche Kontakte in westliche Länder mußten auf Eis gelegt werden und kommen nun, nachdem sich die Situation normalisiert und stabilisiert hat, allmählich wieder in Gang. Investitionen ausländischer Firmen und Kapitalgeber kommen dennoch nur zögerlich und in bislang geringem Umfang ins Land.

Große Einbußen entstanden durch den Wegfall der Absatzmärkte in den übrigen ehemaligen Teilrepubliken Jugoslawiens. Die Kapazität vieler Betriebe war auf Abnehmer im ganzen Land ausgerichtet. Die Betriebe finden jetzt nur noch unter Schwierigkeiten Abnehmer für ihre Produkte. Erschwert wurde die Situation, als der montenegrinische Präsident Đukanović einen pro-westlichen Kurs einschlug und damit den Wirtschaftsboykott des Milošević-Regimes auslöste.

Nach dem Ende der selbstverwalteten Betriebe, einem Überbleibsel aus kommunistischer Zeit, die damals einen wichtigen Bestandteil von Titos ›Drittem Weg‹ bildeten, entstanden in den folgenden zehn Jahren nahezu 12 000 Betriebe, die sich in privater Hand befinden. Demgegenüber steht die vergleichsweise geringe Zahl von 600 Betrieben, in denen der Staat gegenwärtig noch über die Kapitalmehrheit verfügt.

Mit der Neugründung der Bundesrepublik Jugoslawien gab sich auch Montenegro eine neue Verfassung. Der freien Marktwirtschaft nach westeuropäischem Vorbild wird darin Priorität eingeräumt. Die Regierung fördert das freie Unternehmertum und möchte die Republik als freien Wirtschaftsraum in Europa etablieren. Zahlreiche Initiativen wurden von der Regierung ins Leben gerufen, um diese Pläne Wirklichkeit werden zu lassen. Darunter war auch die Einführung der Deutschen Mark und anschließend des Euro als offizielles Zahlungsmittel.

Zu den wichtigsten Projekten zählt das Programm ›Freie Wirtschaftszone Montenegro‹. Ziel des Projektes ist es, das kleine Land, ähnlich wie die Schweiz, zu einem Zentrum für internationale Geschäfte und touristische Dienstleistungen zu entwickeln. Insbesondere ausländische Unternehmen sollen mit einer attraktiven Steuergesetzgebung, freier Gewinnverfügung und Zollerleichterungen in das Land gelockt werden.

Vier Wirtschaftszweige sind für Montenegro von besonderer Bedeutung: Tourismus, Landwirtschaft, Energiewirtschaft und Seeschiffahrt.

Mit Abstand an erster Stelle steht der Tourismus, der die wichtigste Position bei der Entwicklung Montenegros einnimmt. Der Fremdenverkehr hat in Montenegro eine lange Tradition. Schon zu Beginn des 20. Jahrhunderts kamen Touristen nach Montenegro, und bereits in den dreißiger Jahren wurde der Strand von Bečići als schönster Strand Europas ausgezeichnet. In den sechziger Jahren – unter Tito – wurde auch in Montenegro der Fremdenverkehr als Devisenquelle entdeckt. Neben inländischen Touristen kamen überwiegend Pauschalurlauber

Der Fremdenverkehr ist von großer wirtschaftlicher Bedeutung

aus dem westlichen Europa in die kleine Republik. Besonders deutsche Urlauber reisten gerne an die montenegrinische Küste.

Dies änderte sich rapide mit dem Beginn der kriegerischen Auseinandersetzungen im ehemaligen Jugoslawien. In den neunziger Jahren verirrten sich nur noch einige zehntausend Gäste aus Serbien oder Bosnien an die Küste Montenegros, ausländische Gäste blieben fast ganz aus. Dabei war das Gebiet Montenegros nie Schauplatz von Kämpfen. Auch als die NATO Jugoslawien bombardierte, wurde Montenegro weitestgehend verschont.

Wer sich in den neunziger Jahren trotz aller Krisen nach Montenegro traute, erlebte einsame Strände, selbst in den Touristenhochburgen, günstige Preise und trotz allem sehr gastfreundliche Einheimische. Daran hat sich bis heute nichts geändert, nur daß die Strände in der Hochsaison nicht mehr ganz so leer sind. Montenegro ist im Ausland zumeist als Sommerurlaubsland bekannt, vergessen wird oft, daß es außerhalb der Sommermonate ideale Bedingungen für den Wintersport bietet. Kolašin, Žabljak und das Durmitorgebirge sind Begriffe, die jeden Wintersportler in Begeisterung versetzen.

Neben dem Fremdenverkehr spielt die Landwirtschaft eine zwar kleinere, aber dennoch bedeutende Rolle. Wegen der bergigen und steinigen Landschaft ist lediglich ein Drittel des Gesamtterritoriums landwirtschaftlich nutzbar, 40 Prozent der Fläche sind bewaldet. 400 verschiedene Pflanzenarten sind in Montenegros Natur zu finden. Viele Pflanzen werden in der Industrie verarbeitet oder medizinisch genutzt.

Die Ebene in der Region Podgorica ist die fruchtbarste in Montenegro. Das Küstengebiet ist bekannt für den Anbau von Südfrüchten wie Pflaumen, Äpfel, Orangen, Trauben, Oliven und Frühgemüse. Hergestellt wird auch Honig und Wein, darunter die weit über die Landesgrenzen bekannten Vranac und Krstac. Auch der Fischfang hat in Montenegro eine nicht zu unterschätzende Bedeutung. Die Fischbestände vor der montenegrinischen Küste sind zwar nicht mehr so reichhaltig wie in vergangenen Jahren, dennoch bilden Fischfang und -verarbeitung für viele montenegrinische Familien seit Generationen die Lebensgrundlage. Überwiegend aus dem Landesinneren kommen Milchprodukte und Fleischerzeugnisse.

Die Energiewirtschaft könnte in Montenegro eine sehr wichtige Rolle spielen, im Moment ist das Land kaum in der Lage, genügend Energie für die eigene Bevölkerung bereitzustellen. Mehrere Stunden ohne Strom an langen Winterabenden sind keine Seltenheit. Oft gibt es dann auch kein Wasser, da der Strom für die Pumpen fehlt. Würde man die Möglichkeiten Montenegros sinnvoll nutzen, könnte die Energiewirtschaft ein wichtiger ökonomischer Faktor werden.

Das Klima und die natürlichen Gegebenheiten machen Montenegro für die Gewinnung von regenerativer Energie interessant. Allein durch eine optimalere

Nutzung der Wasserkraft wäre es möglich, doppelt so viel Energie zu gewinnen, als es bisher der Fall ist. Auch für die Gewinnung von Sonnenenergie bietet Montenegro sehr günstige Voraussetzungen. Ihre Nutzung wird zwar vom Staat unterstützt und gefördert, befindet sich jedoch noch in einem Aufbaustadium.

Die Seeschiffahrt hat in Montenegro eine sehr lange Tradition und spielt bis heute eine wichtige Rolle. Im 18. Jahrhundert stellte die Bucht von Kotor eine Hochburg der Seeschiffahrt dar. Über 400 Schiffe drängelten sich durch die Bucht und dann über die Weltmeere.

Die Seefahrer waren für den Reichtum an der montenegrinischen Küste verantwortlich. Noch heute sind die Villen und großzügig angelegten Häuser und Grundstücke als Überbleibsel dieser Zeit zu bestaunen. Perast – heute ein beschauliches Örtchen – war damals Mittelpunkt der Seeschiffahrt und wurde von Persönlichkeiten aus ganz Europa besucht.

Heute gibt es zwei große Seefahrtsunternehmen in Montenegro. Zusammen verfügen sie über Schiffe mit insgesamt einer Million Bruttoregistertonnen. Der größte Hafen Montenegros befindet sich in der Stadt Bar mit einer Umladekapazität von jährlich 4,5 Millionen Tonnen. Darüber hinaus gibt es in Bijela und in Tivat jeweils eine Werft.

Geschichte

Montenegro blickt auf eine ereignisreiche und oft blutige Geschichte zurück. Die Montenegriner waren über Jahrhunderte bemüht, die eigene Unabhängigkeit zu bewahren. Hilfreich war ihnen das bergige und nur schwer zugängliche Land. Während sich das südöstliche Europa über Jahrhunderte der Dominanz der Habsburger und Osmanen beugen mußte, bewahrte sich das ursprüngliche Montenegro immer eine gewisse Unabhängigkeit, die oft blutreich bezahlt werden mußte, zugleich die Montenegriner aber auch mit Stolz erfüllt.

Erst im 15. Jahrhundert entwickelte sich ein nationales Bewußtsein, bis dahin bestimmten Stämme die Geschicke. So verwundert es nicht, daß auch später Dynastien und Familien über Jahrhunderte die Herrscher Montenegros stellten.

Auf dem Gebiet des heutigen Montenegro sind noch überall die Spuren der einstmals Mächtigen zu finden. Angefangen von den Hinterlassenschaften der Illyrer, Mosaiken der Römer, Stadtmauern und Gebäuden der Venezianer und den Einflüssen der Osmanen mit zahlreichen Moscheen bis hin zu den Denkmälern aus der jüngsten kommunistischen Vergangenheit.

Montenegro ist klein an Fläche, hat aber einen reichen kulturellen Schatz, der sich nicht zuletzt aus seiner Geschichte speist.

Die Römerzeit

Die Römer eroberten in der Zeit von 3 vor bis 14 nach unserer Zeitrechnung den Balkan. Die dort siedelnden Stämme der Illyrer, Daker und Thraker mußten sich der römischen Übermacht beugen. Sie verschwanden im Laufe der Zeit von der historischen Bildfläche, hinterließen aber bis in die Gegenwart ihre Spuren. Die Römer begannen mit dem Bau von Straßen und legten Städte an. Die Urbevölkerung des Balkan wurde romanisiert.

Zahlreiche Hinterlassenschaften erinnern an die Römerzeit, hier ein Mosaik in Risan

Im Jahre 395 kam es zur Teilung des gewaltigen Römischen Reiches in ein West- und ein Oströmisches Reich. Das Gebiet des heutigen Montenegro fiel in den Machtbereich des Oströmischen Reiches mit dessen Zentrum Konstantinopel. Die Stadt wurde an der Stelle der alten griechischen Siedlung Byzanz errichtet, daher auch der Name ›Byzantinisches Reich‹. Konstantinopel entwickelte sich zu einer Weltmacht mit dem Anspruch, die griechisch-römische Kultur zu verbreiten.

Im Jahre 1054 kam es zum Bruch zwischen Rom und Byzanz, Konstantinopel entwickelte sich daraufhin zum Zentrum des östlichen Christentums, der orthodoxen Kirche. Später entstanden nationale Kirchen, wie die griechisch-orthodoxe, die russisch-orthodoxe oder die serbisch-orthodoxe mit jeweils eigenen Patriarchen.

Einwanderung slawischer Stämme

Im 6. und 7. Jahrhundert besiedelten slawische Stämme aus den Gebieten nördlich der Karpaten die Balkanhalbinsel bis zur Adriaküste. Die Slawen vermischten sich mit der romanischen Bevölkerung, in vielen Gegenden kam es zu einer Anpassung der romanischen Kultur. Nach der Besiedlung des Balkans dominierten drei slawische Stämme: Serben, Slowenen und Kroaten.

Im Jahre 811 legten Karl der Große und der byzantinische Kaiser eine vertragliche Vereinbarung über den jeweiligen Einflußbereich fest. Die Grenze verlief gemäß diesem Abkommen südlich der heutigen kroatischen Hafenstadt Split. Montenegro blieb weiter im byzantinischen Machtbereich.

Zeta und Dynastien

Im Jahr 1018 besiegte Byzanz Bulgarien, und die Bulgaren verloren einige ihrer zuvor eroberten Gebiete. Es kam zur Gründung zweier serbischer Reiche, Raška und Zeta. Im Mittelalter war Zeta die historische Landschaft Montenegros, sein Zentrum befand sich nahe dem Skutarisee. Obwohl Zeta Teil des serbischen Reiches war, bewahrte es sich eine gewisse Unabhängigkeit und konnte sein Gebiet bis in die heutige Herzegowina erweitern. Nach dem Tode des serbischen Kaisers Dušan zerfiel auch sein Reich, aus Zeta ging das selbständige Fürstentum unter

Die Festung Kanli Kula wurde von den Türken errichtet

der Führung der Dynastie Balšići hervor. Sie herrschte bis 1421 und wurde dann von der Dynastie der Crnojevićs abgelöst. Im Durmitorgebirge wurde die Hauptstadt Žabljak gegründet. Im Kampf gegen die Türken kam es zum Verlust der Tiefebene um den Skutarisee, die Hauptstadt mußte aufgegeben werden. Neue Hauptstadt wurde Cetinje. Sie lag hoch oben im Gebirge und war leichter zu verteidigen. Der Kampf gegen die Türken zog sich über einen Zeitraum von fast 500 Jahren hin.

Ivan Crnojević aus der gleichnamigen Dynastie und Sohn von Stefan Crnojević wurde zur Heldenfigur und gilt als Staatsgründer Montenegros. Der ›schwarze Ivan‹, wie er auch genannt wurde, herrschte von 1465 bis 1490.

Neben der Kriegsführung war er auch an kulturellen Dingen interessiert. So brachte er von einer Reise nach Venedig eine Druckmaschine mit und ließ in der Umgebung von Cetinje eine erste Druckerei errichten. Crnojević veranlaßte den Bau des heute noch zu besichtigenden Klosters von Cetinje, zugleich erweiterte er den Machtbereich der Mönche in der Hauptstadt. Dies hatte zur Folge, daß nach dem Ende der Crnojević-Dynastie der Bischof von Cetinje auch die weltliche Macht in Montenegro übernahm. In Zukunft sollte der kirchliche Einfluß ein wichtiger Faktor im Widerstand der Montenegriner gegen die Türken und die drohende Islamisierung sein.

Die Dynastie Petrović Njegoš

In den folgenden Jahrhunderten regierten Bischöfe Montenegro. Insgesamt fünfzehn Kirchoberhäupter wechselten sich innerhalb kurzer Zeit als Herrscher ab. Tatsächlich gelang keinem von ihnen, die untereinander zerstrittenen Stämme zu befrieden und zu vereinigen. Dies änderte sich erst mit der Wahl von Bischof Danilo aus dem Geschlecht der Petrović.

Danilo I.

Mit der Machtübernahme durch Bischof Danilo I. (1697–1735) kam es zu kleineren Reformen in Montenegro. Der Bischof stärkte die Macht des Staates und führte die Erbnachfolge der Herrscher ein. Montenegriner, die während der Okkupation der Türken zum Islam übergetreten waren, wurden hart bestraft. Diese Maßnahmen bedeuteten einen Wendepunkt in der Geschichte Montenegros, da die verschiedenen Stämme an Einfluß und Autorität verloren.

Rußland unter Peter I. (oft ›Der Große‹ genannt) betrachtete das kleine Montenegro wegen seiner slawisch-orthodoxen Bevölkerung und aufgrund der strategischen Lage als wichtigen Verbündeten im Kampf gegen die Türken. Der Besuch von Bischof Danilo bei Zar Peter hatte zur Folge, daß Rußland Montenegro als unabhängigen Staat anerkannte und gleichzeitig wirtschaftliche Unterstützung zusicherte. Neben der gemeinsamen slawischen Abstammung wird dieses Treffen als Grundstein für die prorussische Tradition Montenegros angesehen.

Petar I.

Während der Regierungszeit von Petar I. (1782 – 1830) erlangte Montenegro auch durch die Osmanen die staatliche Anerkennung. Das im Nordosten liegende Brdagebiet wurde mit dem übrigen Montenegro vereinigt. Es kam zu einer weiteren Stärkung der staatlichen Gewalt mit dem Ziel, die Stammesfehden zu unterbinden. Die bis dahin übliche Blutrache wurde gar unter Todesstrafe gestellt. Bei den Stammesfürsten wuchs langsam die Einsicht, daß die gegenseitigen Kämpfe das Land schwächen und für Feinde zur leichten Beute machen könnten. In dieser Zeit wurde das erste Allgemeine Gesetzbuch für Montenegro verfaßt, einer der ersten Schritte auf dem Weg zu einem modernen Staat.

Im Napoleonischen Krieg kämpft Montenegro an der Seite Rußlands. In den Jahren 1805/06 gelang es Montenegro, die französischen Truppen zunächst bis Cavtat und später weiter bis Dubrovnik zurückzudrängen.

Im Jahr 1813 bekam Montenegro für kurze Zeit einen Zugang zum Meer. Gemeinsam mit russischen und englischen Truppen konnte die Bucht von Kotor den französischen Truppen entrissen werden. Kotor befand sich anschließend unter montenegrinischer Kontrolle und stellte eine wichtige Verbindung zwischen dem Meer und dem montenegrinischen Hinterland dar. Aber schon ein Jahr später beschloß der Wiener Kongreß, an dem auch der russische Zar Alexander I. teilnahm, Kotor wie auch Dubrovnik und Dalmatien unter die Verwaltung Österreichs zu stellen.

Njegoš

Petar II. Njegoš löste Petar I. 1830 als geistlicher und weltlicher Führer Montenegros ab. Njegoš war ein Mann von hoher Bildung, der wichtige Schritte zu einer weiteren Modernisierung Montenegros unternahm. Njegoš verbesserte das Bildungssystem, ließ weitere Schulen errichten, stärkte die Zentralregierung und beschnitt gleichzeitig die Einflußmöglichkeiten der Stämme. 1831 installierte er den Senat als Regierungsbehörde und Keimzelle für eine gesetzgebende Körperschaft. Obwohl Njegoš eine fortschrittliche Modernisierung vertrat, blieb

er zugleich unumstrittener Alleinherrscher, der die Köpfe seiner Feinde
auf Pfählen aufspießen und dann in
Cetinje öffentlich ausstellen ließ.
Neben seinen politischen Aktivitäten
war Njegoš Philosoph und Schriftsteller und avancierte später gar zum
Nationaldichter seines Landes. Sein
wichtigstes Werk ist das 1847 veröf-
fentliche Buch ›Der Bergkranz‹ (serbisch Gorski Vijenac), in dem er den
Kampf gegen die Osmanen und die
Verfolgung der zum Islam übergetre-
tenen Montenegriner durch Bischof
Danilo im Jahre 1700 beschreibt. Das
Buch erschien, als Vuk Karadžić gerade die serbische Schriftsprache refor-
miert hatte. Njegoš gilt daher auch als
Wegbereiter der neuen Schriftsprache.

*Tafel am Geburtshaus des Petar
Njegoš in Njeguši*

Danilo II.

Nach dem frühen Tod Njegoš' wurde Danilo II. (1851 – 1860) sein Nachfolger.
Njegoš selbst hatte seinen Neffen als Nachfolger ausgewählt und zur Erziehung
nach Russland geschickt, der montenegrinische Senat hätte lieber den älteren
Bruder Njegoš', Pero Tomov Petrović, als neuen Landesfürsten gesehen. Der
umtriebige Danilo reiste nach Wien und später nach Rußland und brachte von dort
die Ernennung zum Herrscher Montenegros mit, unterzeichnet vom russischen
Zaren. Das Volk unterstützte den beim Machtantritt 22jährigen, der Senat dagegen
fürchtete sich vor dem fast noch jugendlichen Alter und der Unerfahrenheit von
Danilo II.

Seine Regierungszeit stand unter dem Zeichen weiterer Modernisierungen.
Erstmals erhielt Montenegro eine Verfassung. Die Osmanen reagierten darauf mit
heftigstem Protest, der in einer Kriegserklärung gipfelte. Eine gewalttätige Aus-
einandersetzung wurde nur verhindert, weil sich Rußland und auch Österreich auf
die Seite Montenegros stellten.

Erst als die Türken als Sieger aus dem Krimkrieg hervorgingen, erklärten sie
Montenegro dem osmanischen Reich zugehörig. In dieser Situation versuchte
Danilo mit einem Memorandum die Großmächte auf die bestehende Unabhän-

gigkeit hinzuweisen. Mit Erfolg: 1878 erhielt Montenegro die internationale Anerkennung als Staat.

Allerdings erlebte Danilo II. diesen Erfolg nicht mehr. Neben seiner politischen Erfolge war er besonders aufgrund seiner Grausamkeiten gegenüber der aufständischen Bevölkerung bekannt. Er starb 1860 eines gewaltsamen Todes. In Kotor wurde er hinterrücks umgebracht, aus Rache, so wird vermutet.

58 Jahre unter König Nikola

Nikola Petrović löste 1860 Njegoš Fürst Danilo als Herrscher in Montenegro ab und verblieb 58 Jahre im Amt. 1876 erklärte Nikola zusammen mit den Serben den Osmanen den Krieg, Rußland schloß sich ihnen an. Vorausgegangen war ein Aufstand der herzegowinischen Bevölkerung gegen die Osmanen.

Gemeinsam mit den Verbündeten gelang Montenegro der Sieg. Im Friedensvertrag von San Stefano im März 1878 wurde Montenegro der Küstenstreifen zwischen Budva und Ulcinj zugesprochen. Schon vier Monate später, auf dem Berliner Kongreß, wurde der Zugang zum Meer allerdings auf die Stadt Bar einschließlich des Hafens beschränkt. Im Gegenzug wurde das Terrain Montenegros fast verdoppelt. Anhaltender Streitpunkt blieb jedoch weiter die Grenzziehung mit Albanien. 1880 tauschten die Albaner die Stadt Ulcinj gegen nördliche Teile Montenegros, dennoch hielten die Auseinandersetzungen mit dem Nachbarland bis zum Ersten Weltkrieg an.

Die Zeit von 1878 bis zu Beginn des Ersten Weltkrieges war für Montenegro eine längere friedliche Periode. Zuvor hatte sich das kleine Land fast ausschließlich mit der Kriegsführung beschäftigt: Bestand keine Bedrohung durch einen äußeren Feind, bekämpften die Stämme sich untereinander.

König Nikola als Büste bei Cetinje

Durch die ständigen kriegerischen Auseinandersetzungen waren viele Neuerungen, die andere Staaten erfahren hatten, an Montenegro vorbeigegangen. Nikola nutzte die Gunst der Stunde und brachte umfassende Reformen auf den Weg. Das Gerichts- und Schulwesen wurde ausgebaut, der Handel ausgeweitet, das Post- und Kommunikationssystem erweitert und verbessert, Kulturinstitutionen wurden eingerichtet und das Stadtbild von Cetinje wurde modernisiert und erweitert, so daß es bald einer europäischen Hauptstadt glich. Trotz der Modernisierung des Landes blieb Nikola ein machtbewußter Alleinherrscher, der seinem Volk, unter einer Ulme sitzend, Audienzen gewährte und sich dort die Sorgen und Nöte der Bürger anhörte.

König Nikola wurde auch als ›Schwiegervater Europas‹ bezeichnet. Geschickt verheiratete er seine bildhübsche Tochter Jelena mit dem italienischen Kronprinzen Viktor Emanuel III. Eine andere Tochter heiratete den späteren serbischen König Petar Karađorđević. Zwei jüngere Töchter heirateten in die deutsche und russische Kaiserfamilie ein. Seine geschickte Heiratspolitik sicherte ihm nicht nur seine Position in Montenegro, sondern verschaffte ihm darüber hinaus internationale Anerkennung. Im europäischen Gesellschaftsleben wurde er auch aufgrund seines Auftretens in montenegrinischer Tracht zu einer eindrucksvollen Figur.

Unter König Nikola erfuhr Montenegro in vielen Bereichen eine Modernisierung, das Bildungsniveau für weite Teile der Bevölkerung blieb aber niedrig. Wer die Universität besuchen wollte, konnte dies nur in Belgrad tun. Dort kamen die Studenten zugleich mit der Idee einer Demokratisierung in Kontakt und wurden nicht selten der montenegrinischen Agitation verdächtigt.

Zaghafte Versuche der Demokratisierung Montenegros scheiterten an der Unerfahrenheit und der autoritären Herrschaft Nikolas, der politische Veränderungen entschieden ablehnte, nicht zuletzt um seine eigene Machtposition nicht zu verlieren. Der Versuch, eine Opposition in Montenegro zu etablieren, endete mit der Auflösung der Nationalversammlung durch den Machthaber.

Auch die ökonomische Entwicklung kam nur sehr zaghaft in Gang. Industrie, Handel und das Handwerk entwickelten sich vergleichsweise langsam. Erst 1904 – Jahrzehnte später als in vielen anderen europäischen Staaten – wurde die erste Eisenbahnlinie zwischen Bar und Virpazar nahe dem Skutarisee gebaut.

Montenegro war zu dieser Zeit nicht in der Lage, die eigene Bevölkerung zu ernähren und finanzierte 50 Prozent seines Haushaltes mit der Hilfe Rußlands. Viele Montenegriner wanderten aus, um den schlechten wirtschaftlichen Verhältnissen zu entkommen, der größte Teil nach Amerika.

1910 ließ sich Nikola zum König krönen, im gleichen Jahr führte er die elektrische Beleuchtung in Montenegro ein. Seine Herrschaft sollte noch acht weitere Jahre andauern. In dieser Zeit ließ er seinen ersten Regierungschef Radović für

15 Jahre ins Gefängnis sperren, da dieser den Zusammenschluß mit Serbien gefordert hatte.

Die Regierungszeit Nikolas ging mit Beginn des Ersten Weltkriegs zu Ende. Als die Österreicher 1916 Montenegro okkupierten, flüchtete der König ins Exil und wurde zwei Jahre später für abgesetzt erklärt. 1989 wurden die Gebeine König Nikolas aus Italien nach Montenegro überführt. Mit dem drohenden Zerfall Jugoslawiens und einer Rückbesinnung auf die eigene Nation fielen die Stimmen auf fruchtbaren Boden, die die Heimholung des Königs forderten. Einige sprachen sich gar für die Wiedereinführung eines Königreichs Montenegro aus.

Der Erste Weltkrieg

Trotz Warnungen von allen Seiten sandte der österreichische Kaiser Franz Joseph seinen Thronfolger Franz Ferdinand mit dessen Frau in das wenige Jahre zuvor von den Österreichern annektierte Bosnien und Herzegowina, nach Sarajewo, und dies am ›Vidovdan‹ (28. Juni 1914), dem Tag also, an dem die Serben die Schlacht auf dem Amselfeld (Kosovo Polje) feiern.

Einem ersten Attentat entging der Thronfolger noch knapp. Seine Frau wurde ins Krankenhaus eingeliefert, jedoch nach einigen Stunden wieder entlassen. Daraufhin setzte das Paar die Fahrt durch Sarajewo im offenen Wagen fort.

Trotz des ersten Attentatversuchs wurden keine Sicherungsvorkehrungen getroffen. Der serbische Terrorist Gavrilo Princip hatte keine Mühe, sich an den Straßenrand zu stellen und den vorbeifahrenden Thronfolger und dessen Frau mit mehreren Schüssen niederzustrecken.

Nach dem Mord an dem Thronfolgerehepaar rechnete jeder mit einer schnellen Kriegserklärung der k. u. k. Monarchie an die Serben. Die politische Lage in Europa war seit Jahren angespannt, so daß das Attentat von Sarajewo ausreichte, um einen Krieg auszulösen.

Tatsächlich geschah zunächst nichts, und die Angelegenheit geriet fast in Vergessenheit. Dann stellte Österreich-Ungarn den Serben ein Ultimatum, das im Grunde unannehmbar war. In ihm forderten die Österreicher, daß Serbien österreichische Polizei mit allen Befugnissen auf seinem Territorium akzeptieren sollte. Anti-Österreichische Propaganda sollte verboten sein, und Serbien sollte die Hintermänner des Attentates von Sarajewo ermitteln und ausliefern.

Als das Ultimatum wider Erwarten doch angenommen wurde, nahm man einige wenige unwesentliche Punkte, die die Serben noch nachverhandeln wollten, zum Anlaß, ihnen den Krieg zu erklären. Hatte die k. und k. Monarchie gehofft, mit einem militärischen Erfolg gegen Serbien ihre schwindende Autorität und ihren Einfluß in Europa zurückzugewinnen, sah sie sich bald darauf vor den

Trümmern ihrer Politik und bereitete indirekt den Weg für den ersten jugoslawischen Staat.

Slowenien, Kroatien und die Vojvodina gehörten über Jahrhunderte zur Habsburger Monarchie, Bosnien und Herzegowina waren bis 1878, Mazedonien bis 1912 dem Osmanischen Reich unterworfen. Vorbereitet wurde die Geburtsstunde Jugoslawiens schon im Juli 1917 auf der griechischen Insel Korfu. Serbische, kroatische und slowenische Politiker einigten sich dort auf die Grundsätze zur Bildung eines gemeinsamen Staates.

Nachdem die Habsburger Armeen über Serbien hergefallen waren, hatten sich die serbischen Truppen nach einem beschwerlichen Rückzug in Korfu neuformiert. Die Insel war Fluchtpunkt und Sitz der serbischen Exilregierung, ebenso wie für Politiker aus Kroatien und Slowenien.

Am 3. November 1918 unterzeichnete der längst geschlagene Habsburger Kaiser ein Waffenstillstandsabkommen. Der Weg für die Gründung des jugoslawischen Königreiches wurde so frei.

Der erste jugoslawische Staat

Der Zusammenbruch der Habsburger Monarchie und des Osmanischen Reiches führte 1918 zur Gründung des Jugoslawischen Königreiches der Serben, Kroaten und Slowenen, die niemals zuvor in einem gemeinsamen Staatenverbund gelebt hatten. Montenegro tauchte zwar nicht im Staatsnamen auf, war aber Teil des Königreiches. Im Königreich der Südslawen hatten bis dahin nur Montenegro und Serbien politische Souveränität besessen.

In den unwegsamen Bergen Montenegros hatten sich die Bewohner selbst den mächtigen Armeen der Osmanen widersetzen können. Serbien hatte über Jahrhunderte versucht, sich von den türkischen Eroberern zu befreien. Dies gelang, nachdem die Osmanen mit Unterbrechungen 500 Jahre in Serbien geherrscht hatten.

Am 29. Oktober 1918 erklärte der Nationalrat in Zagreb die Loslösung Kroatiens von Österreich-Ungarn, der Nationalrat von Bosnien-Herzegowina schloß sich am folgenden Tag an. Montenegro erklärte wenig später den Anschluß des Landes an Serbien. Somit konnte der serbische Thronfolger Alexander Karađorđević am 1. Dezember 1918 das Königreich der Serben, Kroaten und Slowenen proklamieren. Der neue Staat hatte von Anfang an mit seinen ethnischen, religiösen und kulturellen Unterschieden zu kämpfen. Durch die Zugehörigkeit zu verschiedenen Großreichen hatten sich die einzelnen Republiken sozial, ökonomisch und kulturell unterschiedlich entwickelt. In Montenegro sind beispielsweise die islamischen Einflüsse auch in der Gegenwart noch spürbar.

Die Serben hatten nicht nur die zahlenmäßige Mehrheit, sondern brachten auch ein Parlament, die Armee, eine eingespielte Verwaltung und nicht zuletzt das Königshaus mit in den neuen Staat ein. Von Anfang an rührte sich Widerstand gegen die serbische Vormachtstellung, die erstmals am Vidovdan 1921 in Gewalt ausartete; der Prinzregent Pavel entging nur knapp einem Anschlag. Schon einen Monat später wurde der Innenminister von einem bosnischen Kommunisten ermordet. Daraufhin mußten die kommunistischen Abgeordneten das Parlament verlassen, ihre Partei wurde verboten. Die Mandatsträger der kroatischen Bauernpartei boykottierten die Sitzungen des Parlaments von Anfang an. Als Zeichen ihres Protestes gegen die serbische Vorherrschaft gründeten sie in Zagreb ein Gegenparlament.

Trotz aller Streitigkeiten und Gegensätze wurde im Juni 1921 von der parlamentarischen Versammlung mit der Mehrheit der Stimmen eine zentralistisch geprägte Verfassung verabschiedet. Durch die neue Verfassung erhielt der König eine große Machtfülle. Er ernannte die Regierungsmitglieder, mit dem Parlament bildete er die gesetzgebende Gewalt und er war zudem Oberbefehlshaber der Streitkräfte.

Die Interessen der einzelnen Volksgruppen wurden im Laufe der Zeit immer gegensätzlicher, und der neue Staat drohte auseinander zubrechen. Die Krise erreichte 1928 ihren Höhepunkt. Der König spielte mit dem Gedanken, Slowenien und Kroatien die Selbständigkeit zuzugestehen und sich mit einem verkleinerten Staat, zu dem auch Montenegro gehören sollte, zufriedenzugeben. Kroaten und Slowenen befürchteten jedoch Gebietsansprüche von Seiten der Italiener und Ungarn und sprachen sich deshalb gegen ein Ausscheiden aus. Um ein völliges Chaos zu verhindern, löste König Alexander das Parlament auf, erklärte die Presse- und Versammlungsfreiheit für abgeschafft und rief die Königsdiktatur aus.

Am 09. Oktober 1934 besuchte der König Frankreich. Als er in Marseille sein Schiff verließ, wurden er und der französische Außenminister von einem Attentäter erschossen. Später stellte sich heraus, dass kroatische Nationalisten die Drahtzieher der Ermordung waren. Nachfolger wird Alexander Karađorđević, sein erstgeborener Sohn, der als Petar II regiert.

Aus dem Königreich der Serben, Kroaten und Slowenen wurde das Königreich Jugoslawien.

Der Zweite Weltkrieg

Der Jugoslawische König unterschrieb einen Freundschaftspakt mit Hitler. Für den Kriegsfall vereinbarte man gegenseitige Unterstützung. Das Volk rebellierte gegen diesen Vertrag, es kam zu zahlreichen Demonstrationen in Serbien. Nun traten auch erstmals kommunistische Parteien auf und organisierten den Widerstand. Die Unzufriedenheit und der dadurch entstandene Druck des Volkes rief das Militär auf den Plan. Es erklärte die Regierung für abgesetzt, neuer Regierungschef wurde der Luftwaffengeneral Dušan Simorić. Zu seinen ersten Amtshandlungen gehörte die Unterzeichnung eines Freundschaftspaktes mit Rußland. Zugleich suchte er die Nähe zu England. Hitler erklärte er, daß der mit Deutschland geschlossene Vertrag nach wie vor seine Gültigkeit habe. Er hoffte so einen Krieg vermeiden zu können, aber erreichte letztlich genau das Gegenteil. Hitler durchschaute den Plan und Befahl den Angriff Jugoslawiens.

Am 6. April 1941 bombardierte die deutsche Luftwaffe Belgrad, gleichzeitig drangen Truppenverbände in jugoslawisches Territorium ein. Die jugoslawische Armee hatte den zahlenmäßig überlegenen Deutschen wenig entgegenzusetzen und war zusätzlich geschwächt, da zahlreiche Wehrpflichtige dem Einberufungsbefehl nicht Folge leisteten oder aus der Armee desertierten. So kapitulierte die jugoslawische Armee bereits am 17. April.

Zahlreiche Denkmäler, wie hier in Andrejevica, erinnern an die Toten der beiden Weltkriege

Deutschland und die mit ihm verbündeten Staaten Italien, Bulgarien und Ungarn teilten das Land unter sich auf, in Serbien installierten die Deutschen eine Marionettenregierung mit Sitz in Belgrad. An der montenegrinischen Küste übernahmen die Italiener die Macht.

Nicht weniger brutal gingen die Besatzungsmächte in den anderen Teilen Jugoslawiens mit der Bevölkerung um. Ein Befehl des Oberkommandos der Wehrmacht lautete, für jeden getöteten deutschen Soldaten hundert und für jeden verwundeten zehn Zivilisten umzubringen. Zusätzlich wurden zehntausende Jugoslawen als Zwangsarbeiter ins Deutsche Reich verschleppt.

Sehr bald nach der Besetzung Jugoslawiens begann die kommunistische Partei des Landes den Widerstand zu organisieren, im Juni 1941 formierte sich der Hauptstab der Partisanen mit Tito als Kommandanten.

Die Partisanen verübten zunächst in verschiedenen besetzten Städten Sabotageakte, einige Monate später wurde offiziell der Beschluß zum bewaffneten Aufstand gefaßt. In Montenegro begann der Aufstand am 13. Juli 1941, der noch heute als Feiertag begangen wird.

Die Achsenmächte wurden von dem Widerstand der Partisanen überrascht und hatten bereits große Teile ihrer Truppen in andere Kriegsgebiete verlegt. Schnell brachten die Partisanen ein Fünftel des Landes unter ihre Kontrolle. Als Ende 1941 die erste proletarische Brigade gegründet wurde, standen gerade 80 000 Partisanen einer zahlenmäßigen Übermacht von 600 000 Soldaten der Achsenmächte gegenüber.

Der König war derweil ins englische Exil geflüchtet und versuchte von dort mit Hilfe seiner getreuen Četnik-Verbände die Macht in Jugoslawien zurückzuerobern. Die Četniks unter der Führung von D. Mihailović kämpften gegen die Partisanen und zeitweise gegen, meist aber mit den Besatzern. 1942 hatten die Partisanen bereits 150 000 Kämpfer in ihren Reihen und genossen breite Unterstützung in der Bevölkerung. Der Befreiungskampf war von zahlreichen blutigen Schlachten gekennzeichnet, zu deren bekanntesten die an der Neretva gehörte. Nach dem Krieg wurde sie mit bekannten Hollywoodschauspielern verfilmt.

Das zweite Jugoslawien

Noch während des Krieges wurde beschlossen, die Entscheidung über die künftige Staatsform Jugoslawiens der ›Verfassungsgebenden Nationalversammlung‹ zu überlassen. Bis dahin amtierte eine Koalitionsregierung mit Tito als Ministerpräsident. Bei den Wahlen zur ›Verfassungsgebenden Nationalversammlung‹ im November 1945 trat die ›Volksfront‹ an, die von der Kommunistischen Partei dominiert wurde. Sie hatte ihre Vorläufer in den anderen Ostblockländern, in denen schon zuvor verschiedene ›Nationale‹ oder ›Vaterländische Fronten‹ gegründet worden waren. Bei den Wahlen errang die ›Volksfront‹ mit einer gemeinsamen Liste 90 Prozent der abgegebenen Stimmen, was vor allem daran lag, daß es keine wirklichen Alternativen zur Kommunistischen Partei Jugoslawiens (KPJ) gab, die während des Krieges große Sympathien und auch Zulauf erhalten hatte.

Am 29. November 1945 wurde die ›Föderative Volksrepublik Jugoslawien‹ ausgerufen und zugleich die Monarchie offiziell für abgeschafft erklärt. Der neue Staat bestand aus den Teilrepubliken Serbien, Kroatien, Slowenien, Makedonien, Bosnien-Herzegowina und Montenegro. Das neue Jugoslawien wurde unmittelbar danach von den Westmächten anerkannt.

Am 31. Januar 1946 wurde die neue jugoslawische Verfassung verkündet. Darin war unter anderem festgelegt, daß jede Republik ihre eigene Verfassung erhält, die jedoch in Einklang mit der des Bundes zu stehen hatte. Außerdem hatte jede Republik ihr Parlament. Tito versuchte im Gegensatz zu der zentralistischen

Regierung im Vorkriegsjugoslawien ein gleichberechtigtes Zusammenleben der verschiedenen Republiken und Nationalitäten zu erreichen. Montenegro, das sein Schicksal in der jüngeren Vergangenheit sehr stark von Serbien abhängig gemacht hatte, bekam den Status einer eigenständigen Republik.

Die Selbständigkeit der Republiken war jedoch begrenzt. Er glaubte nur so die verschiedenen Interessen der Republiken unter Kontrolle halten und den Zerfall des Landes verhindern zu können.

Der Bruch mit Stalin

Noch während des Zweiten Weltkriegs wurde die Grundlage für den späteren Konflikt mit der Sowjetunion gelegt. Die jugoslawischen Kommunisten waren nicht bereit, sich wie die anderen kommunistischen Parteien der Ostblockstaaten der sowjetischen KP unterzuordnen, waren sie doch ohne die Hilfe der Sowjetunion an die Macht gekommen. Ganz im Gegenteil beanspruchte Tito noch eine Führungsrolle der jugoslawischen Kommunisten gegenüber den Schwesterparteien.

Bereits im November 1944 kam es zu ersten Gesprächen zwischen der jugoslawischen und der bulgarischen Führung über eine Föderation beider Länder. Die Pläne wurden jedoch nicht in die Tat umgesetzt, statt dessen wurde ein Freundschafts- und Beistandspakt zwischen beiden Staaten geschlossen. Zusätzlich sollte eine Zollunion eingerichtet werden. Für Stalin war dies bereits ein Affront. Er fürchtete eine Balkangroßmacht mit Jugoslawien an der Spitze, die sich seiner Kontrolle und seinem Einfluß entziehen könnte. Als Reaktion ließ er Vertreter aus Bulgarien und Jugoslawien zu sich kommen, um beiden die Föderationspolitik auszureden. Der bulgarische Staatspräsident Dimitrov beugte sich dem sowjetischen Verdikt, Tito jedoch forderte die Gleichberechtigung der Kommunistischen Partei Jugoslawiens zu ihrem sowjetischen Gegenstück. Das wollte die Moskauer Führung nicht hinnehmen und zog in einem ersten Schritt ihre Militärberater und Wirtschaftsfachleute aus Jugoslawien ab. Jugoslawien weigerte sich im Gegenzug an der in Bukarest stattfindenden Kominform-Konferenz teilzunehmen. Einziges Thema der Konferenz war die jugoslawische ›Abweichung‹.

So kam es im Juni 1948 zu jener historischen Kominform-Resolution, durch die die Kommunistische Partei Jugoslawiens wegen antisowjetischer Haltung, Nationalismus und Abweichung von den Prinzipien des Marxismus-Leninismus aus dem ›Kommunistischen Informationsbüro‹ (Kominform), das heißt aus der Dachorganisation der von Moskau geführten kommunistischen Weltbewegung, ausgeschlossen wurde. Dem Ausschluß folgte ein Wirtschaftsembargo, an dem sich sämtliche Ostblockstaaten beteiligten. Bald darauf wurden auch Freundschafts- und Beistandspakte mit Jugoslawien aufgekündigt.

Der Versuch Stalins, mit diesen Mitteln Jugoslawien zu isolieren, war jedoch nicht erfolgreich, im Gegenteil: Tito beugte sich nicht dem sowjetischen Führungsanspruch, wandte sich jetzt dem Westen zu, hatte aus wirtschaftlichen Gründen aber auch kaum eine andere Möglichkeit. Die USA ging sofort darauf ein und wenig später leisteten auch Großbritannien und Frankreich eine intensive Wirtschaftshilfe, so daß der Boykott der Ostblockstaaten seine Wirkung verlor.

Dennoch bestand die Gefahr einer sowjetischen Militärintervention. Stalin ließ im Oktober 1949 Panzer in den kommunistischen Nachbarstaaten auffahren, Jugoslawien bat den Westen daraufhin um Waffenhilfe. Die Amerikaner sagten im Falle einer sowjetischen Invasion Unterstützung zu. Die Gefahr einer Gegenreaktion aus dem Westen genügte indes, um den Konflikt zu entschärfen.

Im Februar 1953 kam es zu einem Vertrag über Freundschaft und Zusammenarbeit Jugoslawiens mit den NATO-Mitgliedern Griechenland und Türkei, der später um einen Beistandspakt erweitert wurde.

Trotz der Öffnung zum Westen versuchte Jugoslawien, als sozialistisches Land seinen eigenen sogenannten ›dritten‹ Weg zu gehen. In der Innenpolitik bedeutete das die Einführung der Arbeiterselbstverwaltung und Dezentralisierungsbemühungen. In der Außenpolitik initiierte und förderte Jugoslawien die Bewegung der ›Blockfreien‹. Sie hatte schnell regen Zulauf, in erster Linie von Entwicklungsländern, die sich nicht von einem der beiden Blöcke instrumentalisieren lassen wollten.

Das Verhältnis zur Sowjetunion besserte sich erst, als Stalins Nachfolger Chruschtschow Fehler in der Jugoslawienpolitik eingestand und den jugoslawischen Weg im Nachhinein befürwortete. Noch heute gelten die Beziehungen zwischen Serbien, aber auch Montenegro auf der einen und Rußland auf der anderen Seite als traditionell gut.

Montenegro im neuen Jugoslawien

Knapp zehn Jahre nach Titos Tod, Ende der achtziger Jahre, wütete der Nationalismus in Jugoslawien. Der Ostblock war im Begriff sich aufzulösen, und der Kommunismus in seiner Funktion als gemeinsame Ideologie und identitätsstiftender Zusammenhalt wurde wirkungslos. Die Wirtschaft lag am Boden, Lösungen für diese Probleme waren von politischer Seite nicht zu erwarten. In dieser Phase traten die Verfechter von Nationalismus und Autonomie in den jeweiligen Republiken in den Vordergrund.

Nationale Bestrebungen hatte es auch unter Tito gegeben, waren aber nie so wirkungsmächtig geworden. Titos Rezept war eine Mischung aus Zuckerbrot und Peitsche. Einerseits wurden nationale Regungen mit militärischer Gewalt im

Keim erstickt, wie beispielsweise zu Beginn der siebziger Jahre in Kroatien, anderseits gab Tito den Republiken mehr Macht und ernannte die zu Serbien gehörende Vojvodina und das Kosovo zu autonomen Gebieten.

Auf diese Weise entstand ein ausgeglichenes Kräfteverhältnis zwischen den Republiken. Aufbegehren gab es meist nur kurzzeitig. Der größte Teil der Bevölkerung genoß den im Vergleich zu anderen kommunistischen Ländern hohen Lebensstandard und die Reisefreiheit. Daß der Wohlstand mit Krediten des Westen finanziert wurde, interessierte damals kaum, sollte aber spät teuer bezahlt werden. Über all dem thronte Tito mit seinem Ansehen aus der Zeit des Partisanenkampfes und hütete die viel beschworene Brüderlichkeit und Einheit.

Mit Titos Tod, der Auflösung des Ostblocks und der katastrophalen wirtschaftlichen Situation verlor der Vielvölkerstaat seine wichtigsten Grundpfeiler für einen Zusammenhalt. Dafür stießen die Verfechter einer nationalen Politik, die der jeweils anderen Volksgruppe die Schuld an dem Dilemma gaben, auf Rückhall in der Bevölkerung. Ihre Parolen lenkten von den eigentlichen Ursachen der Misere ab, und es kam zu den bekannten kriegerischen Auseinandersetzungen. Montenegro war davon zunächst nur indirekt betroffen.

Bei den ersten demokratischen Wahlen im Dezember 1990 in Montenegro gewannen die Nachfolger der kommunistischen Partei 83 von 125 Mandaten. Momir Bulatović, seit 1981 Vorsitzender der kommunistischen Partei, wurde in einer Stichwahl zum Republikpräsidenten gewählt. Bulatović erwies sich in der Folgezeit als treuer Anhänger des damaligen serbischen und späteren jugoslawischen Präsidenten Slobodan Milošević und befürwortete eine noch engere Anbindung an Serbien.

Aber es gab zu diesem Zeitpunkt auch Stimmen in Montenegro, die für die Loslösung von Serbien sprachen und einen eigenen Staat forderten. Im März 1992 kam es zur Abstimmung über den Anschluß an Serbien. Die Bevölkerungsmehrheit entschloß sich für eine Nachfolge des Jugoslawischen Staates durch Serbien und Montenegro, aber schon ein Jahr später wurde erneut, unter Verweis auf die eigene Kultur und Geschichte, der Ruf nach der Eigenstaatlichkeit laut. Ein großer Teil der Bevölkerung ging auf Distanz zur Politik des Milošević-Regimes, auch die orthodoxe Kirche Montenegros erklärte zu diesem Zeitpunkt ihre Eigenständigkeit. In der orthodoxen Welt galt dies als Schritt von großer Bedeutung.

Đukanović, ein Parteifreund und langjähriger Weggefährte des Milošević-Anhängers Bulatović, versuchte sich mit einer westlich orientierten Politik und der Hinwendung zur Demokratie von seinen Vorgängern abzuheben. Zwangsläufig führte diese neue Politik zu Konflikten mit den Machthabern in Belgrad. Bis zur Absetzung von Milošević wurden alle Kontakte auf politischer Ebene eingefroren.

Demokratisierungsversuche und Reformen auf kommunaler Ebene wurden von Belgrad vereitelt, Unterstützung fand die neue Politik Montenegros aber im

Westen. Hier hofft man mit der Hilfe Đukanovićs einen Stein ins Rollen zu bringen, der auch Belgrad erreichen wird.

Als die Situation im Kosovo eskalierte, kam es zum offenen Konflikt zwischen den Regierungen in Belgrad und Podgorica. Montenegro ging auf Distanz zur Führung in Serbien und verurteilte das serbische Vorgehen im Kosovo. Đukanović weigerte sich auch, in Montenegro das Kriegsrecht auszurufen, als die Nato Jugoslawien angriff, und suchte das Gespräch mit westlichen Regierungen. Immerhin erreichte er so, daß die Nato die kleinere Teilrepublik vergleichsweise seltener zum Ziel ihrer Bombenangriffe machte.

Um die Politik Đukanović' auch innenpolitisch zu unterstützen, stellte der Westen Wirtschaftshilfe in Millionenhöhe in Aussicht. Montenegro sprach sich nun offen für eine Loslösung von Jugoslawien für den Fall aus, daß die Beziehungen zwischen beiden Teilrepubliken nicht neu geregelt und auf eine gleichberechtigte Grundlage gestellt würden.

In dieser Zeit schaffte die Regierung in Podgorica die Visumspflicht für EU-Staatsbürger ab und führte die D-Mark als offizielles Zahlungsmittel ein.

Die Parlamentswahlen im April 2001 machten einmal mehr deutlich, daß das Land in der Frage einer Loslösung von Serbien und die Gründung eines eigenen Staates gespalten ist. Vor den Wahlen schien die absolute Mehrheit für Đukanović und sein Bündnis ›Sieg für Montenegro‹ sicher, das anschließende Referendum über die Eigenstaatlichkeit dann nur eine Formsache zu sein. Nach Auszählung der Stimmen war alles ganz anders: Đukanović gewann mit über 46 Prozent der Stimmen zwar die Wahl, erreichte aber nicht die zur Durchführung des Referendums nötige absolute Mehrheit.

Đukanović hielt auch nach dem für ihn enttäuschenden Wahlausgang an seinen Plänen fest, Montenegro in die Eigenstaatlichkeit zu führen. Die EU sprach sich nach wie vor für den Verbleib Montenegros in einem Jugoslawien gemeinsam mit Serbien aus.

Im April 2002 setzten die Präsidenten Montenegros und Serbiens ihre Unterschrift unter einen Kompromiß, der mit Hilfe der EU ausgehandelt wurde. Beide Teilrepubliken wollen weiter einen Staat bilden, nun unter dem Namen ›Serbien und Montenegro‹ und nicht mehr als ›Jugoslawien‹. Unter diesem Dach genießen beide Republiken eine relativ große Freiheit: Nur die Außen- und Verteidigungspolitik wird unter der gemeinsamen Verantwortung fortgeführt, die Währungspolitik, das Zollsystem und auch die Wirtschaftspolitik bestimmt jede Teilrepublik eigenverantwortlich.

Milo Đukanović

Der derzeitige Staatspräsident Milo Đukanović wurde am 15. Februar 1962 in Nikšić geboren. Er besuchte in Nikšić die Schule und studierte später an der Universität in Podgorica Wirtschaftswissenschaften. Noch während seines Studiums begann er sich politisch zu engagieren. Mit 28 Jahren wurde er Premierminister in Montenegro – der jüngste Regierungschef in Europa. Viele sahen seine Wahl mit Befremden, da er zum damaligen Zeitpunkt über keinerlei politische Erfahrung außerhalb seiner Partei verfügte; sein Scheitern schien vorprogrammiert. Entgegen der Erwartungen wurde Đukanović jedoch bis 1998 zweimal in seinem Amt bestätigt. Anschließend wurde er mit 36 Jahren montenegrinischer Staatspräsident, erneut als jüngster seiner Zunft. Bis dahin war Đukanović im Ausland wenig bekannt. Sein Vorgänger im Amt des Präsidenten, Momir Bulatović, galt als treuer Anhänger der serbischen Führung unter Milošcvić. Auch Đukanović errang seine ersten politischen Erfolge mit der Unterstützung Miloševićs. Er vollzog jedoch einen plötzlichen Sinneswandel und wandte sich dem Westen zu. Mit diesem Richtungswechsel trat er aus dem Schatten Miloševićs heraus, wurde von den wichtigsten Staatslenkern hofiert und ebnete sich selbst den Weg vom Republikpräsidenten zum Staatsoberhaupt, wenn auch nur eines kleinen Landes. Zugleich distanzierte er sich von der Politik der serbischen Führung. Damit wurde er, als ›gewendeter Demokrat‹, auch für den Westen interessant, bot er doch die Möglichkeit, den ungeliebten serbischen Despoten Milošević zu schwächen. Innerhalb seiner Partei kam es zum Richtungsstreit, der die Partei letztendlich spaltete. Bulatović und seine Anhänger verließen die DPS und gründeten die Sozialistische Volkspartei. Aus den nötig gewordenen Neuwahlen ging Đukanović als Sieger und neuer Präsident Montenegros hervor. Waren sich die Belgrader Machthaber bisher der uneingeschränkten Zustimmung aus Montenegro sicher, mußten sie sich plötzlich mit dem Widerspruch Đukanovićs auseinandersetzen. War die wirtschaftliche Situation schon zu Friedenzeiten in Montenegro alles andere als rosig, bedeutete das Embargo der UNO für die Republik fast den Todesstoß. Der wichtigste Devisenbringer, der Tourismus, war durch die kriegerischen Auseinandersetzungen in Bosnien und Kroatien völlig zusammengebrochen. Die Arbeitslosenzahlen schossen in die Höhe, der Staat konnte die Gehälter für seine Beamten nicht mehr zahlen. Wer Bargeld besaß, setzte es sogleich in Waren um, da eine horrende Inflation den Wert sofort auffraß. In dieser Situation führte Đukanović in Montenegro die D-Mark als Zweitwährung ein und trat so der Inflation entgegen. Später löste die D-Mark den ›Neuen jugoslawischen Dinar‹ als Währung ganz ab.

Đukanović steht in Montenegro für eine Öffnung zum Westen, für eine Demokratisierung und die Einführung der Marktwirtschaft. Die Privatisierung der Wirtschaft sollte auch die Touristen wieder ins Land locken. Durch den Krieg im Kosovo und die anschließende Bombardierung Jugoslawiens durch die Nato mußten diese Pläne zunächst verschoben werden.

Zu diesem Zeitpunkt existierte Montenegro als Teilrepublik Jugoslawiens nur noch auf dem Papier. Unter Đukanović wurden eigenmächtig die Grenzen zu Kroatien geöffnet, die Visumspflicht abgeschafft, Zölle und Steuern wurden nicht mehr an die Bundeskasse abgeführt. Der politische Kurs Đukanovics ist eindeutig: Er strebt für Montenegro die Unabhängigkeit an. Ein Referendum sollte auch den Wunsch der Montenegriner nach Unabhängigkeit deutlich machen. Die letzten Wahlen haben jedoch gezeigt, daß die Bürger Montenegros in dieser Frage gespalten sind: Die Anzahl der Gegner und Befürworter einer Loslösung ist nahezu gleich groß.

Im Westen wurde Đukanović als Gegenpol zu Milošević tatkräftig unterstützt. Kredite in Millionenhöhe wurden gewährt, die USA halfen beim Aufbau einer 20 000 Mann starken Polizeimacht, die treu zu Đukanović steht und die jugoslawische Armee vor einem gewaltsamen Eingreifen abhalten sollte. Trotz allem wurden aber auch kritische Stimmen laut. Man wirft Đukanović vor, er sei zu Zeiten des UNO-Embargos am Schmuggel mit Treibstoff und Zigaretten beteiligt gewesen und so einer der reichsten Männer Montenegros geworden.

Die Bedeutung Đukanovićs für den Westen nahm mit der Demokratisierung in Serbien ab. Ganz offen sprechen sich westliche Politiker gegen eine Abspaltung Montenegros von Serbien aus. Allerdings vertraten sie zunächst ähnliche Meinungen, als Ende der achtziger Jahre Kroatien und später Bosnien in die Unabhängigkeit strebten.

Kunst und Kultur

Auch in Montenegro unterlagen Kunst und Kultur in der Vergangenheit den unterschiedlichsten Einflüssen. Die wechselnden Machthaber auf dem Balkan brachten ihre eigenen kulturellen Merkmale mit. Noch heute sind diese Einflüsse in Montenegro deutlich sichtbar. Von Bedeutung ist ebenfalls, daß die Region um Montenegro lange Zeit die Grenze zwischen Ost und West und somit auch zwischen verschiedenen Religionen und Kulturen darstellte. So hat die Habsburger Monarchie ebenso ihre Spuren und Einflüsse in Montenegro hinterlassen wie die Osmanen und einige hundert Jahre früher die Venezianer, als sie ihre Macht bis zu den Küstengebieten Montenegros ausweiten konnten.

Obwohl die kulturellen Hinterlassenschaften der verschiedenen Völker und ihrer Herrscher noch heute in Montenegro spürbar sind, stammen die stärksten Einflüsse aus der Zeit der Dynastien, wie zum Beispiel der Nemjić, Balšić, Crnojević und Petrović, die alle dem orthodox-byzantinischen Kulturkreis zuzuordnen sind.

Die unterschiedlichen kulturellen Merkmale bestanden lange Zeit unabhängig voneinander, traten zeitweise stärker hervor, verschwanden aber auch bald wieder in den Hintergrund. Erst das Aufkommen eines nationalen Bewußtseins zur Zeit von Ivan Crnojević stärkte den Blick für eine eigene Kultur und eine spezifische

Hinweise auf die wechselnden Machthaber finden sich oft verdeckt – österreichische Inschrift an der Stadtmauer von Budva

Kunst. Eine tragende Rolle bei der Entwicklung einer eigenen montenegrinischen Identität und somit auch einer montenegrinischen Kultur spielte die orthodoxe Kirche. Die von ihr erbauten Klöster stellten lange Zeit die wichtigsten geistigen Zentren dar.

Bereits am Ende des 15. Jahrhunderts wurde in Montenegro die erste staatliche Druckerei in Betrieb genommen. Auch hier spielte die Kirche eine wichtige Rolle. In erster Linie wurden religiöse Bücher von hohem künstlerischen Wert geschaffen.

Erst als sich Montenegro im 19. Jahrhundert als Nation verstand, entwickelte sich eine Art bürgerliche Kunst. Nach der Anerkennung Montenegros als Staat kam es zu zahlreichen Kontakten mit anderen europäischen Staaten. Junge Leute verließen ihre Heimat, um an den großen europäischen Universitäten zu studieren. Neue Kontakte und Erfahrungen brachten auch neue Facetten und Einflüsse in die montenegrinische Kultur. Zugleich fand die montenegrinische Kunst sehr viel mehr Aufmerksamkeit als zuvor, Künstler und Dichter wie Dado Đurić und Petar Lubarda erreichten Weltruhm.

Für die Montenegriner hat die Kultur immer eine zentrale Rolle in der Geschichte gespielt. Künstler wie Poeten genießen große Anerkennung in der Bevölkerung. So ist es nicht verwunderlich, daß eine der größten Persönlichkeiten des Landes, Petar II. Petrović Njegoš (1813 – 1851), nicht nur ein herausragender Dichter war, sondern zugleich auch zum Glaubens- und Staatslenker wurde.

Bereits im 15. Jahrhundert wurden in Montenegro erste Sammlungen angelegt, wertvolle Bücher, aber auch Kriegstrophäen aufbewahrt. Die Seefahrer an der montenegrinischen Küste verschönerten ihre Villen mit kostbaren Gegenständen, die sie von ihren Reisen aus den verschiedensten Ländern mitbrachten. Zugleich wuchsen die Sammlungen und Schatzkammern in den Kirchen und Klöstern. Das Kloster in Cetinje und die Kirche Sveti Trifun in Kotor beherbergt noch heute diese wertvollen Gegenstände, ebenso wie viele andere Kirchen und Klöster im ganzen Land.

Im Jahre 1868 erklärte König Nikola per Erlaß das Sammeln und die Pflege historischer Gegenstände zu einer staatlichen Aufgabe. Die Schätze der damaligen Residenz wurden staatliches Eigentum und in Museen zur Schau gestellt. Das erste Theater und zugleich Museum in Montenegro war das Gebäude Zetski Dom in Cetinje. Schnell folgten weitere ähnliche Einrichtungen.

Nach dem Zweiten Weltkrieg wurde eine Modernisierung der Museen vorgenommen. Zahlreiche zusätzliche Archive und Institutionen des Denkmalschutzes wurden ins Leben gerufen. Viele montenegrinische Städte eröffneten eigene historische Museen. Fast jeder größere Ort an der montenegrinischen Küste verfügt heute über eigene Archive, Museen und Galerien.

In Montenegro muß man jedoch nicht unbedingt ein Museum besuchen, um sich mit der montenegrinischen Geschichte und Kultur vertraut zu machen. Wer den Tag beispielsweise an einem der attraktiven Strände in der Umgebung von Budva verbringt, kann abends durch die Altstadt von Budva flanieren und wird dort an jeder Ecke Zeugnisse einer zweieinhalbtausend Jahre alten Vergangenheit finden. Die alte Stadtmauer ist nur einer der Belege dafür. Die Stadt Risan in der Bucht von Kotor ist historisch ebenfalls von großer Bedeutung. Archäologen fanden Mosaike, die den griechischen Gott Hypnos darstellen und römischen Ursprungs sind.

Nur wenige Kilometer von Risan entfernt befindet sich Kotor. Die Altstadt ist umgeben von einer von den Venezianern gebauten vier Kilometer langen Stadtmauer. Innerhalb der Mauern befindet sich die im 11. Jahrhundert errichtete Kirche des heiligen Trifun. Hier befindet sich auch der Sitz einer der ältesten Seefahrerorganisationen, die Flotte von Bokelj. Sie wurde im 11. Jahrhundert gegründet.

Und so kann man von Kotor weiter bis Ulcinj reisen, der südlichsten Stadt in Montenegro. In jedem Ort stößt man auf beeindruckende Zeugnisse aus der Vergangenheit. Die altertümlichen Küstenstädte Montenegros gelten als die Juwelen des Landes, dennoch muß sich das Hinterland, allen voran mit seiner ehemaligen Residenzstadt Cetinje, nicht verstecken.

Theater

Theateraufführungen und die Schauspielkunst haben in Montenegro eine lange Tradition, bereits im Mittelalter gab es Theateraufführungen. Aufführungsstätten waren damals in erster Linie Kirchen, hatten die Stücke doch fast ausnahmslos religiöse Inhalte. In Kotor etwa war die Kathedrale Sveti Trifun Aufführungsort.

Das erste Theater an der montenegrinischen Küste wurde 1808 auf Initiative der französischen Besatzungsmacht ins Leben gerufen. Die Stücke wurden oft in italienischer oder auch deutscher Sprache gespielt. Erst ab 1860 wurde es üblich, die Aufführungen in serbischer Sprache abzuhalten und so auch für das gemeine Volk zugänglich zu machen.

Einen spürbaren Aufschwung erlebte das Theater während der Herrschaft König Nikolas, der nicht nur ein Liebhaber von Dramen war, sondern die Theaterwelt aktiv unterstützte und auch selbst Stücke schrieb. So erstaunt es nicht, daß das 1883 aufgeführte Stück ›Balkanska carica‹ (deutsch: Balkankönigin) aus der Feder des Staatsoberhauptes stammte.

Zu dieser Zeit fanden die Aufführungen üblicherweise in Privathäusern statt, reine Spielstätten wurden erst später errichtet. Das erste Theater in Montenegro wurde 1896 gebaut und bekam den Namen, den es noch in der Gegenwart trägt: ›Zetski Dom‹. Zu Beginn des 20. Jahrhunderts hatten sich bereits elf – teils private – Theaterensembles gegründet.

Die beiden Weltkriege zwangen auch die Theater zu einer längeren Pause. Nach dem Zweiten Weltkrieg gab es fünf Theater in der kleinen Republik, darunter hatten Podgorica, Nikšić und Kotor eigene Spielstätten.

Gegenwärtig gibt es zwei professionelle Theaterensembles in Montenegro, das ›Stadttheater Podgorica‹ und das ›Montenegrinische Volkstheater‹. Daneben gibt es zahlreiche Amateurtheatergruppen, die Aufführungen auf einem sehr hohen Niveau im ganzen Land geben. In Herceg Novi wird jedes Jahr das Festival des Amateurtheaters veranstaltet.

Das ›Montenegrinische Nationaltheater‹ (serbisch: Crnogorsko narodno pozorište) wurde 1953 gegründet. Auf dem Spielplan stehen Werke einheimischer und internationaler Autoren. Die Klassiker werden aufgeführt, aber auch moderne Stücke von Gegenwartsautoren wie beispielsweise Fassbinder. Immer wieder kommen Gastregisseure nach Podgorica, um mit dem Ensemble des Theaters Stücke einzustudieren.

Das ursprüngliche Theatergebäude brannte im Jahre 1989 völlig aus. Acht Jahre später wurde das neue, moderne Theater fertiggestellt und in Betrieb genommen. Anläßlich der Neueröffnung des Theaters wurde – wie konnte es anders sein – ›Der Bergkranz‹ von Njegoš aufgeführt.

Die bekanntesten Schauspieler des Landes haben früher oder später in Podgorica auf der Bühne gestanden. Theaterfreunden sind Namen wie Voja Brajović,

Unscheinbarer Bau mit großer historischer Bedeutung: Das erste Theater Montenegros

Slobodan Aligrudić und Boro Begović, um nur einige wenige zu nennen, ein Begriff (Das Theater im Internet: www.cnp.cg.yu).

Das andere wichtige Theater in Podgorica ist ›Das Stadttheater‹ (serbisch: Gradsko pozorište). Es begann im Jahre 1951 mit den ersten Proben. Zunächst war es ein reines Amateurtheater, das Vorstellungen für Kinder gab. Sehr bald stellten sich große Erfolge ein. Aus der Amateurtruppe wurde ein professionelles Theater, das sich schnell zu dem erfolgreichsten Kindertheater im ehemaligen Jugoslawien entwickelte. Man beschränkte sich jedoch nicht nur auf Stücke für Kinder, sondern spielte auch Erwachsenentheater. Im ganzen Land wurden Vorstellungen gegeben. Das Ensemble trat auch auf Festivals im Ausland mit Erfolg auf und gewann zahlreiche Preise.

In Cetinje befindet sich das älteste Theater in Montenegro – Zetski Dom. Mit dem Bau des Gebäudes wurde bereits im Jahre 1884 begonnen. Anlaß für die Errichtung war die Machtergreifung der Crnojevićs 400 Jahre zuvor. Ohne die Theaterliebe König Nikolas wäre das Projekt vermutlich nicht realisiert worden. Die König steuerte auch gleich selbst einige Stücke bei, die im Theater aufgeführt wurden.

Gespielt wurde in einem Saal mit 140 Zuschauerplätzen. Das Theater wurde später vorübergehend in ›Königliches montenegrinisches Volkstheater‹ umbenannt. Bis 1913 wurden die Klassiker gespielt, während des Ersten Weltkriegs blieb das Theater geschlossen. Es öffnete seine Pforten 1931 erneut, bis der Zweiten Weltkrieg dem Theater ein wenn auch nur vorläufiges Ende bescherte. Heute kommen internationale Regisseure nach Cetinje, um zu inszenieren. Charakteristisch für das Theater in der alten Residenzstadt ist, daß es bis in die Gegenwart über kein festes Repertoire verfügt.

Bildende Kunst

Lange bevor die Slawen den Balkan besiedelten, entstanden bedeutende Kunstwerke. Die künstlerischen Vermächtnisse der Illyrer, Römer, Osmanen und anderer Völker wurden über Jahrhunderte in den Schatzkammern der Kirchen aufbewahrt und werden noch heute in den Museen Montenegros gezeigt. Besonders in den Gotteshäusern an der montenegrinischen Küste sind alte und kunstvolle Goldschmiedearbeiten zu finden.

Auch die Ikonenmalerei hat eine sehr lange Tradition in Montenegro. Die montenegrinische Schule der Ikonenmalerei wurde nicht nur von einheimischen Künstlern besucht. Aus ganz Europa kamen junge Menschen, um ihre Fertigkeiten zu vervollkommnen. Die Werke der Ikonenmaler sind heute in fast allen Kirchen Montenegros zu finden.

Die bildende Kunst entwickelte sich erst relativ spät in Montenegro, stellte aber eine wichtige Grundlage für die zeitgenössische Kunst des Landes dar. Unter den bildenden Künsten ragt besonders die Malerei hervor. Zu den wichtigsten Malern älteren Generationen gehören Milo Virbica, Pero Poćek, Ilija Šobajić und Đoko Popović.

Die montenegrinische Küste stand lange Zeit unter der Herrschaft der Venezianer. So sind die Einflüsse der Gotik und der Renaissance noch heute deutlich sichtbar. Einflüsse des Barock sind in Skulpturen und in der Malerei aus dieser Zeit wiederzufinden. Einer der wichtigsten Maler dieser Epoche ist Tripo Kokolja (1661–1713). Über sein Leben ist wenig bekannt, so daß viele Erkenntnisse über ihn aus seinen Werken abgeleitet wurden. Analysten haben festgestellt, daß Kokolja ein Autodidakt in Bezug auf seine Malerei ist, eine akademische Ausbildung hat er wohl nicht genossen. Kokolja lebte zu einer Zeit in Perast, als die Stadt ihre Blütezeit erlebte und auch die Kultur eine wichtige Stellung einnahm. Perast hatte gute Verbindungen in die damals wichtigsten Städte Südeuropas. Diese Einflüsse sind im Werk Kokoljas feststellbar.

Einer der bedeutendsten montenegrinischen Künstler der Gegenwart ist der Maler Petar Lubarda. Er wurde 1905 in Ljubotinj geboren, einem kleinen Ort nahe Cetinje. Er studierte an der Kunsthochschule in Belgrad und wurde später in Paris mit dem Grand Prix ausgezeichnet. Zahlreiche weitere internationale Auszeichnungen folgten, darunter der erste Preis der Biennale in Tokio. Seine Bilder wurden in fast allen großen europäischen Städten ausgestellt, auch in Frankfurt und

Viele Kirchen an der Küste weisen einen reichen Schatz an kostbaren Kunstwerken auf

Berlin. Petar Lubarda starb 1974 in Belgrad. Sein Werk wird in einer ständigen Ausstellung in der Kunstgalerie in Cetinje gezeigt.

Zu den wichtigen zeitgenössischen Malern Montenegros gehören Anastas Bocarić, der in Budva zur Welt kam und in Athen ausgebildet wurde, sowie Milo Milunović. Er wuchs in Cetinje auf, erhielt seine künstlerische Ausbildung in Italien und lebte später lange Zeit in Paris. Seine Bilder wurden in Paris und Moskau sowie in vielen Städten des ehemaligen Jugoslawien ausgestellt. Zu nennen sind auch Branko Filipović-Filo, Miodrag-Dado Djurić sowie Vojo Stanić und der Bildhauer Risto Stijović.

Literatur

Die montenegrinische Literatur ist eng mit dem Namen Njegoš verbunden. Sein Werk ›Der Bergkranz‹ war Pflichtlektüre für alle Schüler im ehemaligen Jugoslawien. Auch über die Grenzen Montenegros hinaus ist sein Name bekannt. Doch die Geschichte der montenegrinischen Literatur begann weit vor der Geburt des Bischofs und späteren Staatsoberhauptes. Bereits im 12. Jahrhundert wurden in Montenegro die ersten Bücher verfaßt. Geistige Würdenträger schrieben und gestalteten Texte und Bücher in mühevoller Handarbeit und mit reichhaltigen Verzierungen. Inhalte waren religiöse und kirchliche Themen. Das Evangelium nach Miroslav wurde in dieser Zeit aufgezeichnet. Ein weiteres bekanntes Buch aus dieser Epoche stammt von einem unbekannten Autor, es wird aber vermutet, daß es sich um einen katholischen Priester aus der Gegend der Küstenstadt Bar handelt. Das Buch beschäftigt sich mit der Besiedlung des Balkans durch die Slawen.

Ein wichtiger Meilenstein in der Literaturgeschichte Montenegros ist die Einrichtung einer ersten Druckerei im Jahre 1493. Der Initiator dieses für damalige Zeiten mutigen Unterfangens stammt aus der Dynastie der Crnojević. In der Druckerei entstanden insgesamt fünf Bücher, das bekannteste ist das in kyrillischen Buchstaben gedruckte Buch ›Oktoih‹.

Mit dem Beginn der Dynastie Petrović manifestierte sich ein größeres kulturelles Bewußtsein in Montenegro. Petar I. Petrović war nicht nur der erste Mann im Land, sondern zugleich auch Schriftsteller und Verfasser von Texten, die sich mit der Geschichte Montenegros, seinen Kriegen und Helden beschäftigte – ein Thema, das die montenegrinischen Schriftsteller immer wieder in den Mittelpunkt ihrer Werke stellen. Vasilije Petrović Njegoš machte die Geschichte des Landes ebenfalls zum Thema seiner Bücher.

Vor Petar II. Petrović Njegoš war Sime Milutinović-Sarajlija (1791 – 1847) einer der wichtigsten Autoren des Landes. Auch er beschrieb in seinen Büchern die Geschichte Montenegros, verfaßte darüber hinaus Lieder und Gedichte und

›Die Teufel kommen‹ – ein Roman des bekannten Autoren Miodrag Bulatović

förderte nicht zuletzt zahlreiche aufstrebende literarische Talente wie Laza Kostić oder Ljuba Nenadović.

Als größter Schriftsteller, Denker, Philosoph und zugleich auch Staatsoberhaupt Montenegros ist Petar II. Petrović Njegoš in die Geschichte eingegangen. ›Gorski vijenac‹ (›Der Bergkranz‹) erschien 1847 und ist sein bekanntestes Werk. Seine anderen Werke rücken oft in den Hintergrund. Noch im Jahr seines Todes 1851 erschien ›Lažni Car Šćepan Mali‹ (deutsch Der lügende Zar Stefan der Kleine) über einen Hochstapler, der sich zum König Montenegros krönen ließ. Im Schatten Njegoš' stehen die anderen wichtigen Schriftsteller dieser Epoche. Zu nennen sind Marko Miljanović (1833–1901) und Stefan Mitrov Ljubiša (1822–1878). Er wurde in Budva geboren und war eigentlich Seefahrer von Beruf.

Risto Ratković war der erste montenegrinische Autor, der einen Roman veröffentlichte. Zuvor hatte er überwiegend Gedichte verfaßt. Sein Buch ›Nevid-bog‹ erschien 1933. Zwischen den Weltkriegen etablierte sich auch in Montenegro die sogenannte Sozialliteratur, die nach dem Zweiten Weltkrieg und der Gründung des kommunistischen Jugoslawien in eine sozialistische Literatur überging. Einer der wichtigsten Autoren zu dieser Zeit war Radovan Zogović.

Die gesellschaftlichen Veränderungen der sechziger Jahre brachten auch neue Genres hervor. Die Literatur in Montenegro war damals sehr stark von der neuen europäischen Literatur geprägt, ohne jedoch die eigenen Wurzeln zu vergessen. Camil Sijarić wurde die damals wichtigste Vertreterin der sogenannten realistischen Literatur in Montenegro. Zu den bekanntesten Dramatikern zählte Cado Vuković (1920). Er erlangte als Verfasser historischer Dramen Berühmtheit und machte einmal mehr deutlich, daß die eigene Geschichte noch immer ein beliebtes Thema der montenegrinischen Autoren ist.

Miodrag Bulatović ist einer der bekanntesten und erfolgreichsten Autoren Montenegros. Seine Bücher wurden in über 40 Sprachen übersetzt. Im deutschsprachigen Raum erschienen unter anderem die Bücher ›Der Held auf dem Rücken des Esels‹ und ›Der rote Hahn fliegt himmelwärts‹. Geboren wurde

Miodrag Bulatović in Okladina, einem kleinen Dorf in den montenegrinischen
Bergen. Seine Jugend war von großer Armut geprägt. Noch als Erwachsener und
erfolgreicher Autor verfolgte ihn die Angst vor dem Hungertod. Sein erstes Buch
las er mit sechzehn Jahren. Später ging er nach Belgrad, lebte dort die erste Zeit
auf der Straße und in Kellern. Zugleich besuchte er die Schule, erreichte das Abitur und begann ein Studium. Nebenher schrieb er Kurzgeschichten, die ihm erste
Erfolge einbrachten. Bereits seine ersten beiden Romane wurden in mehrere Sprachen übersetzt. Bulatović bezeichnete sich selbst als Patrioten und eckte damit im
kommunistischen Jugoslawien an. Sein Buch ›Der Held auf dem Rücken des
Esels‹ wurde zwar in großer Auflage gedruckt, aber auch gleich wieder einge-
stampft, da er, wie er selbst sagt, mit seinem Buch den Mythos der Partisanen zerstört habe. Noch kurz vor seinem Tod erregte Bulatović auch in Deutschland die
Gemüter, als er öffentlich die Politik des Milošević-Regimes unterstützte. Miodrag
Bulatović starb 1991 mit 61 Jahren in Igalo nach einem Herzinfarkt.

Branimir Šćepanović ist auch im deutschsprachigen Raum kein Unbekannter.
Er kam 1931 in Podgorica zur Welt, lebte später aber in Belgrad. Seinen ersten
Roman ›Der Sommer der Schande‹ veröffentlichte er 1965. Zuvor war er mit
einem Band Erzählungen bekannt geworden. 1974 erschien sein erfolgreichstes
Werk ›Usta puna zemlje‹ (›Der Mund voll Erde‹). Šćepanović wurde für diese
Erzählung mit dem wichtigsten jugoslawischen Literaturpreis NIN ausgezeichnet.
Seine Bücher wurden in 18 Sprachen übersetzt, auch ins Deutsche.

Kulturelle Veranstaltungen

Überwiegend während der Sommermonate finden zahlreiche kulturelle Veranstaltungen mit Künstlern und Besuchern aus dem In- und Ausland statt. Zu einem
der größten kulturellen Ereignisse gehört das Festival ›Theaterstadt‹ in Budva.
Opernensembles und Theatergruppen aus aller Welt geben sich in Budva ein Stell-
dichein. Weitere Informationen im Internet unter www.gradteater.co.yu.
    Darüber hinaus findet in Budva jedes Jahr im Sommer das Musikfestival ›Lied
des Mittelmeeres‹ statt. In Herceg Novi zieht die Sommerbuchmesse Autoren und
Verleger aus dem ganzen Land an. Anfang August treffen sich die Filmschaffen-
den und Fans aus dem ehemaligen Jugoslawien anläßlich des Filmfestivals in Herceg Novi. In Kotor findet jedes Jahr im Sommer das Jugoslawische Festival des
Kindertheaters statt. Die Annalen von Bar bieten einen Überblick über die künstlerische Entwicklung des Theaters und der Literatur. Während des gesamten Jahres finden kleinere kulturelle Veranstaltungen in ganz Montenegro statt. Einen
Höhepunkt stellt das Mimosenfest mit seinen Umzügen im Februar dar.

Die montenegrinische Küche

In der montenegrinischen Küche spielt Fleisch die zentrale Rolle. Es darf ruhig deftig sein, mit Gewürzen wird nicht gespart. Neben dem Fleisch sind die anderen Beilagen zur tellerfüllenden Dekoration degradiert. Selbst in wirtschaftlich schlechten Zeiten legen die Montenegriner sehr viel Wert auf gutes Essen. So manch einer investiert sein letztes Geld am Monatsende lieber in ein gutes Stück Grillfleisch anstatt in ein neues Paar Schuhe, auch wenn ihre Anschaffung sinnvoller wäre.

Anlässe einzuladen und ein üppiges mehrgängiges Mahl aufzutischen, finden sich in Montenegro reichlich, von der Taufe über den Namenstag, Geburtstag bis zum orthodoxen Weihnachtsfest. Falls es keinen äußeren Anlaß zu geben scheint, wird das Essen selbst zu einem. So läßt sich selbst einer Beerdigung noch etwas Positives abgewinnen.

Es ist üblich, daß die trauernde Familie für einen üppigen Leichenschmaus sorgt. Zubereitet wird das mehrgängige Menü von einer eigens engagierten Köchin. Die Tradition verbietet es, daß die Trauenden selber kochen. Die Köchin kommt sehr früh morgens, werkelt in der Küche der Trauernden und hat am Mittag eine Essensfolge für mehrere Dutzend oder auch hunderte Trauergäste bereitet. Zu einem echten Menü gehört auch immer eine Suppe. Auch im Sommer und bei großer Hitze ist dies üblich und sinnvoll.

Käse, Teigbällchen und Prvijenac: Vorspeisen

In den touristischen Orten an der Küste Montenegros finden sich immer mehr Restaurants oder auch einfach Stände an der Straße, die Fast Food anbieten. Fast an jeder Ecke werden Hamburger, Pizza und frisch zubereitete Pommes Frites verkauft. Nicht selten sind die Standbetreiber im wahren Berufsleben Lehrer oder Universitätsprofessoren, die ihr mageres Gehalt in den Sommermonaten mit dieser zusätzlichen Einnahmequelle aufbessern.

Sehr beliebt sind die Slasdićanas, eine Mischung aus Café, Konditorei und Eisdiele. Neben Limonade und Kaffee bekommt man hier die verschiedensten Eissorten, Hartgebäck und Torten.

Natürlich dürfen Ćivapćići, die bekannten Hackfleischröllchen, und der Fleischspieß Ražnići in keinem Restaurant fehlen. Für viele Touristen ist dies die typische Speise für diesen Landstrich, tatsächlich kommt beides in einer montenegrinischen Familie nur sehr selten auf den Tisch.

Die Entdeckung der traditionellen montenegrinischen Küche läßt sich mit einer Reise durch ganz Montenegro verbinden. Jede Region hat ihre kulinarischen Spezialitäten und Besonderheiten in der Zubereitung.

Die kulinarische Reise kann an der Küste beginnen. Hier stehen Fisch und Meeresfrüchte in all ihren Variationen ganz oben auf der Speisekarte. Ihnen gemeinsam ist, daß sie mit viel Olivenöl und reichlich Gewürzen zubereitet werden. Es werden die unterschiedlichsten Fischsorten angeboten, daneben aber auch verschiedene Arten von Muscheln, Krebse und Tintenfisch (Kalamari). Dazu trinkt man einen wohltemperierten Rot-oder Weißwein.

Mehr als einmal wird der Besucher in Montenegro zu hören bekommen, daß ein Fisch dreimal schwimmen sollte: Zuerst im Meer, dann in Olivenöl und schließlich im Wein, wie der Volksmund sagt. Wer noch nicht genug von der montenegrinischen Art der Fischzubereitung erlebt und genossen hat und wem die kleinen Konventionen an den Geschmack der Touristen etwas schwer im Magen liegen, findet die traditionelle und seit Generationen weitergegebene Rezeptur der Fischzubereitung am Skutarisee. Der See mit seinem großen und artenreichen Fischvorkommen ist ein preiswerter Nahrungslieferant für die Menschen der Gegend.

Nur wenige Kilometer entfernt, in der montenegrinischen Hauptstadt Podgorica, trifft man auf eine ganz andere Art der Fischzubereitung. Besonders der Karpfen gilt als eine Spezialität aus der Hauptstadt. Serviert wird er mit getrockneten Pflaumen als Beilage. Gern gegessen werden geräucherter Karpfen und luftgetrocknete Ukeleien. Wem gar nicht mehr nach Fisch zumute ist, sollte Popećin, kleine Hackfleischrouladen, und Japrećí, Rouladen in Grünkohl, probieren.

Im Norden Montenegros ist die traditionellen Küche so einfach und karg wie die steinige Landschaft, gleichwohl äußerst schmackhaft und reich an Nährstoffen. In dieser Gegend Montenegros ißt man noch das traditionelle montenegrinische Fladenbrot. Morgens oder zum Abendbrot kommt die Popara auf den Tisch, eine einfache Mahlzeit, die aus Brot, Butter, Käse und Milch entsteht . Natürliche Nahrungsmittel wie Milch, Brot und Käse in den verschiedenen Variationen spielen in Montenegro immer wieder eine zentrale Rolle. Bekannt ist auch das aus Weizen- und Maismehl sowie Streichkäse bestehende Cicvara. Oder auch die, wie die Einheimischen sagen, montenegrinische Art der Polenta – Kaćamak – und nicht zu vergessen Kajmak. Das ist ein Streichkäse der sich mittlerweile auch in anderen Ländern Europas großer Beliebtheit erfreut.

Deftiger ist die Spezialität des Durmitorgebirges. Dort trifft man noch oft auf eine traditionelle Zubereitung von Lammfleisch. Es wird unter einer speziellen Steinplatte, dem Sac, gebraten.

Das Dorf Njeguši ist in erster Linie als Geburtsort von Njegoš bekannt, aber gleich an zweiter Stelle für seine zahlreichen Spezialitäten. Dazu gehört Käse in Olivenöl, Schinken, verschiedene Wurstsorten und geräuchertes Schafleisch. Es wird gesagt, daß der einzigartige Geschmack durch die Besonderheit des Holzes aus dieser Gegend, das zum Räuchern benutzt wird, zustande kommt.

Die Rezepte werden von Generation zu Generation weitergegeben. In Njeguši wird in einigen Restaurants auch der sehr alte slawische Honigwein Medovina angeboten.

Alle diese Spezialitäten werden zu einem Ereignis, wenn man dazu den entsprechenden Wein serviert bekommt. Gerne getrunken werden die Weine aus den Regionen Cermnica und Doljani und auch die von den Weinbergen des Cemovsko-Felds. Die Trauben vom Cemovsko Polje eigenen sich für Weine ebenso wie für Schnäpse.

Ein sehr bekannter Weintraubenschnaps ist Lozoca rakija, von dem pro Jahr nur sechstausend Flaschen abgefüllt werden. Wer keine Flasche mehr ergattern konnte, kann sich mit einem Prvijenac trösten. Die Schnäpse werden in Montenegro nach alter Art in Kupferkesseln über dem Holzfeuer gebrannt.

Zu den bekanntesten montenegrinischen Weinen gehören die in ganz Europa bekannten Vranac und Merlot. Nicht selten vergleicht man beide Weine mit dem französischen Bordeaux. Unter den Weißweinen ist Krstac jedem Kenner ein Begriff. Gern wird er zum Fisch getrunken.

Natürlich darf auch das Bier nicht fehlen. Nikšićko pivo wird in Nikšić gebraut und wurde in der Vergangenheit im In- und Ausland ausgezeichnet. In Montenegro hat es fast eine monopolartige Stellung. Es ist in jedem Restaurant zu haben, meist ohne Konkurrenz.

Im Figurengarten von Đenovići
Die Bucht von Kotor; In der Bucht von Kotor

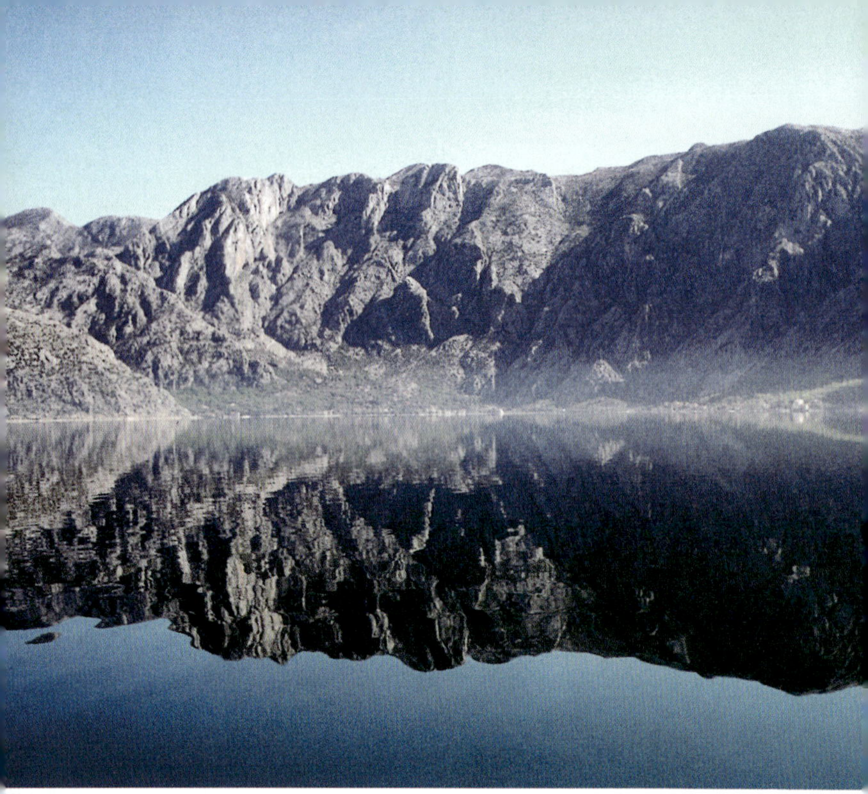

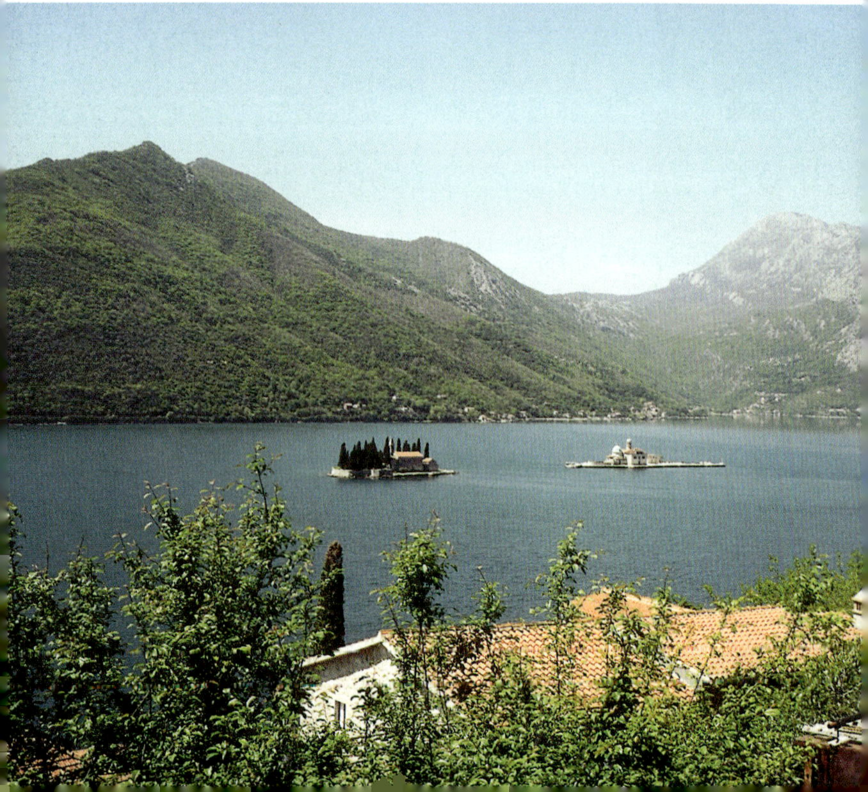

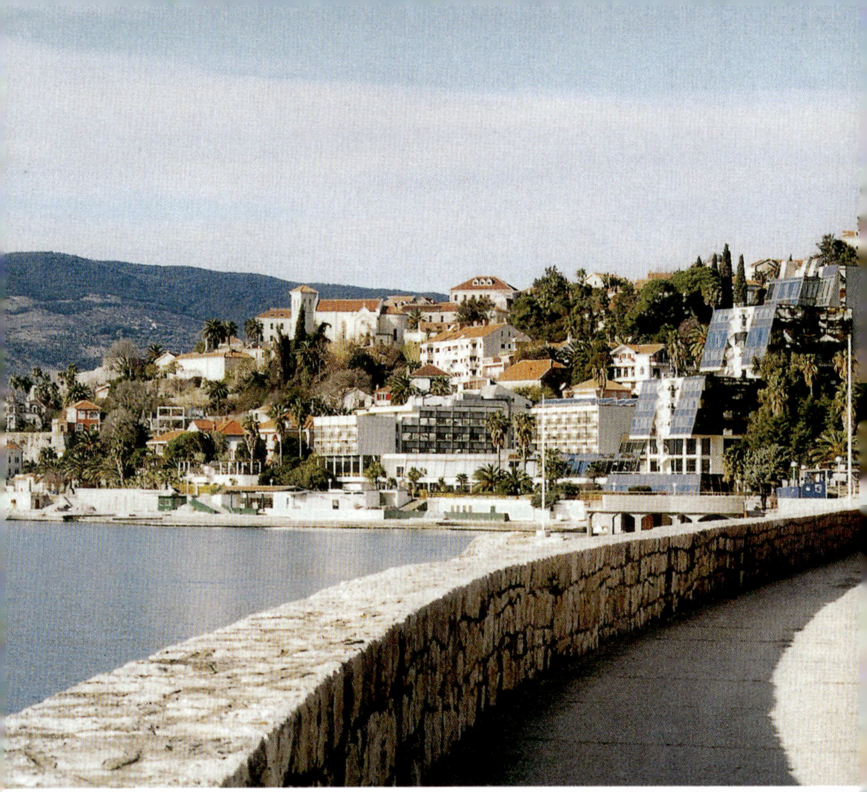

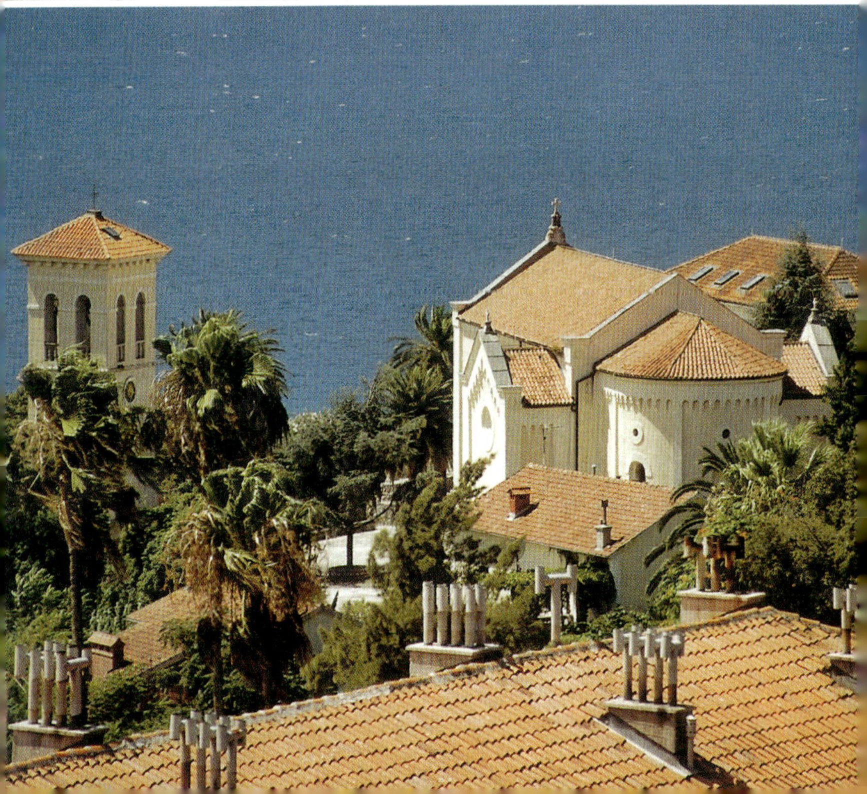

Rezepte

Brodet

Zutaten (für vier Personen):
ein Kilogramm Sardellen,
eine Zwiebel, drei bis vier Tomaten,
je einen Eßlöffel Essig und Olivenöl
sowie Gemüsebrühe.
Dazu etwas Paprika edelsüß,
Pfeffer und Petersilie.

Zunächst wird die Zwiebel in kleine Ringe geschnitten und in einen Topf gegeben. Hinzu kommt ein Löffel Olivenöl. Beides wird bei mittlerer Hitze angedünstet. Anschließend gibt man die Gemüsebrühe und eine Prise Pfeffer hinzu und dünstet alles zusammen, bis die Zwiebel weich geworden ist.

Die Tomate gibt man in ein Gefäß mit heißem Wasser, zieht nach kurzer Einwirkzeit ihre Haut ab und schneidet sie in kleine Würfel. Die Tomatenwürfel werden zusammen mit einer Prise Paprika zu der gedünsteten Zwiebel in den Topf gegeben, anschließend kommen noch 2 Milliliter Wasser hinzu.

Nun werden die gesäuberten Sardellen inklusive Kopf zusammen mit einem Löffel Essig hinzugegeben. Etwa 15 Minuten bei mittlerer Temperatur benötigen die Fische, bis sie eine dunkle Farbe bekommen haben und knusprig geworden sind. Zur Geschmacksverfeinerung gibt man etwas Olivenöl und Salz nach Geschmack hinzu.

Brodet ißt man in Montenegro überwiegend an der Küste. Als Beilage wird oft gekochter Maisgries gereicht.

Njeguši-Schnitzel

Das Njeguši-Schnitzel ist eigentlich kein Gericht zum Nachkochen. Um in den wirklichen Genuß dieser lokalen Spezialität zu kommen, sollte man es sich in einem Restaurant in Njeguši selbst servieren lassen.

Wer es selbst ausprobieren möchte, benötigt ein extragroßes Schweineschnitzel. Es wird plattgeklopft, damit es nach dem Braten schön zart wird. Bevor es in die Pfanne kommt, wird es mit Kajmak bestrichen und mit Schafskäse und

Herceg Novi mit Hotel Plaža; Blick auf Herceg Novi
Kloster Savina, Detail

Schinken belegt. Das Fleisch wird dann samt Füllung aufgerollt, mit einem entsprechenden Stäbchen zusammengehalten und in der Pfanne vorgebraten. In einer separaten Schüssel mischt man etwas Mehl mit Eiern. Das Schnitzel wird mit Olivenöl eingerieben, mit der Mehl-Eiermischung paniert und anschließend gebraten.

Montenegrinischer Kaćamak

Montenegrinischer Kaćamak ist ein relativ einfaches, aber sehr nahrhaftes Gericht. Es wird in den höher gelegenen Gegenden Montenegros gern gegessen.

Zutaten:
300 Gramm Maismehl,
drei große Kartoffeln, etwas Salz und
Kajmak und zwei Liter Wasser.

In einem tiefen Kochtopf wird das Wasser, etwas Salz und die drei Kartoffeln gegeben und dann einige Minuten zum Kochen gebracht. Anschließend gibt man das Maismehl hinzu, allerdings ohne dabei umzurühren, und läßt alles eine Stunde bei mittlerer Temperatur kochen. Dann nimmt man einen Teil des Wassers aus dem Topf und verrührt den Rest, bis eine sahnige Masse entstanden ist. Dann wird noch Kajmak und etwas Butter hinzugegeben und alles mit Buttermilch abgeschmeckt.

Friganice

Friganice ist nicht typisch montenegrinisch, wird aber dort sehr gern gegessen, besonders an der Küste.

Zutaten:
halbes Kilogramm Mehl,
ein Päckchen Hefe, ein Ei,
geriebene Zitronenschalen,
2 Eßlöffel Zucker,
ein Schnapsgläschen Rum.
Zur Not tut es auch Rumaroma.

Die Zubereitung ist sehr einfach. Alle Zutaten bis auf das Ei werden zu einem Teig vermischt. Erst jetzt gibt man das Ei dazu, eventuell noch ein zweites, bis der Teig klebrig wird. Mit einem zuvor in heißes Wasser getauchten Teelöffel wird Teig entnommen und in einer Pfanne oder auch einem Topf mit zuvor erhitztem Öl frittiert. Die Friganice müssen einmal gedreht werden, damit sie von beiden Seiten gleichmäßig braun werden. Anschließend kann man sie in Zucker oder Puderzucker welzen. Man ißt sie warm.

Brautabendkuchen

Am Abend vor der Hochzeit trifft sich die Braut ein letztes Mal als Unverheiratete mit ihren Freundinnen und feiert Abschied. Traditionell wird dann der Brautkuchen – oder wie die süße Teigware auch genannt wird – ›Abend des Fräuleins‹ gereicht.

Zutaten:
200 ml Öl, 500 g Mehl,
500 g Zucker, eine Zitrone,
200 g getrocknete Feigen,
200 g Walnüsse, 200 g
Rosinen und etwas Salz.

Wasser, Salz, Öl, Mehl und der Zitronensaft werden verrührt und zu einem festen Teig geknetet. Der Teig wird dann auf ein zuvor mit Mehl bestäubtes Brett gegeben, mit Öl eingerieben und mit einem Tuch abgedeckt. Etwa 40 bis 50 Minuten soll der Teig dann aufgehen.

Die Zwischenzeit läßt sich nutzen, um dieFüllung des Kuchens zu machen. Dazuzerkleinert man die Walnüsse, ebenso wie die Rosinen und die Feigen. Die Zutaten sollten nicht zu klein gehackt werden. Die Füllung wird mit 100 g Zucker verrührt.

Nun benötigt man einen Eßtisch inklusive sauberer Tischdecke. Diese wird mit Mehl gepudert, um darauf und der gesamten Tischplatte den Teig auszurollen. Zuletzt wird der Teig noch mit den Händen dünngezogen. Die Kunst besteht darin, den Teig auf Tischplattengröße auszurollen und zu ziehen, ohne daß er reißt.

Der ausgerollte Teig wird erneut mit Öl besprizt. Anschließend wird die Füllung auf dem Teig verteilt. Der Teig wird dann zusammengerollt. Die Montenegrinerinnen heben dazu das eine Ende der Tischdecken an und stupsen den Teig auf diese Weise zu einer Roulade. Anschließend wird der aufgerollte Teig in backblechgroße Stücke geschnitten und bei mittlerer Temperatur gebacken.

Abschließend wird noch der Sirup zum Übergießen des Kuchens angerührt. Dafür benötigt man einen Liter Wasser und 400 g Zucker. Beides wird vermengt und kurz aufgekocht. Der Sirup wird heiß über den Kuchen gegeben.

Die Bucht von Kotor ist ein einzigartiger Fjord mit kleinen geschichtsträchtigen Ortschaften am Fuße gewaltiger Gebirge, einsamen Küstenabschnitten und der Altstadt von Kotor als kulturhistorischem Höhepunkt.

Kotor und
Umgebung

Die Bucht von Kotor

Wie eingemeißelt in die herzegowinischen und montenegrinischen Berge liegt die Bucht von Kotor und stellt zugleich den Beginn der montenegrinischen Adriaküste dar. Ein einzigartiges Naturschauspiel bietet sich dem Besucher der Boka, wie sie von ihrem Bewohnern liebevoll genannt wird. Vergleiche mit den Naturschönheiten anderer Ländern werden oft zur Beschreibung der Bucht von Kotor herangezogen und konnten der fast 30 Kilometer in die Berge gewaschenen Bucht nicht gerecht werden. Bei der Suche nach den Ursprüngen der Boka haben Wissenschaftler und Geologen festgestellt, daß – anders als zunächst vermutet –, nicht Gletscher die massigen Gebirge ausschabten. Vielmehr wuschen Flüsse über lange Zeiträume das Gestein aus und hinterließen zwei Täler, die von der heutigen Meerenge Verige getrennt wurden. Die Verige-Enge stellt die Verbindung zwischen den äußeren Becken der Bucht und den inneren Becken dar.

Eine Rundfahrt

Folgt man der Küstenstraße aus nordwestlicher Richtung kommend, erreicht man die Bucht von Kotor, nachdem man das Sutorinatal durchfahren hat, dann eröffnet sich sehr bald der Blick auf das nördlichste Becken der Bucht von Kotor, die Toblabucht. Die Bucht von Kotor besteht aus insgesamt vier Becken. Der Tobla-

Bei Perast

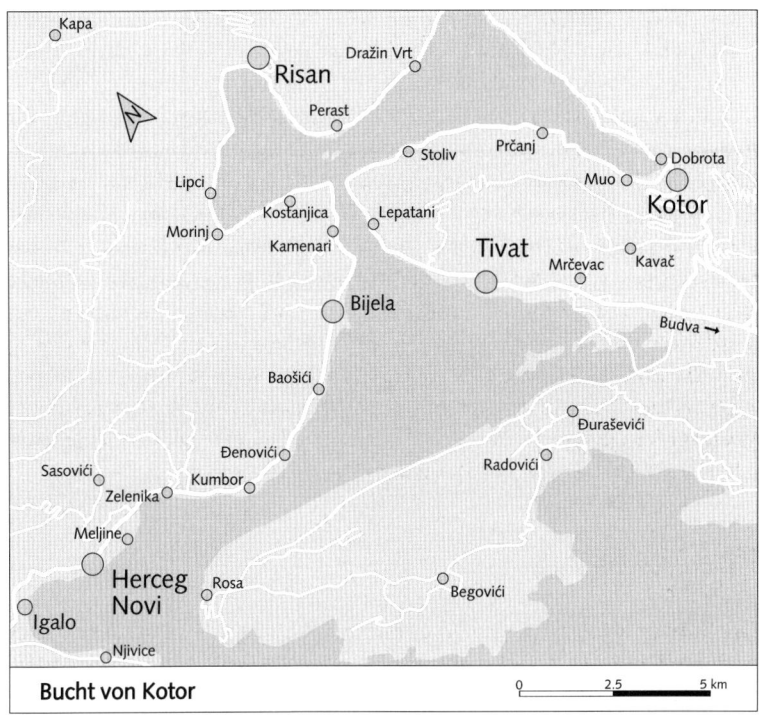

Bucht von Kotor

0   2.5   5 km

bucht folgt die Bucht von Tivat, von der man die Bucht von Risan erreicht und schließlich die Bucht von Kotor. Sie ist die am weitesten in das Gebirge gewaschene Bucht, die zugleich auch die Namensgeberin der gesamten Bucht ist.

Der meerseitige Eingang in die Bucht führt durch die 1200 Meter breite Meerenge zwischen Kap Oštri rti mit seinem Leuchtturm und der Halbinsel Luštica, die die Bucht vom offenen Meer abriegelt und dafür sorgt, daß das Wasser in der Bucht oft mit einem See vergleichbar ist. Die bei stürmischen Winden meterhohen Wellen des offenen Meeres finden ihr Ende am glatten Stein des äußeren Lušticagebirges.

Bewacht wird der Eingang in die Bucht von der inmitten der Meerenge thronenden Festungsinsel Mamula. Namensgeber der Insel ist der dalmatinische General Lazar Mamula, der Mitte des 19. Jahrhunderts lebte. Im Zweiten Weltkrieg diente die Festung den Italienern als Gefangenenlager. Vorwiegend jugoslawische Partisanen wurden auf der Insel eingesperrt und darbten in Sichtweite zur Heimat vor sich ihn.

Die Insel wird heute von Ausflugsbooten angesteuert. Bereits nahe der Anlegestelle versorgt ein improvisiertes Restaurant die Besucher mit Getränken und kalten Speisen. Die Anlegestelle und ein kleiner Strand aus eiergroßen Kieselsteinen wird von den Besuchern gerne zum Baden genutzt. Das Wasser ist an dieser Stelle glasklar und durch die ständige leichte Strömung sehr sauber.

Von der Anlegestelle erreicht man nach wenigen Schritten den Eingang zur Festung, die an dieser Stelle von einem Graben gezäumt wird und so in der Vergangenheit Eindringlinge abschrecken sollte. Über die Zugbrücke findet man in die Festung und steht nach dem Durchschreiten im Innenhof, dessen Mittelpunkt der Brunnen darstellt. Von hier erreicht man die ehemaligen Zellen, Lagerräume und auch die noch guterhaltene Latrine der Festung. Eine Treppe führt in die obere

Blick in Richtung Tivat

Etage und auf das Dach. Der Aufstieg ist jedoch nicht ungefährlich, verfügt die Treppe doch über kein Geländer, und die Stufen sind über die Jahrzehnte sehr glatt geworden.

Die oberste Etage der Festung gleicht einer überdimensionalen Terrasse und bietet einen einzigartigen Rundumblick. Vom offenen Meer kann man den Blick zur Halbinsel Žanjice und weiter dem Lušticagebirge folgend in die Bucht von Kotor und Herceg Novi schweifen lassen. Wer noch höher hinaus möchte, kann die eisernen Stufen des Leuchtturms hinaufsteigen und auf einer Höhe mit der Signallampe den Ausblick genießen.

Kaum hat man die Insel Mamula mit dem Boot passiert, wird der Blick frei auf Herceg Novi. Gegenüber dem Eingang zur Bucht gelegen, ist der terrassenförmig angelegte Ort Mittelpunkt und Blickfang bei der Einfahrt in die Bucht. Je weiter man in das erste Becken vordringt, die Toplabucht, umso deutlicher rückt die Silhouette von Igalo mit ihren hellen Hochhäusern ins Blickfeld. Ungefähr jetzt wird man rechts die ehemalige Zollstation Rose passieren. Heute ist das eine kleine Ansammlung von romantischen Häusern, die überwiegend im Sommer bewohnt sind, mit einem kleinen Hafen. Blickt man nun nach links, ist das Badeörtchen Njivice sehr bald zu sehen. Zu erkennen ist es an dem in der Mitte der Siedlung thronenden Hotelkomplex Rivijera, dem größten Gebäude im Ort.

Um weiter in die Bucht vorzudringen, muß man die Kumbormeerenge durchqueren. Sie stellt die Verbindung zwischen der Toplabucht und der Bucht von Tivat her. Hier hat die Marine Stellung bezogen. Ein mehrere hundert Meter ins Meer reichender Anlegesteg der Marine macht dies schon aus der Ferne deutlich.

Die Tivatbucht ist das größte und am weitesten nach Süden reichende Becken in der Bucht von Kotor. Wie auf einer Bühne präsentiert sich am Horizont links die Werft in Bijela, und gleich daneben, so scheint es aus der Ferne, die Stadt Tivat mit dem Flughafenkontrollturm und noch etwas weiter rechts die kleine Kircheninsel. Kommt man näher, rücken zwei weitere Inseln beziehungsweise Halbinseln ins Blickfeld: Sveti Marko und das ehemalige Nudistenparadies Ostrovo Cveća.

Sobald man den Ort Bijela hinter sich gelassen hat, zeigt sich die Meerenge Verige. Sie ist die schmale Verbindung zwischen den äußeren beiden Becken der Bucht von Kotor und den beiden inneren Becken, der Risan Bucht und des Beckens von Kotor. Die Ufer stehen sich an dieser Stelle der Bucht in nur 300 Metern Entfernung gegenüber. Zur Glanzzeit der Seefahrt in der Boka wurde eine Kette von einem Ufer der Enge zum anderen gespannt und so die Durchfahrt für feindliche Schiffe und Piraten unmöglich gemacht. Heute nutzt die Autofähre die Nähe der Ufer, verbindet die Orte Kamenari und Lepetane und verkürzt so eine Autofahrt in Richtung Kotor oder Tivat um eine halbe Stunde.

Nach der Durchfahrt durch die Meerenge erstreckt sich links die Risanbucht, rechts befindet sich die Bucht von Kotor. Vor Perast in der Risanbucht liegen die beiden Inselchen Gospa od Skrpjela und Sveti Đorđe.

In die nordöstlich gelegene Risanbucht fällt vergleichsweise wenig Sonne. Sie liegt wie zurückgezogen in den Berg und diente schon Teuta, der Königin der Illyrer, im Jahre 228 vor Christus als Versteck bei ihrer Flucht vor den herannahenden Römern. Heute trägt das größte Hotel in Risan den Namen der Fürstin und erinnert an ihre Zuflucht.

Ganz am Ende und tief eingeschnitten in das Gebirge, am Fuße des Lovćen, liegt die Stadt Kotor in der gleichnamigen Bucht. Die Berge wirken in diesem Teil der Bucht besonders mächtig und erdrückend. Es bedarf schon einiges an seefahrerischem Geschick, um ein mittelgroßes Schiff durch die Meerengen der Bucht zu navigieren und anschließend an die Anlegestelle des kleinen Hafens von Kotor, unmittelbar vor der Stadtmauer, zu steuern.

Geschichte

Die ersten Siedler in dem Gebiet der Bucht von Kotor waren illyrische Stämme, die um 250 vor Christus dort lebten. Zu dieser Zeit war Risan die wichtigste Siedlung in der Bucht. Die gesamte Bucht trug deshalb damals den Namen Bucht von Risan. Der illyrische Stamm der Ardiär gründete im dritten Jahrhundert vor unserer Zeitrechnung einen eigenen Staat, die Bucht war ein Teil dieses Staates.

Die Illyrer wurden in langwierigen Kriegen von den Römern geschlagen und verdrängt. Das Aus für die Illyrer bedeutete die Niederlage ihres Königs Gentius in der Schlacht auf dem Gebiet des heutigen Albanien. Die Römer brachten die Bucht von Kotor in ihre Gewalt und unterteilten sie in die Verwaltungsbereiche Risan und Kotor. Mit der zunehmenden Ausdehnung des römischen Reiches änderte sich auch die Zugehörigkeit der Bucht. Sie gehörte beispielsweise um zwei vor Christus zur römischen Provinz von Dalmatien. Mit den neuen römischen Machthabern begann auch die Romanisierung der illyrischen Einwohner in der Bucht. Die primitiven Siedlungen der Illyrer verwandelten sich in durchorganisierte stadtähnliche Ansiedlungen. Latein wurde zur Amtssprache, römische Kultur und Religion gewannen die Oberhand. Die Römer begannen Straßen zu bauen und verhalfen so dem Handel zu einer neuen Blütezeit.

Neben der Ansiedlung Risan ist die illyrisch-römische Stadt Agruvium von großer Bedeutung. Bis heute konnte jedoch noch nicht geklärt werden, ob mit dieser Bezeichnung das Gebiet von Kotor gemeint ist oder die Ebene von Gurbalj.

Reste aus der Römerzeit bei Risan

Archäologische Funde lassen die zweite Möglichkeit wahrscheinlicher erscheinen.

Mit dem verstärkten Aufkommen der Piraterie, mit Überfällen und Plünderungen gewann die kleine Ansiedlung Catarum, das heutige Kotor, immer größere Bedeutung. Durch seine tief in die Bucht zurückgezogene Lage war sie für Feinde kaum zu erreichen, durch das Absperren der Meerengen verhältnismäßig leicht zu verteidigen. Viele Flüchtlinge aus anderen Gegenden suchten in dieser Zeit Schutz in Kotor.

Mit der Besiedlung des Balkans durch die Slawen vollzog sich auch in der Boka eine relativ schnelle Vermischung der romanischen Bevölkerung mit den Slawen. Sehr bald rückten die Slawen in wichtige gesellschaftliche und einflußreiche Positionen vor. Auch in dem später wichtigsten Wirtschaftzweig, der Seefahrt, beteiligte sich die slawischstämmige Bevölkerung maßgebend.

Bis die Bucht von Kotor durch den Seehandel ihre Blütezeit erlebte, mußte sie mehrfach Angriffe und Zerstörungen erleiden. Im 9. Jahrhundert setzte die Flotte des sarazenischen Admirals Kalfun den unteren Teil von Kotor in Brand und hinterließ die Stadt buchstäblich in Schutt und Asche. Später besetzte der mazedonische Kaiser Samuilo im Kampf gegen Dalmatien auch die Bucht von Kotor und hinterließ große Zerstörungen.

Den Bewohnern der Boka wurde klar, daß sie ohne die Hilfe eines starken Partners nicht in der Lage sein würden, den ständigen Angriffen übermächtiger Gegner zu trotzen. Man suchte daher Schutz durch die Verbindung mit dem Fürsten von Duklaj, der sich erfolgreich der byzantinischen Herrschaft widersetzten konnte. Sehr bald zeigte sich jedoch, daß dem Fürst weniger an einer Partnerschaft gelegen war; er interessierte sich wenig für die Belange der Bewohner der Boka und suchte vielmehr auf diesem Wege seinen Einflußbereich zu vergrößern. Als der Fürst die alleinige Macht über die Bucht von Kotor für sich beanspruchte, wandte man sich einem neuen Partner zu und wurde erneut Teil des byzantinischen Reiches.

Verträge und Seehandelsabkommen mit den Machthabern der Nachbargebiete ermöglichten die wirtschaftliche Stabilisierung der Bucht. Dabei half beispielsweise eine Vereinbarung mit dem Piratenkönig Kapitän Kaćić. Man beschloß den gegenseitigen Handel neu zu beleben und freies Geleit für die Flotten des jeweils anderen. Auch mit der dalmatinischen Stadt Dubrovnik wurde ein neues Handelsabkommen vereinbart.

Im Jahre 1172 unterstellte Papst Alexander das Bistum von Kotor dem Erzbistum von Bari. Daraufhin konnten die Schiffe der Boka die Häfen an der südlichen Küste Italiens nutzen, ohne Abgaben und Gebühren entrichten zu müssen. Für die Seefahrer der Boka entstanden optimale Bedingen, die zu einem wirtschaftlichen Aufschwung und zu erheblichem Wohlstand führten.

Gegen Ende des 12. Jahrhunderts löste sich das byzantinische Reich langsam auf und brachte für Kotor den Status einer Republik. Die Selbständigkeit sollte allerdings nur fünf Jahre andauern. Dann gelang es Stevan Nemanja, seinen serbischen Staat bis an die Küste des heutigen Montenegro auszudehnen. Die gesamte Bucht von Kotor wurde Teil dieses serbischen Staats. In Kotor richtete sich der neue Machthaber seinen Sitz ein. Für die Serben war der Zugang zum Meer von großer Bedeutung. Den Bewohnern der Boka wurden zahlreiche Privilegien eingeräumt, die sich erneut in einem wirtschaftlichen Aufschwung bemerkbar machten. Der fand jedoch ein jähes Ende, als das schon von inneren Unruhen geschwächte Serbien im Jahre 1371 den Türken unterlag. In der Folge suchte Kotor einen anderen starken Partner, ohne aber seinen Autonomiestatus aufgeben zu müssen. Fündig wurde man im ungarischen König Ludwig I, dieser löste jedoch den Unmut der Venezianer aus, die die Stadt angriffen und in Brand steckten.

Im Jahre 1385 wurde der bosnische König Turtko I. neuer Machthaber der Bucht von Kotor. War die Dauer seiner Herrschaft auch nur kurz, so hinterließ er doch Spuren, die bis in die Gegenwart wirken. Er gründete 1382 die Stadt Sveti Stjepan, das heutige Herceg Novi. Die Stadt liegt gegenüber des Eingangs zur Bucht von Kotor und war so prädestiniert, den Wein- und Salzhandel in dieser Gegend anzukurbeln. Man wollte den Städten Dubrovnik und auch Kotor Konkurrenz machen.

Die Venezianer übernahmen 1420 erneut die Macht in der Bucht. Auslöser für einen erneuten Machtwechsel waren ständige Piratenüberfälle, unter den besonders das nahe Venedig zu leiden hatte. Gemeinsam mit den Maltesern und dank der Unterstützung des Papstes wurde zunächst der Piratenstützpunkt in Herceg Novi erobert und später die gesamte Boka.

60 Jahre danach besetzten erneut die Osmanen Teile der Bucht. Die Gebiete um Herceg Novi und Risan wurden von den Türken beherrscht, während Kotor sich gegen die Angreifer behaupten und seine Selbständigkeit behalten konnte. Die starke Flotte von Perast leistete erfolgreich Widerstand gegen die Osmanen und verhinderte so die Einnahme von Kotor.

Gemeinsam mit den Venezianern gelang 1687 die Rückeroberung von Herceg Novi. Venedig war sehr daran gelegen, eine starke Seestreitmacht in der Bucht von Kotor aufzubauen, um gegen die zahlreicher werdenden Piratenübergriffe und die Angriffe der Türken gewappnet zu sein. Zwei Schiffe wurden in der Bucht stationiert und harrten dort in ständiger Bereitschaft. Die Handelsschiffe wurden so konstruiert, daß sie bei einem feindlichen Angriff mit wenigen Handgriffen in eine Kriegsschiff umgewandelt werden konnten.

Ein schwerer Schlag für die Bewohner der Boka war das Erdbeben am 6. April 1667. Das etwa 80 Kilometer entfernte Dubrovnik wurde fast völlig zerstört, in Kotor wurden 180 Häuser dem Erdboden gleichgemacht. Als das Reich Venedigs

Ruinen einer von den Venezianern erbauten Festung bei Perast

1793 seinem Untergang entgegen ging, lösten sich in der Folge verschiedene Machthaber in relativ kurzer Folge in der Bucht von Kotor ab. Darunter Österreich, Rußland und Frankreich.

In ihrer besten Zeit – vom 16. bis zum 18. Jahrhundert – besaßen die Seeleute der Boka bis zu 300 Schiffe. Während der Zeit der Napoleonischen Kriege wurde fast der gesamte Bestand an Schiffen vernichtet. Nur etwa 30 Schiffe konnten vor der Zerstörung gerettet werden. Dies hatte ein Austrocknen des Seewesens in der Bucht von Kotor zur Folge und führte zu einer starken Emigration der Bevölkerung. Viele Schiffahrtsgesellschaften verlegten ihren Standort nach Triest.

Die Seefahrt und kriegerische Auseinandersetzungen haben in der Bucht von Kotor über Jahrhunderte eine tragende Rolle gespielt, dennoch hatte auch das kulturelle Leben in der Bucht immer eine große Bedeutung. Im 14. Jahrhundert galt die Malerschule in Kotor als die wichtigste künstlerische Institution in dieser Gegend. Aus ihr gingen zwei wichtige Maler hervor, im 14. Jahrhundert Lovro Marinov und im 15. Jahrhundert Vicko Katene.

Auch das Goldschmiedehandwerk hat in der Boka eine lange Tradition. Die Goldschmiede der Bucht erlangten Berühmtheit, die weit über die Grenzen des heutigen Montenegro hinausgingen. Der Goldschmied Trifun beispielsweise fertigte Schmuck für die Höfe der Fürsten in Rußland. Ebenso befanden sich Architektur und Bildhauerei in der Boka auf einem sehr hohen Niveau. Noch heute legen die Villen und Paläste der einst reichen Seefahrerfamilien Zeugnis davon ab.

Im Ersten Weltkrieg lag eine 40 Schiffe starke Kriegsflotte der österreichisch-ungarischen Marine in der Bucht von Kotor. Die Schiffe sollten von hier aus in der Adria operieren. Tatsächlich lagen sie aber bereits seit über acht Monaten zur Untätigkeit gezwungen in der Bucht vor Anker. Bei den fast 6000 Matrosen kochte seit Wochen die Unzufriedenheit über den stupiden Dienst an Bord, die schlechte Verpflegung und die Urlaubseinteilung.

Am 1. Februar 1918, zur Mittagszeit, überwältigten die Aufständischen die Offiziere und hißten am Heck jedes Schiffes die rote Fahne. Auf die Schnelle wurden nach kommunistischem Vorbild Matrosenräte gewählt und eine Delegation zum kommandierenden General in den Hafen geschickt. Forderungen hatten die Matrosen nur zwei: bessere Lebensbedingungen und ein Ende des Krieges. Der General weigerte sich mit den Meuternden zu sprechen und forderte die sofortige Kapitulation. Zu einer Einigung kam es nicht, stattdessen nutze der General das Verstreichen von mehreren Fristen, um Verstärkung heranzuordnen.

Nach drei Tagen mußten die Aufständischen die rote Fahne einholen und sich ergeben. Sie waren mittlerweile von den dem General zur Hilfe gekommenen Kriegsschiffen und Verbänden, die an den Ufern der Bucht von Kotor Stellung bezogen hatten, umstellt. Am 11. Februar 1919 wurden die vier Rädelsführer, darunter die deutschstämmigen Franz Rasch und Anton Graber, zum Tode verurteilt und erschossen.

Während des Zweiten Weltkrieges schloß sich ein großer Teil der Einwohner der Boka Kotorska – den jugoslawischen Partisanen – an, um gegen die Besetzung des Landes zu kämpfen. Zunächst konnte das Hinterland befreit werden, im Herbst 1944 gelang auch die Rückeroberung der Küste Montenegros und der Bucht von Kotor. Noch heute findet man in fast jedem Dorf ein Denkmal, das an die gefallen Bewohner des Volksbefreiungskampfes erinnert.

Nach dem Krieg profitiere auch die Bucht von Kotor vom wirtschaftlichen Wiederaufbau und Fortschritt. Die Entwicklung ging zunächst langsam aber kontinuierlich vonstatten. Mit Beginn der sechziger Jahre wurde der Tourismus auch in der Bucht als wichtiger Wirtschaftszweig entdeckt und vorangetrieben. Immer mehr junge Menschen fanden Arbeit im Tourismusbereich. Die Bedeutung der Seeschifffahrt hatte zu diesem Zeitpunkt ihren Zenit bereits überschritten. Dennoch entscheiden sich noch heute sehr viele junge Männer für einen Beruf auf dem Schiff. Die großen Reedereien findet man jedoch nicht mehr in der Boka.

Njivice

Wer nicht gerade Gast des Hotels Riviera ist, wird Njivice vermutlich nur aus der Ferne erleben. Der Ort ist zwar der erste in der Bucht von Kotor, gilt aber eher als Geheimtip für die Gäste, für die das Sonnen und Baden im Vordergrund steht.

Njivice befindet sich südwestlich von Herceg Novi, nahe dem Eingang zur Bucht von Kotor, und liegt unmittelbar am Meer. In der Sommersaison gibt es gegen Gebühr eine Bootsverbindung zwischen Herceg Novi und Njivice. Die Boote fahren in Herceg Novi beim Hotel Plaža ab und legen unmittelbar am Strand von Njivice an. Auf dem Landweg erreicht man den Ort über eine 1,5 Kilo-

Am Strand von Njivice

meter lange Straße, die von der Hauptküstenstraße bei Igalo abzweigt. Um zum Strand zu gelangen, folgt man der Beschilderung zum Hotel. Allerdings ist die Abzweigung zum Hotel leicht zu übersehen. Wer daran vorbeifährt, läuft Gefahr, sich nach einigen hundert Metern vor dem Häuschen des montenegrinischen Grenzposten wiederzufinden.

Njivice ist im Winter fast menschenleer, Abwechslung und Unterhaltung wird man dann dort nur schwer finden. Anders sieht es im Sommer aus. Die Hotelgäste bevölkern den Strand, und die gerade in den letzten Jahren verstärkt gebauten Sommerhäuser von Einheimischen aus dem Hinterland und aus Serbien sind besucht. Es herrscht reges Treiben in dem beschaulichen Ort.

Auch Besucher, die nicht im Hotel gebucht haben, können den Strand nutzen. Wer mit dem Auto kommt, kann – sofern noch Plätze frei sind – gegen eine Gebühr im Hotelkomplex parken.

Geadelt wurde der Strand von Njivice 1934, als Königin Marija dort badete. Seitdem spricht man auch vom königlichen Strand. Königlich ist auf jeden Fall der Blick von Njivice auf Igalo, Herceg Novi, die Berge Orjen und Lovćen und Teile der Bucht von Kotor bis nach Tivat und seinem Flughafenkontrollturm. FKK-Anhänger finden ebenfalls einen für sie reservierten Strandabschnitt, der durch einen Sichtschutz vom anderen Strand abgetrennt ist. Gerade in der Hochsaison kann der Besuch des Nacktbadestrands sehr angenehm sein, da er in der Regel nicht so überlaufen ist.

Das Meerwasser vor Njivice gilt als sehr sauber und klar. Der helle Meeresgrund verstärkt diesen Eindruck und macht das Baden zu einem Vergnügen. Allerdings sollte man auf Seeigel achten.

 Vorwahl: 003 81/(0)88. Touristisches Informationszentrum Herceg Novi, Jova Dabovica 12, 85340 Herceg-Novi, Tel. 262 09 und 266 19, Fax 266 19.

 Auskünfte über Tel. 088/ 212 25.

 Übernachten oder einen ganzen Urlaub verbringen kann man in dem kleinen Ort Njivice im Hotel Riviera. Der Hotelkomplex befindet sich am südwestlichen Ufer der Bucht von Herceg Novi in der Siedlung Njivice, 8 Kilometer von Herceg Novi entfernt. Das Hotel liegt unmittelbar am Meer mit Blick auf Herceg Novi, Igalo und die Bucht von Kotor mit den Bergen Orjen und Lovćen. Alle Zimmer haben Meerblick. Das Hotel verfügt über einen eigenen Strand mit FKK-Abschnitt sowie Taverne, Gaststätte, Diskothek, Terrasse, Fernsehsaal, Friseursalon, Tennisplatz und Parkplätze für 150 Pkws. Tel. 730 24.

 Essen kann man im hoteleigenen Restaurant. Gegrilltes wird auch nahe dem Strand serviert. Fast Food wird an der Zufahrtsstraße kurz vor dem Hotel angeboten.

Igalo

Igalo ist ein bekannter Bade- und Kurort am Eingang der Bucht von Kotor. Man erreicht ihn über die Hauptstraße an der Küste. Bis in die Altstadt von Herceg Novi sind es drei Kilometer, Njivice erreicht man nach 1,5 Kilometern.

An der Strandpromenade

In Igalo befindet sich das Institut für physikalische Medizin ›Dr. Simo Milošević‹. Das Institut wurde schon 1949 vom damaligen Gesundheitsministerium Montenegros gegründet und 1997 in eine Aktiengesellschaft umgewandelt. Es wird von Menschen aus aller Welt frequentiert. Neben vielen bekannten Persönlichkeiten war der jugoslawische Staatspräsident Tito regelmäßiger Kurgast.

Gleich neben dem Gesundheitszentrum, auf einer kleinen Anhöhe, steht die Villa Galeb, eine von Titos zahlreichen ehemaligen Residenzen. Die Villa wurde 1976 gebaut und bietet auf 6000 Quadratmetern 137 Zimmer. Neben dem berühmten blauen Apartment gibt es mehrere Sitzungssäle, Massageräume, einen Billardsaal und weite drei Apartments. Die Villa ist von einem acht Hektar großen Park umgeben. Die Villa Galeb diente Tito während seiner Kuraufenthalte in Igalo als Domizil. Zahlreiche Staatsgäste nächtigten dort, darunter auch der damalige deutsche Bundeskanzler Helmut Schmidt, als er in Igalo zur Kur weilte.

Betuchte Gäste haben die Möglichkeit, sich in den luxuriös ausgestatteten Räumen einzuquartieren. Neben einer Unterkunft in den Einzel- und Doppelzimmern sowie Apartements werden auch alle gewünschten diagnostischen Verfahren und Behandlungen des Institutes angeboten.

Menschen, die unter Rheuma, Sport- und anderen Verletzungen, akuten und chronischen Schmerzen, Übergewicht und Streß leiden, finden hier wohltuende Hilfe durch zahlreiche Behandlungsmethoden. Das Rehabilitationsprogramm bietet Behandlungen für Herz- und Lungenleiden, Sportverletzungen, Frauenkrank-

Schachspieler am Strand

heiten sowie neurologische Störungen und einige weitere bis hin zum ›ganz normalen‹ Schönheitsprogramm.

Bereits vor über 100 Jahren gab es wissenschaftliche Veröffentlichungen, die sich mit der heilsamen Wirkung des Meerschlammes beschäftigten. Der Meeresgrund um Igalo besteht aus Sand und Heilschlamm, der zur Behandlung von Rheuma-und Muskelerkrankungen verwendet wird. Wer möchte, kann sich auch selbst, ohne Kurgast des Instituts zu sein, an der Mündung des Flüsschens Sutorina mit der heilenden Erde einbalsamieren. Nahe der Mündung des Flusses Sutorina wurden zudem mehrere Mineralquellen mit leicht radioaktivem Wasser entdeckt. Das Mineralwasser wird in täglich bis zu 6000 Flaschen abgefüllt und unter dem Namen Igaljka vertrieben.

Igalo hat einen etwa zwei Kilometer langen Badestrand, teilweise betoniert, teilweise aus Sand und Kies. Am Strand entlang führt die Promenade ›Pet Danica‹, die zum Spazieren und Flanieren einlädt. Gesäumt von Verkaufsständen, Kiosken, Konditoreien und Restaurants, kann man auf dem ehemaligen Gleisbett der Eisenbahn über Herceg Novi bis nach Zelenika gelangen.

 Vorwahl: 003 81/(0)88. Touristisches Informationszentrum Herceg Novi, Jova Dabovica 12, 85340 Herceg-Novi, Tel. 003 81/(0)88/262 09 und 266 19, Fax 003 81/(0)88/266 19.

Autovermietung Inig, Tel. 263 00.

 Entfernung zum Flughafen Tivat 22, zum Flughafen Podgorica 99 Kilometer.

 In Igalo gibt es ein reichhaltiges Angebot an Übernachtungsmöglichleiten. Neben Hotels gibt es auch Privatzimmer, die über das Touristische Informationszentrum vermittelt werden.

Hotel ›Igalo‹, Tel. 227 72 und 230 26. Beliebtes Hotel, nur durch eine Straße vom Strand getrennt. Bis Herceg Novi sind es rund zwei Kilometer. Busverbindung ist vorhanden. Tennis und Tischtennis sind möglich. Zimmer zum Teil meerseitig, hoteleigener Strand, Sommergarten, Bankettsaal, Taverne, Restaurant mit nationalen Spezialitäten, Tennisplätze, Parkplätze für 200 PKW.

Hotel ›Tamaris‹, Tel. 320 55 und 320 66. Im Stadtzentrum von Igalo; Restaurant, Sommergarten, Terrasse, Bar, Fernsehsaal, Friseursalon, Schwimmbad mit warmem Mineralwasser, hoteleigener Strand, Zentralheizung im Winter.

Villa Galeb, ul. II. dalmatinske brigade bb, Tel. 581 12. Luxuriös.

 Großes Angebot an Restaurants und Cafés. Gut essen läßt sich im Restaurant ›Levanger‹. Es wurde nach der norwegischen Partnerstadt benannt und liegt wie die meisten anderen am Spazierweg von Igalo.

 Kurhotel Institut Dr. Simo Milošević. Der Komplex vereinigt Hotel und Kurbetrieb unter einem Dach, jedoch räumlich getrennt. Zum Komplex gehören Restaurants, Konditoreien, Bars, Salons, Boutiquen, Apotheke, Sauna, Massagebereich, Hallenbad mit Mineralwasser, Sport: Hallentennis, Kegeln, Tischtennis, Fitnessraum. Alle Zimmer sind mit Bad, Telefon, Klimaanlage/Heizung und TV (gegen Gebühr) ausgestattet.

Topla

Topla wird heute kaum noch als eigenständiger Ort wahrgenommen, da er mittlerweile mit seinen Nachbarorten Igalo und Herceg Novi fast gänzlich verschmolzen ist. Zu Zeiten, als die Venezianer in der Bucht von Kotor herrschten, war Topla Gemeindesitz. Auch im 19. Jahrhundert besaß der Ort eine große Bedeutung für die Seefahrt in der Bucht.

Von Igalo kommend, steigt die Straße leicht an und erreicht auf halber Höhe die Ortschaft Topla. Von hier hat man einen direkten Blick auf das auf der gegenüberliegenden Uferseite gelegene Njivice.

Die Promenade folgt der früheren Eisenbahnstrecke

Sehenswert in Topla ist vor allem das Heimatmuseum. Es wurde in der ehemaligen Sommerresidenz der wohlhabenden Familie Kommenović eingerichtet. Das Museum befindet sich nahe der Strandpromenade, ist aber über die oberhalb verlaufende Ortsstraße zu erreichen.

Zu besichtigen sind archäologische Funde aus der Zeit der Illyrer, der Griechen und der Römer. Darüber hinaus beschäftigt sich das Museum mit der jüngeren Vergangenheit, dem Volksbefreiungskrieg.

Der Mönch Josif Tropivić richtete seinerzeit im Gebäude des heutigen Heimatmuseums eine der ersten Schulen ein. Petar Petrović Njegoš, der Fürst und Dichter und einer der berühmtesten Söhne Montenegros, lernte an dieser Schule Lesen und Schreiben.

Eine kleine aber nicht unerhebliche Besonderheit ist verantwortlich für den Namen des Ortes. Topla bedeutet soviel wie ›warm‹. Wer sich während der kühleren Jahreszeit in der Gegend aufhält, sollte einmal die Promenade zwischen Igalo und Herceg Novi entlangspazieren. Sobald Topla erreicht ist, wird es schlagartig merklich wärmer und windstill. Sobald jedoch die Ortsgrenze nur schrittbreit überquert wird, weht ein kräftiger Wind und die Temperatur kann unangenehm kühl werden. Selbst wenn es im Winter kalt wird und das Thermometer in Herceg Novi fast auf 0 Grad Celsius sinkt, kann man die Nachmittagssonne in Topla auf der Terrasse eines der zahlreichen Cafés genießen – ohne frieren zu müssen.

Herceg Novi

Am Eingang der Bucht von Kotor befindet sich Herceg Novi. Die Stadt ist terrassenartig angelegt und schmiegt sich an die südlichen Hänge der Gebirge Radoštak (1446 Meter) und Dobrosti (1570 Meter).

Herceg Novi ist berühmt wegen seines sehr milden Klimas und seiner üppigen subtropischen Vegetation. Im Vergleich zu anderen Gegenden an der Adriaküste beginnt die Badesaison hier häufig schon im April oder Mai und reicht bis weit in den Oktober. Herceg Novi gilt als die montenegrinische Stadt mit den meisten Sonnentagen im Jahr. Von Dezember bis März fällt der größte Teil der jährlichen Niederschlagsmenge von 1700 Millimetern. Dennoch ist es nicht ungewöhnlich, im Dezember oder Januar bei strahlendem Sonnenschein und angenehmen Temperaturen die frische salzhaltige Luft genießen zu können. Ein Besuch in Herceg Novi ist daher nicht nur in der Sommersaison interessant, sondern zu jeder Jahreszeit zu empfehlen.

In der Umgebung von Herceg Novi wachsen Feigen, Orangen und Zitronen. Es gibt Palmen, Pinien, Zypressen und Mimosen. Im Februar wird der Tag der Mimose gefeiert. Dazu finden in Herceg Novi und in den Orten der Umgebung karnevalsähnliche Umzüge statt. Die Besitzer von Mimosenplantagen verkaufen Sträuße der seltenen Pflanze im ganzen Land und erwirtschaften so nicht unerhebliche Gewinne. Seinen Reichtum an exotischen Pflanzen hat Herceg Novi seinen Seefahrern zu verdanken. Sie brachten die damals für diese Gegend seltenen Pflanzen von Ihren Reisen mit. Das Klima in Herceg Novi sorgte dafür, daß sie sich bis heute gehalten haben.

Ganzjährig ist Herceg Novi Schauplatz zahlreicher kultureller Veranstaltungen. Zu den wichtigsten gehört das Theaterfestival im April, die internationale Buchmesse im Juli und das Filmfest in August. Zum Schwimm-Marathon im August kann sich jeder anmelden, der sich die rund vier Kilometer lange Strecke zutraut.

Die Geschichte der Stadt ist eng verwoben mit den verschiedenen Machthabern, die im Laufe der Jahrhunderte hier herrschten. Ihre Einflüsse, Spuren und Hinterlassenschaften prägen bis in die Gegenwart das Bild Herceg Novis. Als Gründer der Stadt gilt der bosnische König Tvrtko I. Er ließ im Jahre 1382 hier eine Festung errichten. Den Schutz der Burg suchend, ließen sich immer mehr Menschen in der Umgebung nieder. Die Siedlung entwickelte sich sehr schnell zum wichtigsten Zentrum für den Handel zwischen dem Küstengebiet und dem Hinterland. Mit dem Tod des bosnischen Königs bekam die Siedlung einen neuen Machthaber. Im 15. Jahrhundert eroberte der Herzog von Hum die Stadt, gab ihr seinen auch heute noch gültigen Namen und ließ sie zum ersten Mal befestigen.

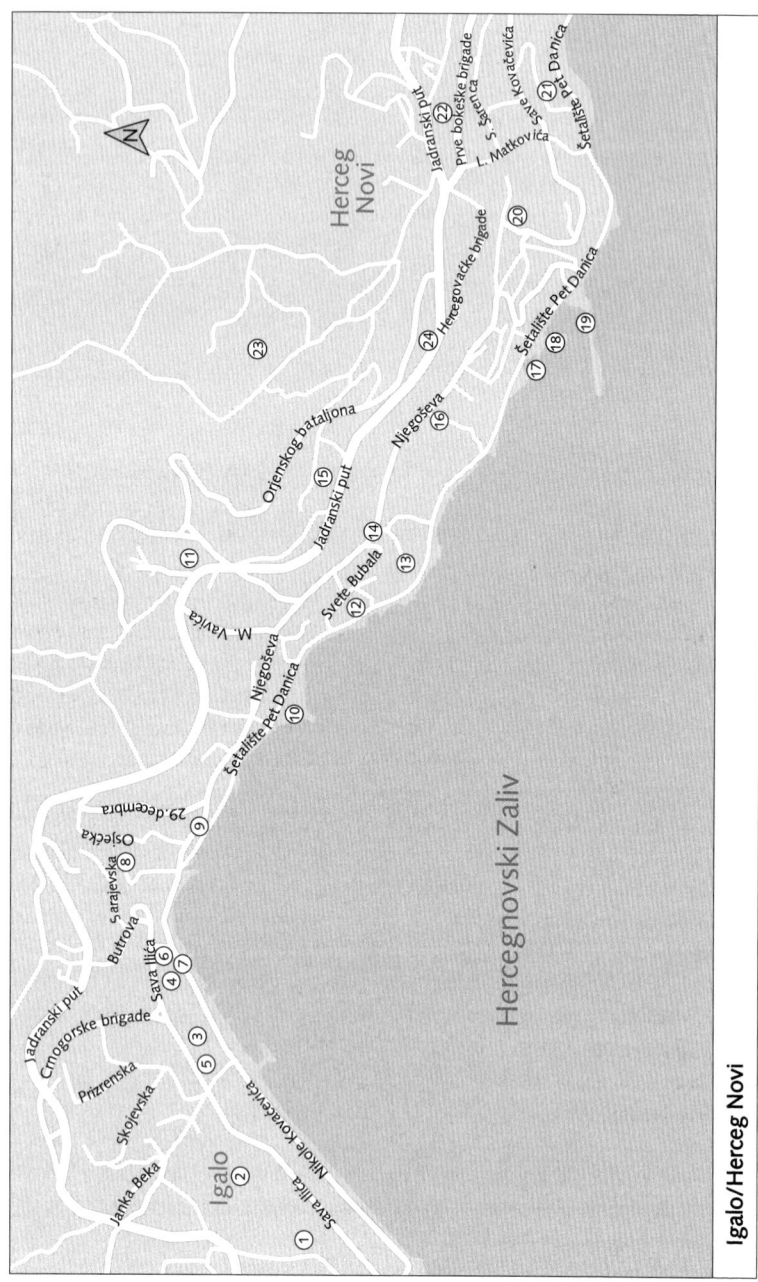

1483 eroberten die Osmanen die Gegend, 50 Jahre später brachten venezianische Seestreitkräfte mit Hilfe der spanischen Infanterie die Stadt in ihre Gewalt. 1538 zwang die türkische Kriegsflotte Herceg Novi unter ihre Herrschaft. Die neuen Machthaber verstärkten die Festungen, oberhalb der Stadt, an der Stelle einer zerstörten spanischen Festung, bauten sie die Rundbastei Španjola. 1687 stand Herceg Novi wieder unter der Herrschaft Venedigs. 1797 wurde sie von Österreich annektiert, später erst von der russischen Flotte besetzt und dann von den Franzosen. Für kurze Zeit fiel Herceg Novi in den Machtbereich der montenegrinischen Armee, bis sie erneut von Österreich eingenommen wurde. Als Teil Montenegros gehörte Herceg Novi schließlich ab 1918 zu Jugoslawien.

Ein Stadtrundgang

Herceg Novi läßt sich in zwei Teile gliedern. Zum einen in die von Festungen geschützte Altstadt und zum anderen in die Neustadt mit ihren modernen Villen, der Strandpromenade und den Parkanlagen, aber auch den Hochhäusern im hinteren Teil der Stadt, oberhalb der Küstenstraße.

Die meisten Besucher werden Herceg Novi über die Hauptküstenstraße erreichen, einige werden vielleicht mit dem Überlandbus kommen und den ersten Kontakt mit der Stadt am Busbahnhof machen. Von hier erreicht man praktisch jeden Ort in Montenegro, der von einem Bus angefahren wird. Der Lokalbus fährt ebenfalls hier ab. Direkt gegenüber dem Busbahnhof gibt es den zentralen Taxistand, der rund um die Uhr besetzt ist.

Legende

1	Villa Galeb	14	Literaturhaus Ivo Andrić
2	Institut Dr. Simo Milošević	15	Rotes Kreuz
3	Institut Dr. Simo Milošević	16	Hauptpost
4	Hotel Tamaris	17	Restaurant Skver
5	Bushaltestelle	18	Wasserballstation Jadran
6	Bushaltestelle	19	Bootshafen
7	Post	20	Altstadt
8	Hotel Igalo	21	Hotel Plaža
9	Restaurant Galeb	22	Hotel Dubrava
10	Restaurant Topla	23	Festung Španjola
11	Krankenstation	24	Busbahnhof/Taxistand
12	Hotel Topla		
13	Hotel Centar		

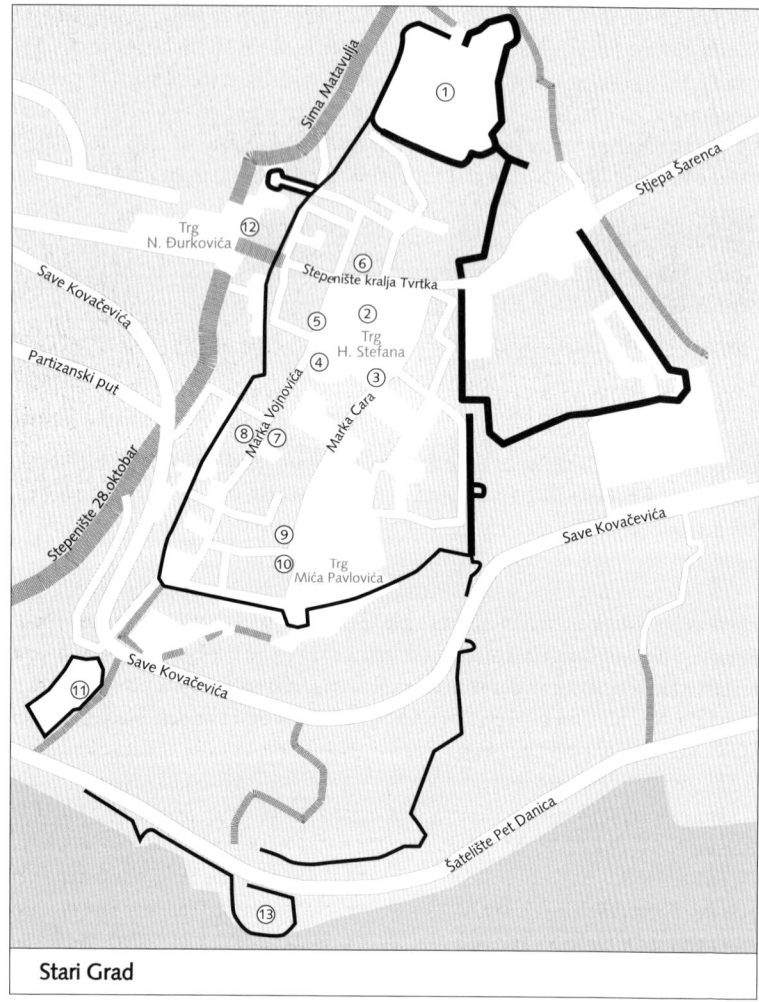

Stari Grad

Legende

1 Festung (Freilichtbühne)
2 Kirche Sv. Arhanđela Mihaila
3 Galerie Sue Ryder
4 Radio Herceg Novi
5 Stadtbibliothek
6 Stadtarchiv
7 Galerie Prjić

8   Galerie Benković
9   Gericht
10 Musikschule
11 Festung Forte Mare
12 Uhrturm
13 Zitadelle

Auf dem Durković-Platz

Vom Busbahnhof sind es nur wenige Meter Fußweg zum Zentrum der Stadt. Man verläßt den Busbahnhof in östlicher Richtung und folgt der abschüssigen Straße, die sehr bald eine Rechtskurve macht und dann den Blick auf den Marktplatz freigibt. Hier bieten jeden Tag die Händler frische Waren an. Man bekommt Obst und Gemüse – unbehandelt und aus eigenem Anbau –, Käse, Kajmak und frische Eier und auch Kleidung.

Vom Markt sind es fünf Schritte bis zum Durković-Platz, dem Treffpunkt von Herceg Novi. Der Platz wird von Geschäften und zahlreichen Cafés eingerahmt. Zu jeder Jahreszeit sitzen hier die Menschen im Freien, trinken Kaffee, halten ein Schwätzchen und beobachten das Treiben auf dem Platz. Wahrzeichen für den Platz und für Herceg Novi ist der Uhrturm. Vom Durković-Platz führt eine Treppe unter ihm hindurch. Erbaut wurde der Turm 1667 von den Türken, die damals diesen Teil der Bucht von Kotor beherrschten. Folgt man den Treppen, erreicht man bald die Kirche des Erzengels Michael aus dem Jahre 1900. Sie wurde im serbisch-byzantinischen Stil erbaut. In direkter Nachbarschaft befindet sich das Studio des lokalen Radiosenders von Herceg Novi und die Galerie Sue Ryder, die überwiegend die Werke von Künstlern der Akademie in Cetinje zeigt und verkauft.

In der Nachbarschaft befindet sich das Stadtarchiv. Im Archiv werden Schriften und Dokumente ab 1687 aufbewahrt. Die wissenschaftliche Bibliothek mit weit über 30 000 Bänden ist ebenfalls hier zu finden. Verläßt man den Kirchenvorplatz in Richtung Meer, führen Treppen zur Kirche des heiligen Hieronymus. Sie wurde 1850 an der Stelle einer niedergerissenen Moschee erbaut. In der Kirche befindet sich das Gemälde ›Madonna mit Heiligen‹. Die Stadt erhielt das Bild von dem venezianischen Heerführer Giroleno Corner nach seinem Sieg über die Türken Geschenk.

Die Festung Forte Mare (zu deutsch etwa: Festung am Meer) wurde von den Osmanen erbaut. Ihr heutiges Aussehen bekam sie jedoch von den Venezianern. Ihnen diente sie zum Schutz und der Abwehr vor Angriffen von der Meerseite. Heute wie früher ist die Festung Schauplatz blutiger Kämpfe, in der Gegenwart allerdings nur auf der Leinwand: Die Festung wird heute während der Sommermonate als Freiluftkino genutzt.

Oberhalb von Forte Mare, nahe der Hauptstraße und von weitem sichtbar, liegt die Festung Kanli Kula, was soviel wie Blutiger Turm bedeutet. Sie wurde von den Türken errichtet und dient heute der friedlichen Nutzung als Freilichtbühne. Jedes Jahr im August wird hier das Jugoslawische Filmfestival veranstaltet. Darüber hinaus ist die Festung während der Sommermonate Veranstaltungsort diverser Konzerte aller Musikrichtungen.

Oberhalb der Hauptküstenstraße befindet sich die Festung Španjola. Namensgeber der Festung waren die Spanier, die an dieser Stelle als erste eine Befestigung errichteten. Später nutzten die Türken die Grundmauern und bauten darauf die Festung. Innerhalb der Festungsmauern befinden sich die Ruinen von Gebäuden. Von den Türmen der Festung hat man einen sehr schönen Blick auf Herceg Novi, auf das Meer und weit in die Bucht von Kotor.

Die Festung Španjola geht auf die Spanier zurück

Ausflüge

Herceg Novi ist Ausgangspunkt für Ausflüge auf die Insel Mamula sowie nach Žanjice, Rose und die Blaue Grotte auf Luštica, der Grotte der Königin Teuta.

Žanjice befindet sich am Eingang der Bucht von Kotor. Ausflügler kommen gerne hierher, um am 600 Meter langen Kieselsteinstrand zu baden oder im Schatten der bis zu hundert Jahre alten Olivenbäume zu picknicken. Das freie Grillen wurde wegen der Gefahr von Waldbränden vor Jahren verboten, es gibt jedoch offizielle Grillplätze. Wer sein Essen nicht selber zubereiten möchte, kann sich im Restaurant stärken. Der Betreiber bietet auch einige wenige Gästebetten an. Auf Žanjice gibt es auch die Möglichkeit, nackt zu baden. Der FKK-Strand befindet sich in einer kleinen Bucht, die durch Büsche und Bäume vom Kieselsteinstrand getrennt ist. Von Igalo, Herceg Novi und dem Hotel Plaža wird während der Sommermonate ein Boottransfer nach Žanjice und auch direkt zum FKK-Strand sowie zur Blauen Grotte angeboten.

 Vorwahl: 003 81/(0)88. Touristisches Informationszentrum Herceg Novi, Jova Dabovica 12, 85340 Herceg-Novi, Tel. 262 09 und 266 19, Fax 266 19. Informationen über Herceg Novi, Topla und Umgebung.
›Turist biro‹, Njegoševa 66, Tel. 268 33.

 Autovermietung Inter Car, Tel. 069/051-753. Tankstelle ist am Ort vorhanden.

 Es gibt mehrmals täglich Busverbindungen nach Belgrad, Podgorica, Cetinje und auch nach Sarajevo in Bosnien-Hercegovina.

 Die Entfernung zum Flughafen Tivat beträgt 35 Kilometer.

 Zahlreiche Hotels, Privatzimmer und Apartments werden über das Touristische Informationszentrum vermittelt.
Hotel Plaža, Tel. 221 51, 237 72, Fax 210 72. Das führende Haus in Herceg Novi, ca. 15 Minuten von der Altstadt Herceg Novi entfernt. Zimmer mit Heizung/Klimaanlage, Radio, Sat-TV und Telefon. Zum Strand (Beton/Kies) überquert man nur einen Spazierweg. Alle Zimmer blicken aufs Meer, teils mit Balkon. Restaurants, Pizzeria, Konditorei, Friseur. Sportmöglichkeiten (Tennis – in 1 km Entfernung –, Tischtennis, Kegeln, Surfen, Fitnessraum), Sauna, Billard und anderes. Zudem beheiztes Meerwasserhallenschwimmbad.
In der Sommersaison bieten Ärzte im Hotel Sprechstunden an.
Vom Hotel Bootsverkehr nach Žanjice und zum FKK-Strand in Nijvice. Hotel Topla, Tel. 214 56, 447 40.

Eigener Strand, Restaurant, Sommergarten, Segelschule und Wasserski.
Der Hotelkomplex Centar, Tel. 214 22, 222 00; über 220 Zimmer und Apartments. Das Restaurant ›Jadranka‹ ist ein beliebter Treffpunkt. Außerdem: Sommergarten, Taverne, Bar, Kongreßsaal mit 180 Sitzplätzen.

 Cafés, Konditoreien und Restaurants reihen sich in Herceg Novi aneinander. Das Angebot ist sehr groß. Empfehlenswert: Im Restaurant Iva, Stijepe Šarenca 19, läßt sich gut essen und zugleich die stilvolle Atmosphäre genießen.

Rose

Gegenüber von Herceg Novi, am Fuße des Luštica Gebirges, befindet sich der Ort Rose. Etwa 3,5 Kilometer Meer liegen zwischen Herceg Novi und Rose. Ganzjährig besteht eine Bootsverbindung zwischen beiden Orten. In der Sommersaison verkehren mehre Boote mehrmals täglich nach Rose.

Rose ist ein kleines romantisches Örtchen mit kleinen Gassen und Häusern, die zum Teil in der für die Bucht von Kotor typischen Architektur gebaut wurden. Die meisten Gebäude entstanden im 17. und 18. Jahrhundert, als viele Bewohner des Lušticagebirges zur See fuhren und sich dadurch ein gewisser Wohlstand in der Gegend einstellte. Auf dem Friedhof der Kirche des heiligen Trojice in Rose befinden sich mehrere Gräber von bekannten Seefahrern aus dieser Zeit.

Mittelpunkt des Ortes ist der kleine Hafen, in dem heute die Ausflugsboote festmachen. Im Hafen war früher eine Zollstation. Er diente als Quarantänehafen für Schiffe, die in die Bucht von Kotor wollten.

Im Jahre 1504 sank ein spanisches Schiff mit Keramik an Bord vor der Küste von Rose. In Rose selber wurden kleinere archäologische Funde gemacht.

Folgt man vom Hafen dem Weg zur Linken, erreicht man Klein Rose mit seinen Olivenbäumen und einem in einer kleinen Bucht gelegenen Strand. Wer noch etwas weiter läuft, findet weitere schöne und vor allem einsame Bademöglichkeiten.

Auf Rose werden rund 30 Gästebetten in Privathäusern angeboten. Der Ort ist ein idealer Platz für Leute die Ruhe, Abgeschiedenheit und Stille suchen.

Dem Besucher steht ein Restaurant zur Verfügung, es gibt ein Geschäft und sogar eine eigene kleine Post. Für Touristen steht ein Tourismusbüro zur Verfügung. Der Ort ist so winzig, daß man dies alles sofort findet, hat man erst mal den kleinen Hafen von Rose erreicht und festen Boden unter den Füßen.

Savina

Verläßt man Herceg Novi in östlicher Richtung, erreicht man unmittelbar anschließend den Ort Savina. Man kann über die Hauptküstenstraße fahren, interessanter ist aber der Weg über die Ortsstraße. Sie führt durch Herceg Novi und am Hotel Plaža vorbei nach Savina. Es folgt eine Hochhaussiedlung aus kommunistischer Zeit, die äußerlich nicht viel hermacht, seinen Bewohnern aber preiswerten Wohnraum mit Meerblick bietet.

Wer den Ort Savina besucht, tut dies meist, um das gleichnamige Kloster zu besichtigen. Seit einiger Zeit ist der Weg zum Kloster leicht zu finden, Schilder an Haupt- und Ortsstraße weisen den Weg. Unmittelbar vor dem Kloster befinden sich Parkplätze. Hier ist auch das Denkmal zu besichtigen, das zu Ehren der gefallenen Soldaten im Krieg gegen Österreich-Ungarn erbaut wurde. Das Klostergelände erreicht man über einige wenige Treppenstufen.

Die Klosterkirche Savina entstand im 18. Jahrhundert

Das serbisch-orthodoxe Kloster hat zwei Kirchen. Die kleinere wurde bereits im 11. Jahrhundert erbaut und steht wie schutzsuchend neben der größeren Kirche. Sie wurde im 18. Jahrhundert von dem Künstler Nikola Foretić von der Insel Korčula gebaut. Sie beherbergt zahlreiche Fresken, russische und griechische Ikonen sowie Werke einheimischer Künstler. In ihrer Schatzkammer befinden sich kostbare, mit Gold und Silber verzierte religiöse Gegenstände.

Petar Petrović Njegoš hielt sich mehrere Jahre im Kloster auf, um die Schriften und Bücher der umfangreichen und wertvollen Klosterbibliothek zu studieren.

Etwas oberhalb der Kirchen befindet sich ein Friedhof. Der Garten des Klosters bietet an seiner Mauer Sitzgelegenheiten. Von hier hat man einen schönen Ausblick in die Bucht.

Meljine

Von Savina führt die Küstenstraße zum Meer herunter und zu dem Ort Meljine. Erwähnung fand der Ort bereits im Jahre 1371, bekannt ist er aber vor allen Dingen aufgrund seines Militärkrankenhauses. Er bietet sich jedoch auch wegen seiner Lage direkt am Meer für einen Besuch an.

Die Arbeit in dem Krankenhaus während des Zweiten Weltkriegs wird in dem Buch ›Es ist Krieg und wir gehen hin‹ von dem slowenischen Schriftsteller und Arzt Paul Parin sehr interessant beschrieben. Die Ärzte des Krankenhauses gelten allgemein als sehr kompetent. Offiziell ist das Krankenhaus nur für Angehörige der Armee bestimmt, wer jedoch die richtigen Beziehungen hat, kann auch in den Genuß einer guten und preiswerten Behandlung kommen. Von außen wirkt der Krankenhauskomplex wie ein Hotel in bester Lage. Tatsächlich werden dort auch Kuren angeboten. Ein sehr pompöser Trakt dient den Offizieren zur Erholung. Seit dem politischen Wandel in Jugoslawien wird die Villa aber nicht mehr so stark frequentiert.

Meljine hat fast den ganzen Tag Sonne, dadurch ist die Hitze im Sommer sehr groß. Von Herbst bis zum Frühjahr ist die Strandpromenade, die auf sieben Kilometern bis nach Igalo führt, ideal für sehr schöne Spaziergänge bei Sonnenschein und angenehmen Temperaturen.

In der jüngsten Vergangenheit haben einige Cafés eröffnet. Dennoch ist Meljine ein Ort abseits der großen Touristenhochburgen geblieben. Bademöglichkeiten gibt es an betonierten Stränden oder – etwas rustikaler, aber dafür ruhiger – zwischen den Felsen.

Es gibt einen kleinen Bootshafen. Die ehemalige Eisenbahnlinie führte durch den Ort und weiter bis Zelenika. Gleich neben dem Bootshafen strahlt in leuchtendem Blau eine der renovierten, aber nicht mehr benutzen kleinen Eisenbahnbrücken und bietet einen attraktiven Kontrast zu dem Gelb der Sandstrände und der pflanzenreichen grünen Umgebung.

Zelenika

Von Meljine aus, weiter in in das Innere der Bucht, durchfährt man sehr bald den ersten von zwei Tunneln in der Bucht von Kotor und erreicht unmittelbar danach Zelenika. Der Ort liegt in einer großen zum Meer hin langsam abfallenden Ebene. Seinen Namen verdankt er seiner üppigen grünen – serbisch: zelen – Vegetation.

Noch vor wenigen Jahren war Zelenika ein aufstrebender und lebendiger Ort, davon ist heute nicht mehr allzu viel zu spüren. Viele Gebäude wirken verfallen und wenig attraktiv. Die Küstenstraße verläuft direkt durch das Ortszentrum und wird zu beiden Seiten von Geschäften und Cafés gesäumt, die häufig bis direkt an den Straßenrand reichen. Unmittelbar in der Ortsmitte, gleich hinter der Bushaltestelle, befindet sich der Zollhafen von Zelenika. Direkt daran anschließend liegt ein kleiner Bootshafen.

Im ganzen Bereich Zelenika darf die Höchstgeschwindigkeit von 40 Kilometern nicht überschritten werden. Man sollte sich streng daran halten, nicht nur weil häufig unvermittelt Fußgänger die Straße überqueren, sondern auch weil die Polizei im Ort regelmäßige Radarkontrollen durchführt.

Die touristische Glanzzeit Zelenikas liegt schon einige Jahre zurück. Das erste Hotel in der Bucht von Kotor wurde hier errichtet und lockte noch vor dem Ersten Weltkrieg Touristen aus ganz Europa an den rund vier Kilometer langen Küstenstreifen des Ortes. Später wurde aus dem Hotel ›Boka‹ ein Erholungsheim für Jugendliche aus ganz Jugoslawien. Hier findet man die besten Bademöglichkeiten in Zelenika. Die Strände sind aus grobkörnigem Sand und weit ab von der Straße und dem geschäftigen Ortszentrum. In der Hochsaison liegen die Menschen hier dicht an dicht in der Sonne. Ein Campingplatz befindet sich in unmittelbarer Nähe, ein Karussell und verschiedene Spielautomaten sorgen für Unterhaltung – nicht unbedingt jedermanns Sache.

Ein weiter Strand befindet sich am östlichen Ortsausgang, nahe der Hauptstraße, dennoch wird er gerne besucht, bietet er doch feineren Sand, eine Strandbar und Süßwasserduschen.

In der Ortsmitte, gegenüber vom Hafen, biegt von der Hauptstraße die Ortsstraße rechts ab. Vorbei am Kino und der Post erreicht man den Ort Kuti, der sich zwei Kilometer nördlich von Zelenika befindet. Der Ort ist einen Besuch wert, befinden sich hier doch das Frauenkloster des heiligen Johannes und die Kirche der heiligen Maria. Dort liegen montenegrinische Soldaten und Kämpfer aus der Herzegowina begraben, die 1687 in der Schlacht gegen die Osmanen starben. Njegoš hat die Kämpfe in seinem Epos ›Der Bergkranz‹ beschrieben und dadurch auch dem Ort Kuti zu einiger Bedeutung verholfen.

 Vorwahl: 00381/(0)88

 Unterkunft findet man in Zelenika in Privatzimmern oder auf dem Campingplatz.

 Campingplatz Zelenika, Tel. 003 81/(0)88/433 61. Der Platz verfügt über rund 80 Stellplätze und kann ca. 250 Personen unterbringen. Bis zum Meer sind es nur etwa 50 Meter. Es gibt Anschlüsse für Wasser, Strom und Gas.

Kumbor

Östlich von Zelenika steigt die Küstenstraße wenige Meter an und gibt dann den Blick auf Kumbor frei. Eine Straße zweigt hier direkt in den Ort ab und führt durch die Orte Đenović, Baošić und Bijela bis nach Kamenari unmittelbar am Meer entlang. Wer es eilig hat, bleibt auf der Hauptküstenstraße, wird die Orte dann aber nur oberhalb passieren.

Kumbor liegt am Fuße des 780 Meter hohen Berges Devesilje und rund sechs Kilometer von Herceg Novi entfernt. Der Ortsname Kumbor hat seinen Ursprung im italienischen Wort ›conborge‹ und bedeutet soviel wie ›Alte Stadt‹. Später trug der Ort die Bezeichnung Combur.

Im 17. Jahrhundert stand in Kumbor eine türkische Festung, die den Osmanen zur Verteidigung des Gebietes um Herceg Novi diente. Als Truppen aus Perast die Festung einnahmen, wurde sie dem Erdboden gleichgemacht und buchstäblich spurlos vernichtet.

Ein großer Teil des Ortes wird von der Marine beansprucht. Es gibt Kasernen, ein Militärkrankenhaus, das auch gern von den Einheimischen in Anspruch genommen wird. Vor dem militärisch genutzten Küstenbereich liegen Bojen im Wasser und markieren das militärische Sperrgebiet.

Bademöglichkeiten gibt es an grobkörnigen Sandstränden mit Süßwasserdusche, Stränden aus Beton oder auch an Molen. Der Ort verfügt über einen kleinen Park, der zum Verweilen einlädt, und einen kleinen Bootshafen. Der Ort hat einen Supermarkt und zwei Kioske, von denen aber nur einer in der Sommersaison geöffnet hat.

 Vorwahl: 003 81(0)88

 Übernachtungsmöglichkeiten in Erholungsheimen, Privatunterkünften, in kleinen Ferienholzhäusern und auf dem Campingplatz.
Hotel ›Xanadu‹, oberhalb des Ortes an der Hauptstraße,

Tel. 003 81/(0)88/76-006 und 76-243, Fax 76-043. 150 Zimmer und Apartments, Neueröffnung der A-Kategorie. Restaurant, Schwimmbad, Sauna, Fitnesscenter und Bar. Eigener Strandabschnitt sowie hoteleigene Parkplätze. Kinderspielplatz in der Nähe.

Đenović

Das Dorf Đenović, durch das die schmale Küstenstraße führt, schließt sich unmittelbar an Kumbor an. Zunächst versperren noch die Gebäude der Marine den Blick auf das Meer, aber schon die zweite Kurve gibt den Blick weit in die Bucht frei. Hier befindet sich auch der erste Strand des Dorfes, ein Betonplateau mit Süßwasserdusche.

Bis heute ist nicht ganz klar, wie das Dorf zu seinem Namen kam. Es gibt Dokumente aus dem Jahr 1758, in denen das Dorf als Storoevich bezeichnet wird. Später taucht die Bezeichnung Gionoevich auf, aus der der heutige Ortsname abgeleitet wurde. Sehenswert sind die Kirche Sveti Nikola und die Kirche Sankt Spiridona aus dem Jahre 1867 mit seinen Ikonen, die Ilija Đinovski schuf.

Eine Besonderheit und Sehenswürdigkeit, die in ganz Europa wohl einmalig ist, stellt der Garten der Familie Tomanović dar. Der mittlerweile verstorbene Hausherr hat zahlreiche Nachbildungen berühmter Filmfiguren aus Beton gegossen. Stan und Olli, die lästernden Herren aus der Muppets Show, Donald Duck, Schneewittchen und viele weitere Figuren bevölkern der Garten der Familie. Direkt an der Straße bewacht eine Löwin – aus Beton – den Eingang zum Garten. Eine Besichtigung des Gartens ist ohne weiteres möglich. Da es sich um ein privates Grundstück handelt, sollte man höflichkeitshalber vor Betreten des Gartens fragen. Eintritt wird nicht verlangt.

Ein Hinweisschild weist den Weg zur Süßwasserquelle des Ortes. Gerade im Sommer, wenn aufgrund von Engpässen bei der Wasserversorgung die Leute auf dem Trocknen sitzen, suchen die Einheimischen die Quelle mit Kanistern und Flaschen auf und schaffen einen kleinen Wasservorrat nach Hause. Gegenüber der Quelle befindet sich das Wasserballstadion, in dem in den Sommermonaten Spiele der zweiten jugoslawischen Liga stattfinden. Tagsüber wird die Tribüne gerne als Platz zum Sonnen genutzt, und mit etwas Glück kann man der Heimmannschaft PK Rivijera Đenović beim Training zuschauen.

Im skurrilen Figurengarten

Die schönste Badegelegenheit im Dorf befindet sich noch vor dem Wasserballfeld in der weitläufigen Kurve. Hier befindet sich ein flach ins Meer abfallender Kieselsteinstrand, an dem gerade kleine Kinder wunderbar plantschen können. Im Juli und August ist der Strand meist jedoch total überfüllt. Wer dagegen im Mai oder September nach Đenović kommt, wird vermutlich den ganzen Strand für sich allein haben. Im Dorf gibt es außerdem zahlreiche Betonstrände, die zumeist über Süßwasserduschen verfügen.

Entlang der Dorfstraße gibt es verschiedene Cafés und Restaurants, und mindestens ein Lebensmittelgeschäft befindet sich auch immer in der Nähe. Abends kann man dort sehr schön flanieren. Unterkunft findet man in Privatzimmern und auf Campingplätzen.

 Vorwahl: 003 81/(0)88, Postleitzahl 85346.

 Privatzimmer und Campingmöglichkeiten. Infos vor Ort oder über das Touristenbüro, Tel. 763 98. ›Fanfani‹, Tel./Fax 003 81/ 88/362 70. Urlauberkomplex, in dem mehrere kleine Ferienhäuser angeboten werden. Fitnessraum, Tischtennis und ein Restaurant. Zum Strand geht man nur über die Dorfstraße.

 Restaurant ›Stoli‹, etwa in der Dorfmitte. Gute Küche, Terrasse im ersten Stock. Restaurant ›Sidro‹, ebenfalls in der Ortsmitte. Vor allem gute Fischgerichte, auch frisches Bier vom Faß.

Baošić

Zwölf Kilometer östlich von Herceg Novi erstreckt sich auf zwei Kilometern in direkter Nachbarschaft zu Đenović das Dorf Baošić. Bereits im Jahre 1351 findet das Dorf in einer Urkunde des Zaren Dušan Erwähnung. Es wird vermutet, daß der Dorfname durch die seinerzeit sehr angesehene und reiche Familie Balšić zustandekam. Der französische Schriftstelle Pierre Loti lebte ab 1880 ein Jahr in Baošić und beschrieb seine Zeit in dem Ort in seinem Tagebuch sowie in einer Novelle, die in seinem Buch ›Fleurs d'ennui‹ veröffentlicht wurde. Das Dorf ist Geburtsort des bekannten Mathematikers Đorđe Ćuković. Die erste Grundschule entstand bereits im Jahre 1802. Noch heute besuchen die Schüler aus der ganzen Gegend die Grundschule in Baošić, allerdings in einem neueren Gebäude.

Das Zentrum des Dorfes liegt nahe dem Kulturhaus. Hier befindet sich auch das Wasserballstadion, das während der Sommermonate als Freiluftkino dient.

Für wenig Geld kann man hier aktuelle Filme in der Originalsprache mit serbischen Untertiteln sehen, man muß nur etwas Abstriche beim Sitzkomfort machen.

Auf der Rückseite der Tribüne befinden sich verschiedene kleine Geschäfte. In der Saison bieten Straßenhändler gekochten und gesalzenen Mais an. Fast an jeder Ecke stößt man auf Buden, die Hamburger, Pleskavica und ähnliches anbieten.

Die Einwohner Baošićs waren in der Vergangenheit überwiegend Seefahrer und Fischer. Noch heute hat der Ort seine eigene kleine Fischfangflotte. Die grauen Boote liegen in einem kleinen Hafen, der von den Badenden gerne zum Sonnen genutzt wird. Abends kann man die Flotte auslaufen sehen. Am nächsten Morgen fahren die Fischer durch die Dörfer und verkaufen ihren Fang.

Baošić hat einige schöne Bademöglichkeiten zu bieten. Neben den üblichen Betonstränden gibt es mehrere Molen, aber auch sehr schöne Kieselsteinstrände, die meist auch mit Süßwasserduschen ausgestattet sind.

Vorwahl: 003 81/(0)88, Postleitzahl 853 44.

›Deli Radivoje‹, unmittelbar an der Magistrale zwischen Đenović und Baošić. Alteingesessenes Restaurant, sehr gute und preiswerte Küche.

Bijela

Folgt man der Ortstraße durch Baošić, erreicht man sehr bald den Ort Bijela. Zunächst fällt ein großes Gebäude zur Linken ins Auge, das Kinderheim. Vor dem Heim gibt es einen kleinen Strand, der aber den Kindern vorbehalten ist. Ein Betonstrand, wenige Meter weiter, steht aber allen Gästen offen, und selbst in der Hochsaison wird man hier meist alleine baden können. Nur wenige Menschen verlieren sich hier, etwas abseits des Ortszentrums. In Sichtweite ist die Werft von Bijela auszumachen. Oft ankern Schiffe vor den riesigen Docks und man hört die Werftarbeiter klopfen und schweißen. Urlaubsstimmung stellt sich unter diesen Umständen nicht immer ein.

An der Hauptstraße gibt es eine Tankstelle, wenige Meter weiter kann man sein Auto waschen lassen. Der Ort verfügt über eine Apotheke und hat neben der Post auch eine Bank.

Bijela fand bereits 1333 auf einer Karte Erwähnung, die das Gebiet um Kotor zeigte, damals noch unter dem Namen Sankti Petri. Bereits wenige Jahre später, 1355, wurde die Siedlung in einem Dokument des Kaisers Dušan bei ihrem heutigen Namen genannt.

Bijela lebt von seiner Werft

In Bijela gibt es einige interessante Kirchen. Die bekannteste ist sicherlich die Kirche der heiligen Jungfrau Riza Bogorodice. In der Kirche werden verschiedene historische Kunstgegenstände aufbewahrt und es sind Fresken aus dem 15. Jahrhundert zu finden. Berühmt ist die Kirche aber vor allem, weil das erste auf dem südlichen Balkan gedruckte Buch der Oktoich aus dem Jahre 1494 dort aufbewahrt wurde.

Die Ortsstraße führt von hier weiter in das Ortszentrum. Auch Bijela hat eine eigene sehr erfolgreich spielende Wasserballmannschaft und ein ins Meer gebautes Schwimmstadion.

Gleich gegenüber dem Sportbecken befindet sich das Kulturhaus. Hier probt der Kirchenchor der Gemeinde. Ende der neunziger Jahre begleitete der Chorleiter seine Sänger auf dem Klavier des ehemaligen jugoslawischen Staatspräsidenten Tito. Titos Jacht ›Golub‹, damals im Besitz der Marine, ankerte nahe der Werft von Bijela im Meer und wartete auf einen Käufer. Titos Klavier hatte man vom Schiff getragen und in das Kulturhaus verfrachtet, wo es noch heute steht. So wurden die Tasten doch noch von musikalischeren wenn auch nicht berühmteren Fingern bedient.

Auf dem Platz vor dem Kulturhaus haben Marktstände und Kioske Stellung bezogen. Man findet dort neben frischem Obst und Gemüse auch preiswerte Kleidung aus Ungarn und der Türkei und in letzter Zeit immer mehr Waren und auch viel Ramsch aus China.

In der Vergangenheit waren die Einwohner Bijelas meist Fischer, Weinbauer, Seefahrer oder arbeiteten in der Schiffswerft. Die Werft teilt den Ort in zwei Bereiche. Die Ortsstraße führt vom Meer weg in einem weiten Bogen um das Werftgelände und findet dann wieder zurück zum Meer. Hier, im anderen Teil von Bijela, findet das eigentliche touristische Leben statt. Es gibt sehr schöne Sand- und Betonstrände, Hotels und Cafés. Von hier hat man einen schönen Blick nach Tivat, den Inseln Ostrovo Cveća und Sveti Marko und auf die gegenüberliegende Seite der Bucht. Hier befindet sich das Hotel ›Delfin‹ und etwas weiter zum Orts-ende und ruhiger gelegen das Hotel ›Park‹ mit einem eigenen Strand, der nur durch die Ortsstraße vom Hotel getrennt ist. Wie der Hotelname schon verrät, ver-fügt das Hotel über einen kleinen sympathischen Park, der während der heißen Sommermonate angenehme schattig-kühle Plätze bietet. Die Ortsstraße macht hier eine letzte Kurve und führt dann in einer längeren Gerade auf die Magistrale, der Hauptküstenstraße. Nach wenigen Metern auf der Hauptstraße verrät das Orts-schild, daß man nun Kamenari erreicht hat.

 Vorwahl: 003 81/(0)88.
Tourist Büro, Tel. 825 96.
Postamt, Tel. 824 02.

 Bijela verfügt über zwei
größere Hotels:
Hotel ›Park‹, nahe dem Ortausgang in Richtung Kamenari, Tel. 32-076/77. Ruhige Lage, rund 100 Betten. Zum betonierten Strand passiert man nur die schmale Ortsstraße; kleiner Hotelpark.

Hotel ›Delfin‹, im Ortszentrum, Tel. 711 16 und 72-215, Fax 717 30. 120 Zimmer, B-Kategorie. Basketballplätze, Fitnesscenter und eine bei jungen Leuten beliebte Hoteldisco.

 Tankstelle, unmittelbar an der Hauptstraße, Tel. 716 57.

Kamenari

Der Ort versteckt sich zunächst hinter einer Kurve. Dort finden Autofahrer einen Parkplatz, denn man ansteuern sollte, wenn man einen ersten Blick in die Meer-enge Verige werfen möchte. Die eigentliche Attraktion ist auch nicht der Leucht-turm, der an dieser Stelle den Schiffen den Weg in die Meerenge weist, sondern liegt etwas versteckt hinter Bäumen auf einer Anhöhe.

Es ist die Kirche Sv. Neđelje, zu der auf der anderen Straßenseite, gegenüber dem Parkplatz, eine unscheinbare Treppe in leichten Serpentinen führt. Die Kir-

Die Kirche Sv. Neđelje

che wurde 1704 errichtet. Sie verfügt über einen kleinen Friedhof und ist von schattenspendenden Bäumen umgeben. Der Kirchenvorplatz ist von einem Teppich aus Gras bedeckt und von einem Mäuerchen umgeben, das den Gläubigen auch als Sitzfläche dient. Von hier kann man bis nach Perast sehen, die Orte Kamenari und Lepetane in Augenschein nehmen und der Autofähre bei der Überfahrt zusehen.

Vor allem wegen ihr ist der Ort bekannt. Die Fähre verbindet Kamenari mit Lepetane auf der gegenüberliegenden Seite und transportiert bis zu 300 000 Fahrzeuge pro Jahr. In der jüngeren Vergangenheit gab es immer wieder Stimmen, die sich für den Bau einer Brücke an dieser Stelle der Meerenge aussprachen. Das andere Ufer wäre so sicher leichter und schneller zu erreichen, aber viele Touristen schätzen gerade die langsame und schöne Schiffsüberfahrt. Für sie ist nach der Ankunft am Flughafen Tivat die Überfahrt mit der Fähre der erste Höhepunkt ihres Aufenthaltes in Montenegro.

Der Ort verdankt seinen Namen den Steinmetzen, die hier ihrem Handwerk nachgingen (Stein: serbisch Kamen). In der Umgebung von Kamenari nahe dem Dorf Đurići befinden sich Steinbrüche, in denen der bekannte rote und bläuliche Stein gewonnen wird. Die Steine werden hauptsächlich zu Dekorationszwecken verwendet. Das Denkmal ›Der Friede‹, das Jugoslawien den Vereinten Nationen in New York geschenkt hat, ist beispielsweise mit dem roten Stein aus Kamenari verziert.

Die Fähre verbindet Kamenari mit Lepetane

Der Ort wird im Sommer überwiegend von einheimischen Urlaubern besucht. Unterkunft findet man in Privatzimmern oder auf dem Campingplatz. Kleine, einsame und oft versteckt liegende Bademöglichkeiten entdeckt man, wenn man die Anlegestelle der Fähre in östlicher Richtung passiert hat. Allerdings ist es nicht immer leicht, einen Abstellplatz für das Auto zu finden.

In Richtung Morinj, in einer scharfen Kurve, befindet sich ebenfalls ein Parkplatz, von dem man einen wunderbaren Blick auf das direkt gegenüberliegende Perast werfen kann. Die beiden Inseln Sveti Đorđe und Gospa od Skrpjela liegen unmittelbar vor dem Betrachter im Wasser. Wer sich erfrischen möchte, kann die wenigen Meter zur Mole des Leuchtturms gehen, sich sonnen oder ein Bad im Wasser der Meerenge nehmen.

 Vorwahl: 003 81(0)88

 Die Fähre verkehrt während der Sommermonate Tag und

Nacht und außerhalb der Sommermonate bis 22.00 Uhr.

Morinj

Das Dorf ist geteilt in das Obere und das Untere Morinj. (serbisch: Gornji i Donji Morinj) und liegt im Nordwesten der Bucht von Kotor. Morinj weist durch seine Lage nahe den Bergen und die dadurch deutlich geringere Sonneneinstrahlung ein ganz eigenes Klima auf, das es von seinen Nachbarorten unterscheidet. Im Sommer kann dies sehr angenehm sein, da man selbst in der Mittagshitze noch zahlreiche schattige Plätze findet. Im Winter ist es durchaus möglich, daß sich auf der Straße in Morinj Eis gebildet hat, während in der übrigen Bucht von Kotor fast frühlingshafte Temperaturen herrschen.

Im 17. Jahrhundert beherrschten die Osmanen das Gebiet einschließlich der Siedlung Morinj. Nach dem Abzug der Türken bekam der Ort eine eigene Identität und begann sich immer rascher zu entwickeln. Die Einwohner Morinjs galten als verläßliche Soldaten im Kampf gegen Besatzer und Okkupanten. Zahlreiche Einwohner schlossen sich während des Zweiten Weltkrieges den Partisanen Titos an, um bei der Befreiung der Bucht von Kotor zu helfen.

Sehenswert ist die Kirche Sveti Tripun. Sie stammt aus dem 15. Jahrhundert. In Gornij Morinj steht die Kirche des heiligen Jovan Bogoslav. Sie wurde im 18. Jahrhundert errichtet.

In Morinj gibt es einige schöne Bademöglichkeiten. Gleich in der Ortsmitte befindet sich ein Sandstrand. Etwas außerhalb gibt es einen Betonstrand und Molen, die zum Sonnen einladen.

Bootshafen in der Bucht von Kotor

Die Gegend des Ortes gilt als sehr fruchtbar und weist eine üppige Vegetation auf. Der Grund sind die zahlreiche Quellen im Ort. Genährt werden sie vom Grundwasser, das von den Bergen zur Küste fließt.

 Vorwahl: 003 81/(0)82, Postleitzahl 85338.

 Privatunterkünfte sind vorhanden.

 Morinj verfügt über einen offiziellen Campingplatz mit 20 Stellplätzen.

›Catovica Mlini‹, Tel. 32 50 54. Wohl eines der schönsten Restaurants in Montenegro, liebevoll im Stil einer alten Wassermühle eingerichtet. Fischgerichte und weitere einheimische Spezialitäten, preislich Mittel- bis Oberklasse.

Zwischen Morinj und Risan

Von Morinj erreicht man nach einer kurzen Autofahrt das Dorf Lipci. Hier haben meist einheimische ihre Sommerdomizile errichtet, ausländische Touristen kommen nur selten hierher. Das Dorf entstand im 17. Jahrhundert. In einem nur schwer zugänglichen Abgrund wurden Felsmalereien aus prähistorischer Zeit entdeckt.

Nach Lipci folgt das Dorf Strp. Ausländische Durchreisende werden den Ort aufgrund seines schwer auszusprechenden Namens in Erinnerung behalten haben. Auch hier ist man weit ab von den Touristenhochburgen Montenegros und kann auch in der Hochsaison ein einsames Plätzchen auf einer Mole oder einer der verschiedenen Betonstrände finden.

Kurz hinter Strp steigt die Straße leicht an, macht einen leichten Knick und gibt dann den Blick auf Risan frei.

Risan

Risan ist die älteste Stadt in der Bucht von Kotor und blickt auf eine erlebnisreiche und lange Geschichte zurück. Sie liegt im äußersten Winkel der gleichnamigen Bucht, wo die alte Straße aus dem Landesinneren auf die Küstenstraße trifft und früher die wichtigste Verbindung mit der Boka herherstellte. Hier befinden sich Geschäfte, eine Bushaltestelle, ein Taxistand und der kleine Hafen.

In und um Risan sind zahlreiche historische Funde gemacht worden. Aus der Zeit der Illyrer sind Reste der kyklopischen Mauern erhalten geblieben, auch wur-

Der kleine Hafen in Risan

den Exemplare illyrischer Münzen gefunden. Zu Beginn des neunzehnten Jahrhunderts entdeckten die französischen Besatzer die Grundmauern der Villa Rustica. Erst zwanzig Jahre später wurden in vier der fünf Räume des Gebäudes Mosaiken aus dem zweiten Jahrhundert gefunden. Bei den Mosaikdarstellungen handelt es sich um Pflanzenmotive und geometrische Ornamente, während im Schlafraum ein Mosaik mit der Darstellung von Hypnos, dem Gotte des Schlafes, gefunden wurde.

Das heutige Risan hat seinen Ursprung in einer vom illyrischen Stamm der Rhizoniten gegründeten Siedlung. Erste Erwähnung fand die Siedlung bereits im vierten Jahrhundert vor Christus. Ein Jahrhundert später war Risan das Zentrum des illyrischen Staates und zugleich wichtigster Hafen für die illyrische Seeflotte. Im Jahre 229 nach Christus kamen die Römer nach Risan, die Illyrer suchen das Weite. Der illyrischen Königin Teuta gelingt zunächst die Flucht, später wird sie aber von den Römern gefangengenommen und mußte letztendlich ihr Leben lassen.

Risan war lange Zeit die wichtigste Siedlung in der gesamten Bucht von Kotor, die damals noch Bucht von Risan hieß und sehr begehrt bei den verschiedenen Herrschern war. Unter dem Kaiser Diokletian, 300 nach Christus, gehörte Risan zu Dalmatien. Von 590 bis ins 16. Jahrhundert war die Stadt Bischofssitz. Als im 7. Jahrhundert die Slawen den Balkan bevölkerten und auch bis in die Bucht von Kotor vordrangen, verließen die Bewohner Risans fluchtartig die Stadt. Später gehörte Risan lange zum Fürstentum Travunja, seit 1376 war der Ort im Besitz der Feudalherrn Balšić. Ab 1540 waren die Osmanen für rund 150 Jahre die neuen

Machthaber. Im Zweiten Weltkrieg besetzten Deutsche und Italiener die Bucht und auch Risan. Im November 1944 befreiten die jugoslawischen Partisanen die Stadt.

Durch seine Straßenverbindung mit dem Hinterland war Risan lange Zeit ein wichtiges Handelszentrum. Kaufleute aus der Herzegowina und dem montenegrinische Grahovo kamen nach Risan und boten ihre Waren an.

Vor der Küste Risans wurden ebenfalls archäologische Funde aus der Antike gemacht. Oberhalb des Ortes entstanden im 17. Jahrhundert die venezianischen Festungen Grkavac und Velenjal. Sie dienten zur Abwehr der osmanischen Angriffe, konnten ihnen letztendlich aber nicht standhalten.

Sehenswert ist auch die orthodoxe Kirche der heiligen Petrus und Paulus (serbisch: Petar i Pavao). Die Kirche wurde 1601 errichtet und verfügt über eine umfangreiche Schatzkammer. Die Kirche des Erzengels Michael stammt aus dem Jahre 1767. Das Denkmal im Stadtpark von Risan erinnert an den Befreiungskampf der Partisanen im Zweiten Weltkrieg.

Im kommunistischen Jugoslawien war der Ort besonders bei den mit dem Auto reisenden Touristen bekannt, gab es doch hier eine der wenigen staatlichen Tankstellen der Gegend. Sie gibt es noch immer, mittlerweile ist aber private Konkurrenz hinzugekomen. Autofahrer sollten sich streng an die vorgeschriebenen 40 km/h halten. Nicht nur weil oft und unerwartet streunende Hunde, Kühe und auch Kinder und unachtsame Erwachsene gedankenlos die Straße zu überqueren versuchen, sondern auch weil die Ordnungshüter im Ort sehr aufmerksam sind.

An der Hauptstraße weist ein mehrsprachiges Schild den Weg zu den berühmten römischen Mosaiken: Von der Hauptstraße zweigt links eine Straße zu der

Hypnos, der Gott des Schlafes, als Mosaik aus der Römerzeit

Hotel Teuta in Risan

Sehenswürdigkeit ab. Nach wenigen Metern steht man bereits vor den Mosaiken und kann sie dennoch sehr leicht übersehen. Der historische Schatz liegt eingebettet zwischen dem Krankenhaus und einem Supermarkt völlig unscheinbar unter Plastikdächern. Zwar prangt ein großes Schild neben dem Eingang, aber westeuropäische Besucher werden mit den kyrillischen Buchstaben vermutlich nicht viel anfangen können. Die freigelegten Mosaike und Grundmauern werden durch einen hüfthohen Zaun geschützt. Die Gefahr, daß man bei einem Besuch außerhalb der Saison vor verschlossener Tür steht, ist groß. Einen Aufpasser gibt es leider nicht, und dies hat dazu geführt, daß Besucher Steine aus den Mosaiken als Souvenir mitgenommen haben.

 Vorwahl: 003 81/(0)82, Postleitzahl 85337.
Touristisches Informationszentrum, Stari grad 328, 85330 Kotor, Tel. 32 59 52, Fax 32 59 47.

 Es besteht regelmäßige Busverbindung nach Kotor und in die andere Richtung nach Herceg Novi.

 Hotel ›Teuta‹, am westlichen Ortseingang, wenige hundert Meter vom Ortszentrum, Tel. 71-740 und 713 15, Fax 71-31. Rund 320 Betten, Schwimmbad, Tennisplatz, Sauna und eigenes Restaurant.

 Campingplatz in Stoliv, einige Kilometer in Richtung Kotor; 17 Campingstellplätze. Tel. 124 15.

Perast

Das alte Seefahrerstädtchen Perast steht heute als Ganzes unter Denkmalschutz. Es liegt gegenüber der Meerenge Verige an der Stelle, wo die Bucht von Risan in das Becken von Kotor übergeht. Perast ist der Ort mit den meisten Sonnenstunden in der Boka Kotorska und verzeichnet eine Jahresdurchschnittstemperatur von rund 15 Grad Celsius. Es wirkt heute wie ein ruhiges verschlafenes Städtchen, erst beim zweiten Blick wird deutlich, welche ruhmreichen und geschichtsträchtigen Tage die Stadt hinter sich hat.

Als ›Perastum‹ findet der Ort bereits im Jahre 1326 Erwähnung. Die Geschicke der Stadt waren zu dieser Zeit und auch in den darauffolgenden Jahrhunderten stark mit der Stadt Kotor verbunden. Erst im 16. Jahrhundert erreichte Perast den Status einer selbständigen Gemeinde. Perast war zu dieser Zeit Grenzstadt. Die Türken konnten bis Risan in die Bucht von Kotor vordringen, scheiterten aber immer wieder beim Versuch, auch Perast einzunehmen. Den Türken standen die Venezianer gegenüber, unter deren Verwaltung sich auch Perast befand.

Mit den Venezianern kam der ökonomische Aufschwung. Die Einwohner von Perast waren bis dahin überwiegend als gute Schiffsbauer bekannt. Die erste Werft entstand bereits im Jahre 1367 in Perast. Der Schiffsbau wurde auch weiter betrieben, daneben gewann der Seehandel aber immer größere Bedeutung. Bekanntheit erlangten die Einwohner von Perast auch als Soldaten im Kampf gegen die Osma-

Blick über die Dächer von Perast

Typische Gasse in Perast

nen. Sie beteiligen sich erfolgreich als Befreier von Herceg Novi und Risan und wehrten unter der Führung von Marko Rastović den Angriff von 62 000 türkischen Soldaten erfolgreich ab. Die Pyramide im Norden von Perast erinnert bis heute an diese Schlacht.

Eine besondere Ehre wurden den Soldaten von Perast zu Teil, als man sie zum ›Beschützer der Kriegsfahne des Admiralsschiffs der Republik des heiligen Markus‹, der sogenannten Gonfalone ernannt wurden. Die Basis für den Reichtum von Perast stellten neben dem Handel und der Seeschiffahrt zahlreiche Zollprivilegien dar. Diese wurden wegen der Teilnahme an den verschiedenen Schlachten und dem Kampf gegen Piraten gewährt.

Im 16. Jahrhundert erlangte die erste nautische Schule, die ›Nautika‹ in Perast, weit über die Landesgrenzen hinaus Berühmtheit. Gründer der Schule war der Kapitän Marko Martinović. Selbst aus Rußland sandte Peter der Große 17 ausgewählte junge Männer nach Perast, um sie an der Nautika ausbilden zu lassen. Im 17. und 18. Jahrhundert besaßen die Reeder in Perast insgesamt eine Flotte von über 100 Schiffen. Dies war die Zeit des größten Wohlstandes in Perast. Die Stadt bestand damals aus über 300 Gebäuden, darunter alleine über 200 Gebäude mit einer barocken Bauweise, und 14 Kirchen.

Charakteristisch für Perast ist sein 55 Meter hoher barocker Glockenturm der Pfarrkirche des heiligen Nikolaus aus dem 15. Jahrhundert. Der Turm verschlang die damals unvorstellbare Summe von 55 000 Dukaten. In der Mauer des Glockenturmes wurde eine Gedenktafel eingelassen, die an den Sieg über die Türken im Jahre 1654 erinnert. Die Kirche beherbergt auch eine umfangreiche Schatzkammer.

Entlang der Ortstraße und der parallel verlaufenden Gassen befinden sich die Villen und Paläste der ehemals reichen Seefahrerdynastien. Zu den bekanntesten Gebäuden in Perast gehört der Palast Bujović. Er wurde 1693 von Giovanni Fonta erbaut und beherbergt heute das städtische Museum von Perast. Hier sind zahlreiche kulturhistorische Gegenstände sowie eine umfangreiche ozeanographische Sammlung zu besichtigen. Er werden Portraits berühmter Persönlichkeiten aus Perast ausgestellt, darunter auch ein Selbstbildnis des Malers Tripo Kokolja.

Oberhalb der Stadt, auf dem Berg Ilijino, befindet sich die venezianische Kirche des Heiligen Kreuzes aus dem 17. Jahrhundert. Auch die Ruinen der von den Venezianern 1570 erbauten Festung sind hier zu finden. Von hier hat man einen einzigartigen Blick auf die Bucht und die Meerenge Verige. Perast wurde niemals durch eine Stadtmauer geschützt, stattdessen errichtete man verteilt in der ganzen Stadt insgesamt 10 Wachtürme, von denen aus mögliche Angreifer frühzeitig gesehen werden konnten.

Zwischen diesen geschichtsträchtigen Gebäuden findet man auch kurioserweise ein völlig heruntergekommenes Basketballfeld und das leerstehende

Gebäude einer ehemaligen Textilmanufaktur. Rund 600 Angestellten hat sie früher Arbeit gegeben. Im Zuge der auch in Montenegro durchgeführten Privatisierung rentierte sich die Fabrik nicht mehr und wurde stillgelegt.

Es gibt in Perast verschieden Molen und betonierte Strände. Die beste Gelegenheit zum Sonnen und Schwimmen findet man sicherlich am östlichen Ortsausgang in Richtung der Stadt Kotor. Während der Sommersaison kommen viele Inlandsurlauber nach Perast zum Badeurlaub. Während man außerhalb der Sommersaison nur wenige Menschen auf der Ortsstraße von Perast trifft, wird es in der Saison eng an den Stränden im Ort.

Gospa od Skrpjela und Sveti Đorđe

Vor Perast liegen die beiden Inseln Sveti Đorde (Heiliger Georg) und die durch Aufschüttung entstandene Gospa od Skrpjela (Muttergottes von Skrpjela). Es wird erzählt, daß Seefahrer aus Perast im Jahre 1452 an der Stelle der jetzigen Insel auf einem Felsen ein Bild der Muttergottes fanden. Daraufhin sollen die Einwohner von Perast einmal im Jahr versucht haben, das Bild mit Steinen zu versenken, so sei im Laufe der Zeit die Insel entstanden.

Der Bau der Kirche begann im Jahre 1630 und wurde erst 1722 mit der Fertigstellung der Kuppel beendet. Schwer beschädigt wurde die Kirche durch deutsche Bombenangriffe während des Zweiten Weltkrieges. Der Altar und die Statuen entstanden gegen Ende des 17. Jahrhunderts und sind Werke italienischer Meister. Die Wände und die Decke sind mit 68 Bildern des Malers Tripo Kokolja behangen. Zwischen den Bilderreihen findet man insgesamt 2500 Täfelchen, die sogenannten Votivtafeln. Sie zeigen Motive aus dem Leben von Perast und Abbildungen von verschiedenen Schiffstypen und wurden aus Dankbarkeit für überstandene Krankheiten gestiftet.

Auf dem Inselchen Sveti Đorđe befindet sich die über lange Zeit bedeutendste Benediktinerabtei der Bucht. In ihrem Besitz befanden sich mehrere Ländereien in Morinj und Risan. Im 15. und 16. Jahrhundert wurde die Abtei wiederholt geplündert und zerstört. Das große Erdbeben von 1667 beschädigte sie ebenfalls erheblich. Erst zu Beginn dieses Jahrhunderts wurde die Kirche erneuert. Auf der Insel gibt es einen Garten mit Zypressen und einen alten Friedhof.

Auch Sveti Đorđe ist mit einer Legende verbunden: Der in Perast geborene Marinekapitän Ante Slovic war in ein Mädchen aus seinem Ort verliebt. Da er in

In Perast
Kirche in Nikšić, Detail; Mosaik aus der Römerzeit in Risan

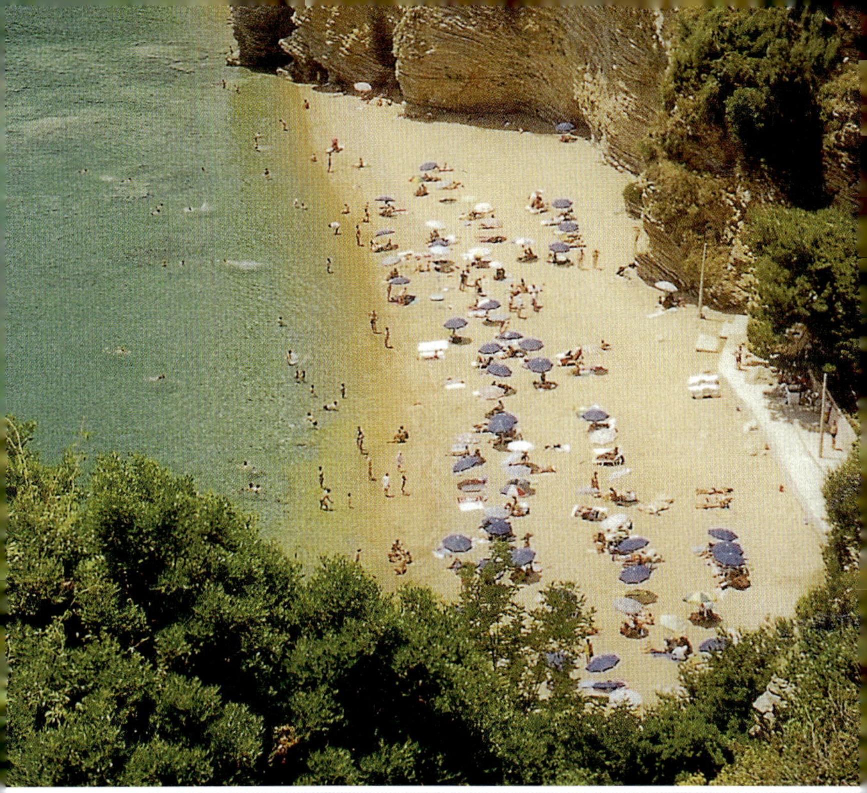

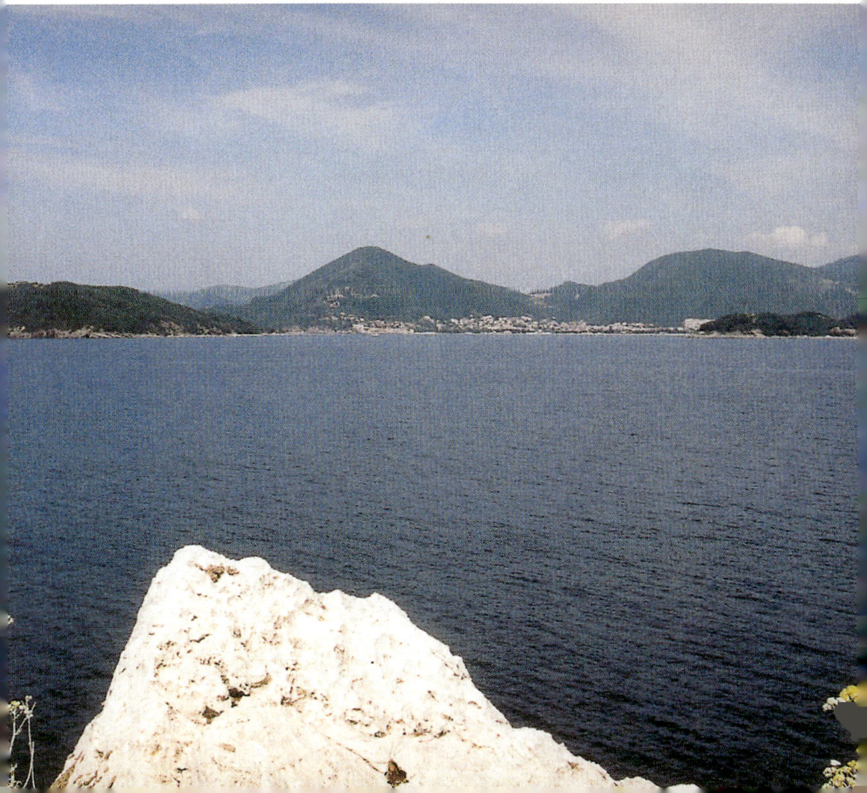

Die Inseln sind legendenumwoben

der französischen Marine diente, mußte er im Jahre 1814 auch Perast bombardieren. Bei dem Angriff starb das Mädchen. Nach dem Ende der Auseinandersetzungen ließ sich Slovic auf das Inselchen bringen, trat dem Orden bei und starb im Jahre 1821.

Dražin Vrt

In der Nähe von Perast, an der Straße in Richtung Kotor, liegt das Dorf Dražin Vrt. Unmittelbar an der Hauptstraße steht der Turm von Bajo Nikolić Pivljanin, einem montenegrinischen Helden, der im Kampf gegen die Osmanen sein Leben verlor. Das Gebäude steht völlig unscheinbar an der Straße und hat mehr Ähnlichkeit mit einem Wohnhaus als mit einem Turm. Die meisten Reisenden werden vermutlich achtlos daran vorbeifahren. Auch die an der Außenwand des Turmes angebrachte Tafel ist leicht zu übersehen.

Bucht in der Nähe von Budva; Blick auf Budva
Das Kloster Muttergottes in Cetinje

 Vorwahl: 003 81/(0)82,
Postleitzahl 85336.
Touristisches Informationszentrum
Kotor, Stari grad 328, 85330 Kotor,
Tel. 32 59 47/52.

 Das Übernachtungsangebot
ist in Perast nicht sehr üppig

und beschränkt sich auf Privatzimmer.

 Das Museum befindet sich
am Ortseingang. Der kurze
Weg von der Hauptstraße zum
Museum ist sehr gut ausgeschildert.
Geöffnet 10 bis 17 Uhr.

Orahovac

Auch Orahovac ist zweigeteilt, in einen oberen und einen unteren Ortsteil. Der
untere Teil – Donji Orahovac – liegt unmittelbar am Meer und der Hauptstraße.
Der obere Ortsteil – Gornji Orahovac – befindet sich am Berghang. Während des
Zweiten Weltkriegs brannten die abziehenden deutschen Truppen Gornji Orahovac nieder. Der Ort fand bereits im 14. Jahrhundert Erwähnung. Die Einwohner
waren nicht, wie in der übrigen Bucht von Kotor, Seefahrer, sondern verdienten
ihren Lebensunterhalt vor allem als Landwirte.

Sehenswert ist die Kirche Sveti Đorđe (deutsch: Heiliger Georg) mit ihren
Wandmalereien aus dem 15. und 16. Jahrhundert. Der Kirchenvorraum und der
Glockenturm wurden allerdings erst später angebaut. Die Kirche wurde an einem
Felsvorsprung gebaut, daher war es nicht möglich, den Glockenturm direkt an die

Blick auf Orahovac

Kirche zu bauen. Die Kirche wurde zwar in ostwestlicher Richtung ausgerichtet, so wie die strengen Kirchenvorschriften es verlangen, der Eingang konnte wegen der Felsen aber nicht im Westen gebaut werden.

Orahovac ist ein kleiner sympathischer Ort, fast noch ein Geheimtip. Die große Masse der Touristen wird bestenfalls auf dem Weg nach Kotor durch den Ort fahren. An den Stränden sonnen sich heute noch meist die Einheimischen.

Dobrota

Dobrota erstreckt sich entlang der Bucht auf sechs Kilometern und reicht bis an die Stadtgrenze von Kotor. So ist es nicht verwunderlich, daß die Einwohner Kotors ihre Wochenenden gerne in Dobrota am Strand verbringen.

Die Bedingungen für den Anbau von Wein, Südfrüchten und Oliven sind ideal. Dobrota setzt sich aus mehreren kleinen Dörfern zusammen. Im Norden etwa liegt die Siedlung Ljuta, dann folgen Marovići, Radimiri, Tomići und Plagente, bis dann schließlich Kotor folgt. Von Ljuta führt ein Weg direkt am Meer entlang bis nach Kotor. Hier sind noch die alten Paläste der ehemaligen reichen Seefahrerfamilie zu finden. Es gibt zahlreiche Restaurants, Cafés und auch Bademöglichkeiten.

Die Römer gaben dem Ort den Namen Debratha, als Dobrota findet er erstmals 1283 Erwähnung. Fast ein Jahrhundert später ist Dobrota ein Teil von Kotor, um bald darauf immerhin den Status einer Gemeinde von Kotor zu erhalten. Als die Venezianer die Macht in der Bucht von Kotor ausübten, gelangte Dobrota wieder in den Status einer selbständigen Gemeinde.

Die Einwohner waren traditionell Seefahrer und Reeder, die ihre Handelsschiffe bei kriegerischen Auseinandersetzungen zum Schutz der Bucht auch als Kriegsschiffe einsetzten. Im 15. Jahrhundert kamen die Einwohner durch die Seefahrt zu nicht unerheblichen Reichtum, die Reedereien eröffneten Büros in Albanien und Italien. Während der Glanzzeit der Seeschiffahrt in der Bucht von Kotor kamen über einhundert Schiffe allein aus Dobrota. In dieser Zeit entstand auch hier im Ort die erste Versicherungsgesellschaft für Schiffe an der Adria. Mit dem Aufkommen der Dampfschiffahrt zogen viele Reeder mit ihren Flotten nach Triest und die Seeschiffahrt in der Boka wurde allmählich bedeutungslos. 1903 ging das letzte Segelschiff in Dobrota, die ›Nemirna‹, auf Abschiedsfahrt.

Im Jahre 1814 fand in Dobrota eine historische Sitzung unter der Führung des montenegrinischen Oberhauptes Petar Petrović Njegoš statt. Im Nebengebäude der Kirche Sveti Matija (Heiliger Matthias) versammelten sich die Regierungen der Bucht von Kotor und Montenegros, um über den Zusammenschluß abzustimmen. Insgesamt neun Monate benötigten die hohen Herren, um über eine gemeinsame Zukunft Einigkeit zu finden.

Kotor

Kotor, die alte und geschichtsträchtige Stadt, liegt am Fuße der Steilhänge des Lovćen und im Südosten der Bucht, dessen Namensgeber sie ist. Die Altstadt, mit ihren engen verwinkelten Gassen, kleinen Plätzen und alten historischen Gebäuden, ist umgeben von der in mehreren Jahrhunderten errichteten Stadtmauer. Sie ist Anziehungspunkt für Touristen aus aller Welt und wurde von der UNESCO zum Weltkulturerbe erklärt. Es gibt auch das andere, moderne Kotor außerhalb der Mauern, mit Hochhäusern, Hotels, Geschäften, Fabriken, Kaufhaus sowie dem Krankenhaus. Es ist jedoch weitaus weniger interessant.

Wer einen Badeurlaub am Strand verbringen möchte, sollte nicht unbedingt nach Kotor fahren. Es gibt zwar Strände im nördlichen Teil der Stadt, das Wasser ist jedoch, da hier im hintersten Teil der Boka Kotorska der Meerwasseraustausch nur langsam erfolgt, oft trübe und nicht so sauber wie an anderen Stellen der Bucht.

Insbesondere im Sommer werden zahlreiche kulturelle Veranstaltungen angeboten. Sehr zu empfehlen ist das jedes Jahr im Juli stattfindende mehrtägige Theaterfestival für Kinder.

Im Jahre 1844, unter österreichischer Besatzung, wurde die Straße nach Cetinje angelegt. Die damals einzige Verbindung mit dem montenegrinischen Hinterland war nur zu Fuß oder mit dem Esel begehbar. Später wurde die Straße betoniert. Auch heute kann man sie noch benutzen. Die Fahrt über die schmale Straße

Am Hafen

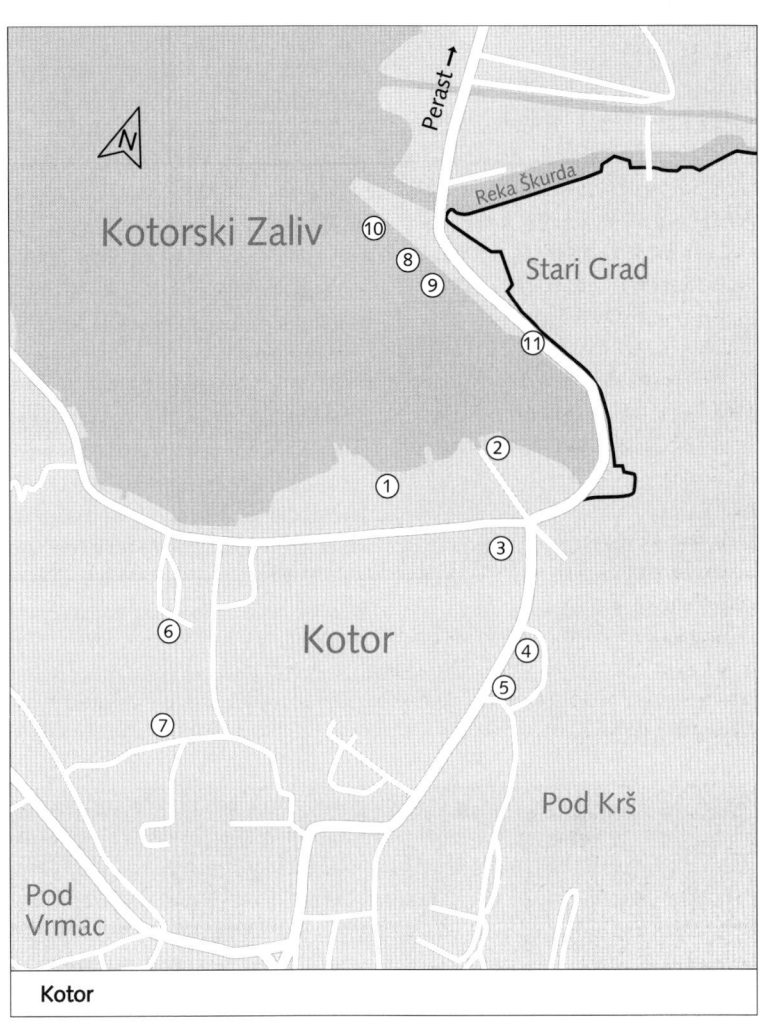

Kotor

Legende

1 Hotel Fjord
2 Restaurant Galon
3 Post
4 Busbahnhof
5 Tankstelle
6 Städtisches Krankenhaus
7 Schwimmhalle

8 Hafen
9 Parkplatz
10 Taxistand
11 Bushaltestelle

den Berg hinauf ist jedoch mühevoll, die Straße sehr eng. Davon sollte man sich jedoch nicht abschrecken lassen, wenn man den einmaligen Blick auf die Bucht von Kotor genießen möchte.

Von Kotor bestehen ausgeschilderte Straßenverbindungen nach Budva, Tivat und Cetinje. Aus fast allen größeren Städten Montenegros gibt es Busverbindungen nach Kotor. Der Bus hält unmittelbar vor dem Haupttor zur Altstadt. Die Bushaltestelle ist fast unmerklich ausgeschildert, einen guten Anhaltspunkt bieten jedoch die wartenden Menschen. Der Busbahnhof in Kotors Süden ist von der Altstadt in wenigen Minuten zu Fuß zu erreichen. Bustickets müssen am Schalter gekauft werden, nicht wie sonst üblich beim Fahrer.

Verkaufsstand für gekochte Maiskolben

Geschichte

Die Geschichte Kotors geht, wie archäologische Funde belegen, bis in das dritte Jahrhundert vor unserer Zeitrechnung zurück. Der heutige Name der Stadt entstand vermutlich in abgewandelter Form während der Römerzeit, als die Stadt Catharum genannt wurde. Im Mittelalter wechselte der Name wiederholt von Decadarum und Catarum bis Catera. Die Südslawen machten daraus frühzeitig die Bezeichnung Kotor und setzten sich damit durch. Vereinzelt findet man noch die italienisch-venezianische Form – Cattaro.

Die ersten Siedler auf dem Gebiet der heutigen Stadt waren die Illyrer. Später errichteten die Römer an gleicher Stelle eine Stadt, die den Namen Acruviam trug und aus der später Catharum wurde.

Nach dem Untergang des Römischen Reiches fiel die Stadt an Byzanz und erhielt einen autonomen Status. Das administrative Gebiet der Stadt umfaßte damals die gesamte Küste der Bucht von Kotor und einiger anderer Gebiete. Im Jahre 1178 nahmen die Nemanjiaden die Stadt in ihren Besitz. Da Kotor der wichtigste Hafen im serbischen Königreich war, verlor die Stadt auch jetzt nicht ihre Autonomie.

In der Folge befand sich die Stadt unter der Herrschaft der ungarisch-kroatischen Könige, etwas später des bosnischen Königs Tvrko. Danach folgten 30 Jahre in völliger Autonomie ohne Besatzer. Zwischen 1420 und 1797 gehörte sie zu Venedig. In dieser Zeit konnte sie drei Angriffe der Türken erfolgreich abwehren. Sechs Jahre lang, bis 1806, besetzten die Österreicher die Stadt, gefolgt von den Russen, die schon nach einem Jahr den Franzosen weichen mußten. Die wiederum verloren sie an die Montenegriner. 1814 herrschten erneut die Österreicher in Kotor, vier Jahre später wurde sie in das neugegründete jugoslawische Königreich eingegliedert. Ab 1941 befand sich Kotor zunächst unter italienischer, dann deutscher Okkupation, bis sie von der jugoslawischen Volksarmee befreit wurde. Seitdem gehört sie, wie auch die übrige Boka Kotorska, der Republik Montenegro an.

In Kotor wurden sehr früh soziale Einrichtungen ins Leben gerufen. Bereits 1372 wurde ein Waisenhaus errichtet, später gab es unter anderem auch eine Leprastation. Sehr bekannt ist die Vereinigung der Seefahrer der Boka Kotorska – Bokeljska mornarica. Es wird vermutet, daß sie bereits im Jahre 899 gegründet wurde. Die Vereinigung hatte eine eigene Werft zur Verfügung und beaufsichtigte die Schiffe in der Bucht von Kotor. Dazu gehörte, daß sie die Schiffe bei der Einfahrt in die Bucht kontrollierte. Die Mitgliedschaft in der Vereinigung war für die Seefahrer der Boka Pflicht. Mit den Einnahmen wurden die Familien und Hinterbliebenen von umgekommenen oder vermißten Seefahrern unterstützt. Die Vereinigung wurde mehrfach aufgelöst, aber immer wieder, zuletzt 1964, ins Leben gerufen.

Ein Stadtrundgang

Die Altstadt Kotors ist durch eine fünf Kilometer lange Stadtmauer geschützt. Mit ihrem Bau begannen die Venezianer 1420, fertiggestellt wurde sie aber erst rund vier Jahrhunderte später. Die Mauer ist bis zu 10 Meter hoch und 20 Meter breit, umfaßt die gesamte Altstadt und reicht bis zur Festung Sveti Ivan, einer kleinen Befestigung an einer Berghöhe von 260 Metern. Über die Jahrhunderte mußte die Mauer sich immer wieder bewähren. Ihr konnten lange Belagerungen und auch heftigste Angriffe bis heute nichts anhaben.

Von der Meerseite aus gelangt man durch das 1555 erbaute Haupt- oder Seetor ›Vrata od mora‹ in die Altstadt. Gegenüber dem Haupttor steht der Stadtturm, 1602 erbaut. Die Mächtigen nutzten genau diese Stelle, um im Mittelalter Widerspenstige und Feinde zu foltern und gefügig zu machen. Die Uhr im Turm wurde erst 1807 von Franzosen angebracht. Die Steinpyramide unmittelbar vor dem Stadtturm diente früher als Schandpfahl, an den Gesetzesübertreter angekettet wurden.

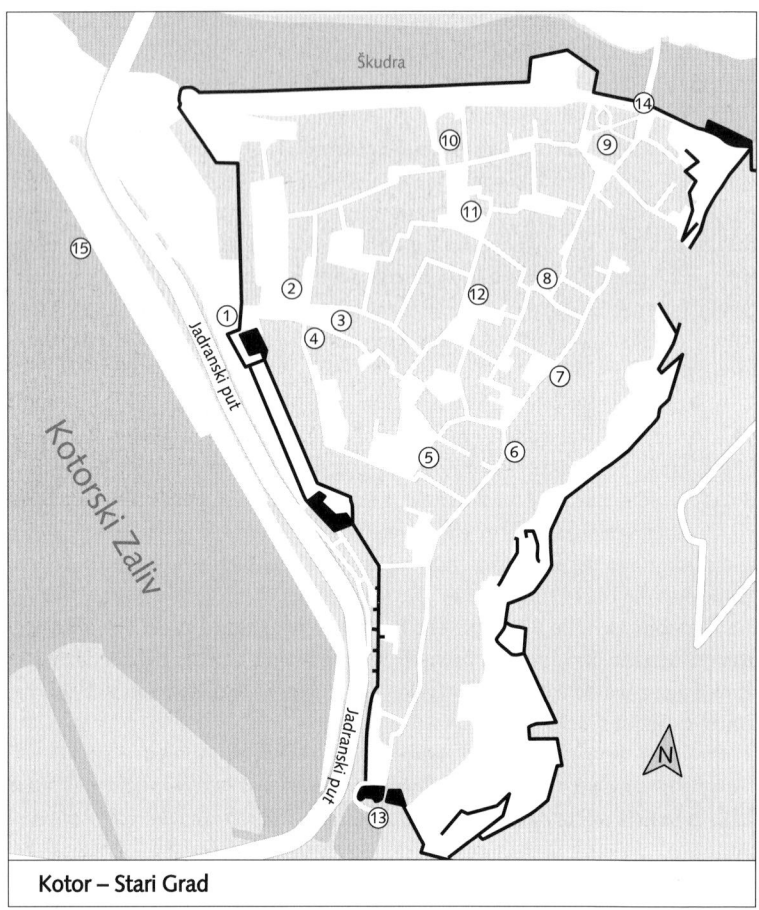

Kotor – Stari Grad

Legende

1 Stadttor
2 Uhrturm
3 Hotel Vardar
4 Palast Bizanti
5 Kathedrale Sveti Tripun
6 Kirche Sveti Pavle
7 Kirche Sveti Josip
8 Kirche Sveti Ana
9 Kirche Sveti Marija Koledata
10 Kirche Sveti Nikola

11 Kirche Sveti Luka
12 Marinemuseum
13 Südliches Stadttor
14 Westliches Stadttor
15 Hafen

Der Stadtturm mit der nachträglich eingefügten Uhr

Nachdem man das Haupttor durchschritten hat, sieht man rechts die sogenannten Paläste der einstmals angesehensten Familien in Kotor. Heute haben sie zumeist ganz unspektakuläre Nutzungen, im Palast Bisanti zum Beispiel residiert ein Schreibwarengeschäft im Parterre.

Zwischen dem Palast Bisanti und dem Palast Beskuća verläuft eine schmale Gasse. Folgt man ihr, erreicht man sehr bald den Palast Pima mit seiner Vorhalle und dem blumengeschmückten Balkon. Die Gasse führt weiter an einer Apotheke vorbei, verengt sich noch einmal und gibt dann den Blick auf die Kathedrale des Heiligen Trifun (serbisch: Sveti Trifun) frei. Die Kathedrale wurde 1166 auf dem Fundament einer bereits 899 gebauten Rundkirche errichtet. Von 2000 bis 2002 ist sie komplett renoviert worden und ist nun recht luxuriös – zum Beispiel mit einer Fußbodenheizung – ausgestattet. Trotz der angespannten wirtschaftlichen Situation in Montenegro hat die katholische Kirche keine Kosten gescheut, die historische Kirche herauszuputzen. Die Kirche wurde zwischen 1563 und 1729 dreimal durch Erdbeben stark beschädigt, das Beben von 1667 ließ sogar beide Türme einstürzen. Steinmetze aus Korčula bauten sie im 17. und 18. Jahrhundert wieder auf. Der Eingangsbereich zwischen den beiden Türmen wurde von Pavao Pavlović aus Korčula 1674 erbaut, von dem auch die Rundfenster der Kirche stammen.

Im nördlichen Kirchenschiff befindet sich der Eingang zur Schatzkammer. Sie wurde erst nachträglich angebaut, im Jahre 1652. In der Schatzkammer werden zahlreiche Goldschmiedearbeiten aufbewahrt, die zum großen Teil von Meistern

Freskenreste in der Kathedrale

aus der Bucht von Kotor in der Zeit vom 14. bis 17. Jahrhundert geschaffen wurden. Darüber hinaus sind dort verschiedene wertvolle Gemälde zu finden wie auch der Sarkophag des heiligen Trifun. In diesem Sarkophag sollen die sterblichen Überreste des Heiligen nach Kotor überführt wurden sein. Bereits einmal, im Jahr 1813, wurde der Kirchenschatz geplündert. Die Franzosen hatten damals Kotor besetzt. Der französische General ließ einen Teil der Goldschmiedearbeiten einschmelzen, um Münzen daraus prägen zu lassen.

Im südlichen Kirchenschiff befindet sich das steinerne Grabmal des Bischofs Tripun Bisanti. Seit Mitte des 16. Jahrhunderts hatte der Bischof seine letzte Ruhestätte an dieser Stelle gefunden. Das Relief in der Mitte des Altars schuf 1436 ein Künstler aus der Schweiz. Die anderen Arbeiten wurden überwiegend von einheimischen Künstlern gestaltet. Die wiederentdeckten Reste von Fresken stammen aus dem 14. Jahrhundert.

Geht man vom Kirchenvorplatz in nördlicher Richtung, befindet sich links der Palast Drago, auch zu erkennen an seinem einsamen kleinen Balkon, der sich wie verloren an die gewaltige Fassade klammert. Von hier sind es nur wenige Schritte zum Trg Bokeljske mornarice. Flankiert von zwei alten Schiffskanonen, beherrscht das Marinemuseum im ehemaligen Palast der Familie Grgurina den Platz. Das Museum wurde 1949 eröffnet. In seinen Räumen ist die gesamte Historie der Seefahrt in der Boka Kotorska zu besichtigen. Ausgestellt sind Dokumente, Bilder und Schiffsmodelle, angefangen von den ersten Segelschiffen der Bucht bis zu Schiffen der Gegenwart. Gezeigt werden auch archäologische und kulturgeschichtliche Sammlungen sowie die Darstellung des Volksbefreiungskampfes in der Bucht von Kotor. In dem Museum befinden sich eine Bibliothek und ein Archiv.

Links am Museum vorbei führt ein Gässchen zum Trg Bratstva i Jedinstva (Platz der Brüderlichkeit und Einheit). Hier steht das einschiffige Kirchlein des Heiligen Lukas. Sven Nemanja veranlaßte den Bau 1195, wie auch eine Inschrift an der Fassade verrät. Bis 1657 diente sie als römisch-katholische Kirche und wurde dann der serbisch-orthodoxen Gemeinde übergeben. Die Ikonen der Kirche stammen aus dem 17. und 18. Jahrhundert von Künstlern, die an einheimischen

Turm der Lukas-Kirche, die auf das 12. Jahrhundert zurückgeht

Kirche Sveti Nikola

Ikonenschulen ausgebildet wurden. Umgeben von der städtischen Musikschule, Boutiquen, einem Sportgeschäft und Cafés, wirkt die kleine Kirche heute wie ein stolzer Anachronismus und läßt ihre wechselhafte 800jährige Geschichte nur erahnen.

Schräg gegenüber der Kirche, am nördlichen Ende des Platzes, steht die 1910 erbaute orthodoxe Kirche Sveti Nikola (Heiliger Nikolaus). Die Kirche wurde von dem Architekten Iveković gestaltet und beherbergt eine Ikonensammlung und eine Ikonenwand des Malers František Cikler. Auch an dieser Stelle stand zuvor eine Vorgängerkirche, die bei einem Brand 1896 völlig zerstört wurde.

Neben dem Haupttor gibt es zwei weitere wichtige Eingänge in die Stadt. Das Nordtor (Vrata na rijeku), im ältesten Teil der Mauer, besaß ursprünglich eine bewegliche Kettenbrücke, die über das Flüßchen Škurda führte. Das Tor wurde 1540 erbaut. Anlaß war die erfolgreich zurückgeschlagenen Angriffe der türkischen Flotte.

Nahe dem Nordtor, innerhalb der Altstadt, befindet sich die Kirche der Heiligen Maria. Sie wurde im Jahre 1221 auf dem Fundament einer Kirche aus dem 9. Jahrhundert erbaut. Im Jahre 1434 wurde die Kapelle des heiligen Johannes und im Jahre 1771 der Glockenturm angebaut. Die Altäre stammen aus dem 17. und 18. Jahrhundert.

Nahe der rückwärtigen Kirchenfassade befindet sich eine steil ansteigende stufige Gasse, über die man zur Muttergotteskirche (Gospa od Zdravlja) aus dem Jahre 1500 gelangt. Oberhalb der Kirche, in einer Höhe von 260 Metern, liegt die Festung Sveti Ivan. Von hier hat man einen sehr guten Blick auf die Altstadt von Kotor und in die Umgebung.

Oberhalb der Kirche, in einer Höhe von 260 Metern, liegt die kleine Festung Sveti Ivan. Ein Besuch der Festung lohnt sich vor allem, da man von dort oben einen sehr guten Blick in die Altstadt von Kotor und in die Umgebung hat.

Etwa im gleichen Jahr wie das Nordtor wurde das Südtor – Vrata od Gurdića – gebaut. Es hat ebenfalls eine Kettenbrücke, die über die Quellen Gurdić verläuft.

Durch das Südtor erreicht man nach wenigen Metern das Nationaltheater auf der rechten Seite. Im Jahre 1765 diente das Gebäude den Venezianern als Militärkrankenhaus. Folgt man der Gasse, sieht man auf der rechten Seite einen Aufgang zur Kirche der Mutter Gottes und zur Festung Sveti Ivan.

Verläßt man das Haupttor aus der Stadt kommend nach links oder das Südtor in entgegengesetzter Richtung, gelangt man nach wenigen Metern zum Marktplatz. Jeden Vormittag bieten Händler direkt an der Stadtmauer ihre Waren an. Hier sind die verschiedensten Fischsorten, selbstgemachter Käse, Kajmak und frisches Obst, alles aus eigenem Anbau, zu finden, wie beispielsweise die unübertroffenen Pfirsiche aus dem Gebirge Grbalj.

 Vorwahl: 003 81/(0)82, Postleitzahl 85336.
Touristisches Informationszentrum Kotor, Stari grad 328, 85330 Kotor, Tel. 32 59 52, Fax 32 59 47. Informationen zu Kotor und der Umgebung.

 Busbüro, Tel. 082/32 58 09.

 JAT-Büro, Trg od oruzja, 082/32 51 89/93.

 Drei größere Hotels bieten Möglichkeiten zur Übernachtung:
Hotel ›Fjord‹, außerhalb, aber nahe der Altstadt und direkt am Meer, Tel. 32 50 11/18, Fax 32 50 61. Eigener Strand (aus Beton), Restaurant, Bar, Hallenbad, Konferenzsaal, Tennisplätze.
Hotel ›Vardar‹, in der Altstadt, nahe dem Haupttor, Tel. 325-086, 80 Betten, ganzjährig geöffnet. Mit Restaurant, von dem man bei einem Essen oder auch nur einem Kaffee das Treiben am Eingang zur Altstadt beobachten kann.
Hotel ›Marija‹, wenige Meter vom Haupttor entfernt in einer romantischen Gasse.

 Auch in Kotor findet man vom einfachen Hamburger über Pizza bis zum gehobenen Restaurant alles. Empfehlenswert sind die kleinen Bäckereien in den verwinkelten Gassen der Altstadt. Dort bekommt man frisches und meist noch warmes preiswertes Backwerk.
›Galion‹, Tel. 32 50 54. Das bekannteste Restaurant in Kotor. Zu durchschnittlichen Preisen werden neben anderem auch verschiedene Fischspezialitäten angeboten.

 Vor dem Hotel ›Fjord‹ befindet sich ein betonierter Strand. Bademöglichkeiten auf einer langgestreckten Mole im Park. Etwas außerhalb von Kotor in nördlicher Richtung bei den Hochhäusern grobe Kieselsteinstrände. Dort auch Restaurants, Hamburger-Buden und Cafés.

 Tankstelle ist vorhanden.

Muo

Der Ort kann auf eine lange Geschichte zurückblicken, war er doch bereits besiedelt, als die Römer in die Bucht von Kotor kamen und sie besetzten. Die Einwohner verdienten viele Jahrhunderte lang ihren Lebensunterhalt als Fischer. Die kleinen Bootsanlegestellen und die Stege machen deutlich, daß der Fischfang schon immer eine große Bedeutung für den Ort hatte. Muo gilt als ältestes Fischerdorf in der gesamten Boka Kotorska. Noch in der Gegenwart wird die Tradition des Fischfangs zelebriert und gefeiert. Jedes Jahr im Sommer wird die Nacht der Fischer gefeiert, die ›Ribarske noći‹.

Die Siedlung Muo erhielt ihr heutiges Aussehen zu Zeiten der Venezianer. Die Bauweise der Häuser gilt als charakteristisch für die Bucht von Kotor. Sehenswert sind die Kirchen des heiligen Kuzman und Damjan aus dem 18. Jahrhundert sowie die orthodoxe Kirche in der Ortsmitte. Sie stammt aus dem Jahre 1864.

Prćanj

Der Ort entwickelte sein heutiges Erscheinungsbild erst im 18. Jahrhundert, ist aber wesentlich älter. Die ursprüngliche Siedlung befand sich oben an den Hängen des Virmac-Gebirges. Die Bewohner verließen diese abgelegene Gegend und versuchten ihr Glück unmittelbar an der Küste.

Prćanj erstreckt sich heute auf fast fünf Kilometern zwischen den Ortschaften Muo und Donji Stoliv. Der Ort hatte seine wirtschaftliche Glanzzeit, als der Seehandel in der Bucht vor Kotor florierte.

Bereits im 16. Jahrhundert machte sich Prćanj als Seefahrerbastion einen Namen. Bis ins Jahr 1806 wurden die Schiffe aus Prćanj eingesetzt, um die Post nach Venedig, Korfu und Zadar zu transportieren. Im Archiv von Prćanj findet man Urkunden und Anerkennungsschreiben der damaligen venezianischen Regierung für die gewissenhafte Erfüllung des Postverkehrs. Zu seiner besten Zeit verfügte das verhältnismäßig kleine Städtchen über eine Flotte von 30 Schiffen und dreimal soviel Kapitäne. Der Seehandel sorgte für großen Wohlstand unter der Bevölkerung.

Der Ort hat einige bekannte Seefahrer hervorgebracht. Der Berühmteste ist sicherlich der Kapitän Ivo Visin. Im Jahre 1852 stach er mit seinem Schiff ›Splendidio‹ in See und umsegelte in einem Zeitraum von sieben Jahren die gesamte Welt. Er war der erste Südslawe, dem dies gelang. Zu jener Zeit herrschten die Österreicher in der Bucht von Kotor, und das Schiff des Kapitäns segelte unter der Flagge der Habsburger. Der österreichische Kaiser verlieh dem mutigen Visin eine Auszeichnung.

Die Häuser der Kapitäne waren luxuriös ausgestattet und nicht selten von üppigen und exotischen Gärten umgeben. Sie beherbergten oft Gemäldesammlungen und handgefertigte kunstvoll gestaltete Möbel sowie umfangreiche Bibliotheken. Man findet die Häuser noch heute im Ort, am Haus des Kapitäns Ivo Visin wurde 1952 zum Gedenken an seine Erdumsegelung eine Gedenktafel angebracht.

Mittelpunkt von Prćanj ist die dreischiffige Kirche zu Ehren der Geburt Maria. Für den Bau der Kirche wurde weißer Marmor von der Insel Korćula nach Prćanj transportiert. Gebaut wurde sie im Renaissance- und Barockstil. Sie gilt als eine der schönsten Kirchen in der Boka Kotorska und thront wie erhaben etwas erhöht über den Wohnhäusern des Ortes. Den Kircheneingang erreicht man über eine von Palmen flankierte Treppe, die nachträglich – 1913 – angebracht wurde. Auf der Terrasse vor dem Eingang zur Kirche findet man die Büste von Josip Strossmayer, die von dem berühmten Bildhauer Ivan Meštrović gefertigt wurde, der auch das Njegoš Mausoleum gestaltet hat. Eine weitere Büste zeigt Franco Uccellini, den ehemaligen Bischof, der einst in Kotor residierte. Die Büste wurde von Toma Rosandić geschaffen. Die Pfarrkirche ist unbedingt einen Besuch wert. Sie verfügt über eine große Sammlung von Werken berühmter Maler und Bildhauer, die es teilweise zu Weltruhm gebracht haben. Darunter sind Künstler wie Tripo Kokolja, Milo Milunović, Vasko Lipovac, Luka Tomanović, Nebojša Mitrić und Ivan Meštrović und Toma Rosandić. Darüber hinaus sind Goldschmiedearbeiten, kostbare Geschenke und Mitbringsel der Seeleute und die Flagge des Weltumseglers Ivo Visin zu finden.

Neben der Pfarrkirche gibt es einige weitere Gotteshäuser. Die zahlreichen Kirchen machen deutlich, welch hohen Stellenwert und großen Einfluß besonders die orthodoxe, aber auch die katholische Kirche in der Bucht von Kotor hatte und hat. Die einstige Pfarrkirche stand im Hinterland und wurde bereits im 14. Jahrhundert gebaut, die Kirche des heiligen Nikolaus im Jahre 1735 errichtet. Ihr angeschlossen ist ein Franziskanerkloster. In den Räumen des Klosters hielt früher die nautische Schule von Prćanj ihren Unterricht ab. Heute findet man hier

Der berühmteste Kapitän des Ortes

Die Kirche zu Ehren der Geburt Maria scheint entrückt

neben einer Bibliothek das Heimatmuseum, das überwiegend die Geschichte der Seefahrt in Prćanj zeigt.

In Prćanj herrscht ein mildes, aber leicht feuchtes Klima, für das die verschiedenen Luftströme, die in dieser Gegend aufeinandertreffen, verantwortlich sind. Dieses Klima wirkt sich sehr günstig auf Atemwegserkrankungen aus, und nicht zufällig gibt es im Ort eine Abteilung des Krankenhauses, die sich mit diesen Krankheiten beschäftigt. Patienten, die unter Allergien leiden, werden ebenfalls hier behandelt.

An der Küste von Prćanj gibt es einige schöne Bademöglichkeiten.

Die Vorwahl ist 003 81(0)82, die Postleitzahl 85335.
Das Institut für Rehabilitation bietet 550 Betten und verfügt über ein Hallenbad. Es werden Therapien zur Rehabilitation nach Verletzungen, Herzerkrankungen und auch kosmetische Chirurgie angeboten. Tel. 32 59 63 und 32 59 77, Fax 32 59 87.

Stoliv

Auch dieser Ort setzt sich aus zwei Ortsteilen zusammen. Donji Stoliv heißt der untere Teil, Gornij Stoliv der obere. Dieser befindet sich etwa 300 Meter über dem Meer an den Abhängen des Vrmac-Gebirges und ist umgeben von der für diese Gegend typischen subtropischen Vegetation. Es gibt Olivenhaine, Kastanien-, Orangen- und Zitronenbäume. Von dort oben hat man einen schönen Blick in das Becken von Kotor, zur anderen Seite nach Perast und in die Bucht von Risan. Wer den Berg nach Gornij Stoliv bewältigt hat, sollte sich die Kirche Sveti Ilija ansehen. Die Gemälde über dem Altar sind Werke des slowenischen Künstlers Josip Tominc.

Das untere Stoliv – Donji Stoliv – ist ein typisches montenegrinisches Fischerdorf. Vertäute Boote tänzeln mit leichter Bewegung auf dem Meer vor der Küste.

Es gibt einige schöne und relative ruhige Bademöglichkeiten, und der Massentourismus ist selbst in den Monaten Juli und August weit entfernt. Allerdings bekommt dieser Küstenstreifen im Becken von Kotor, geschützt durch das Vrmac-Gebirge, verhältnismäßig wenig Sonne. In den Sommermonaten kann dies durchaus sehr angenehm sein. Während sich gegenüber in Perast die Sonne gnadenlos zeigt und für eine große Hitze verantwortlich ist, findet man hier immer ein schattiges und angenehm kühles Plätzchen.

Sehenswert ist die Marienkirche und ihr dreiteiliges Gemälde, das das Leben Christi zeigt. Es stammt ebenfalls von Josip Tominc. Das zweite Gemälde trägt den Titel ›Ecce homo‹ und entstand im 16. Jahrhundert. Nahe der Küste befinden sich noch die Kirche Sveti Troijca (Heilige Dreifaltigkeit) sowie die Kirche des heiligen Paulus und des heiligen Blasius. Der einschiffige Bau stammt noch aus dem Mittelalter. Eine Besonderheit ist, daß die Kirche in der Vergangenheit von katholischen und orthodoxen Gläubigen genutzt wurde.

Lepetane

Der Ort, fast am Ende der Meerenge Verige gelegen, ist in erster Linie als Anlegestelle der Autofähre bekannt. So kommen viele hundert Menschen jeden Tag durch Lepetane, nur wenige von ihnen nehmen sich jedoch die Zeit, die Gegend zu erkunden. Die Autofähre pendelt zwischen Lepetane auf dieser Seite der Bucht

Blick auf Lepetane

und Kamenari auf der gegenüberliegenden Seite. Wer mit der Autofähre nach Lepetane übersetzt, sollte einen Blick auf das Panorama des Ortes werfen. Dicht beieinander stehen die kleinen teilweise sehr alten, aber renovierten Häuser. Auch hier findet sich die typische Architektur der Boka Kotorska.

Der Blick auf Lepetane läßt kaum vermuten, daß der Ort auf eine lange Geschichte zurückblicken kann. Bereits im 15. Jahrhundert war der Ort unter seinem heutigen Namen bekannt. Die reiche Peraster Familie Lepetan zeichnet für den Ortsnamen verantwortlich. Zuvor hieß die Siedlung ›Kraj Svetog Lovrijenca‹ (Land des Heiligen Lorenz).

Im Ort gibt es zwar einige Molen und kleine Bootsanlegeplätze, aber ein Badeparadies ist er nicht. Denn durch den regen Schiffsverkehr ist das Schwimmen nicht ganz ungefährlich und das Wasser nicht eben klar. Schöne Badegelegenheiten finden sich aber etwas außerhalb des Ortes, wenige hundert Meter an der Küstenstraße in Richtung Tivat fährt. Dort gibt es eine Haltebucht und dahinter verschiedene kleine Strände und Molen. Die Strände liegen zwar unmittelbar an der Straße, haben aber fast den ganzen Tag Sonne und erlauben einen tollen Blick von Kamenari über Bijela und seiner Werft bis nach Kumbor. An diesem Strand verbringen nur wenige einen ganzen Urlaub. Er ist aber bestens für eine Pause auf dem Weg nach Tivat geeignet.

Donja Lastva und Gornja Lastva

Der Ort verfügt über einige schöne Küstenabschnitte, die zum Baden einladen und im Sommer auch gut besucht sind. Es gibt einen Campingplatz und ein Hotel. Vor allem einheimische Urlauber verbringen ihre Ferien hier. Donja Lastva war früher Erholungsstätte für die reichen Patrizierfamilien aus Kotor, die sich hier Wochenendhäuser errichten ließen. Wie archäologische Funde belegen, wußten bereits die Römer diesen sonnigen Fleck Erde zu schätzen. Sehenswert im unteren Teil des Ortes – Donja Lastva – ist die Kirche des heiligen Rochus, vor allem wegen eines Gemäldes des griechischen Malers Elias Moskos, das den heiligen Trifun darstellt.

Den oberen Teil von Lastva – Gornja Lastva – erreicht man nach einem etwa halbstündigen Fußmarsch. Auch hier lassen sich mehrere kleine, aber dennoch sehenswerte Kirchen besichtigen.

Die Kirche Sveti Vid wurde bereits im 14. Jahrhundert erbaut, die Kirche der Muttergottes hat einen Altar aus Marmor. Über dem Altar hängt ein Gemälde, das Maria zeigt. Gemalt wurde es von Angelo Trevisani.

In der Umgebung von Gornja Lastva befinden sich die Ruinen der mittelalterlichen Siedlung Pasiglav und die Reste eines Friedhofs.

Vorwahl: 00381 (0)82

 Hotel ›Kamelija‹,
Tel. 671-532/32 und
672-532. Direkt am Meer gelegen,
ca. 1,5 km von Tivat entfernt,
250 Betten. Sommergarten, Bar,

Restaurant sowie Schwimming-Pool
und Tennisplatz.

 Autocamping Ciparis,
Tel. 67 25 32 und 67 15 33,
Platz für rund 600 Camper.
Hundert Meter vom Meer entfernt,
dazu Restaurant und Geschäft.

Tivat

Tivat liegt an der Südseite der Bucht von Kotor, am Fuße des Berges Vrmac. Vier Kilometer vor den Toren der Stadt befindet sich der gleichnamige Flughafen in der Ebene Soliosko Polje. Er ist der einzige an der montenegrinischen Küste, und daher ist der Name Tivat vielen Urlaubern ein Begriff. Die Stadt ist den meisten dagegen weniger bekannt.

Tivat hat aber nicht nur den Flughafen zu bieten. Sehenswert ist zum Beispiel der vor einhundert Jahren angelegte Stadtpark mit seinen mehr als 100 verschiedenen Baumarten und zahlreichen exotischen Pflanzen, die Seeleute aus allen Erdteilen von ihren Reisen mitbrachten. Man findet im Park neben vielen anderen

Tivat ist bekannt für seine Cafés und seine Backwaren

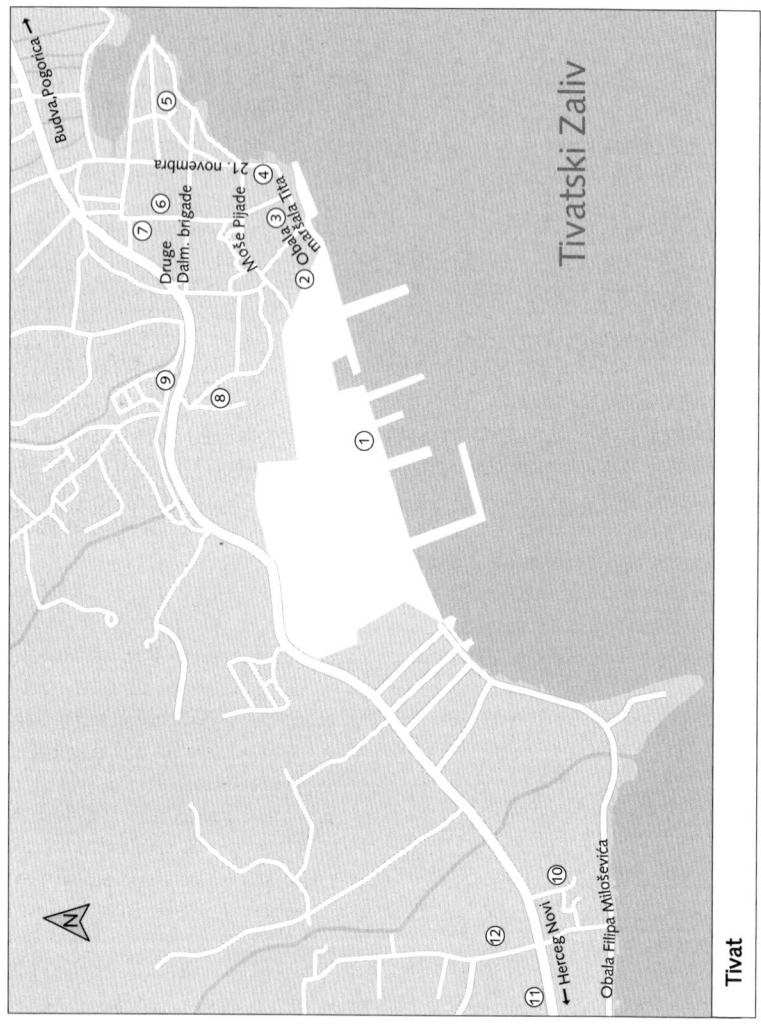

Legende

1 Hafen und Werft
2 Sommertheater
3 Hotel Pine
4 Hotel Mimoza
5 Hotel Palma
6 Taxistand

7 Bushaltestelle
8 Krankenstation
9 Tankstelle
10 Hotel Kamelija
11 Bushaltestelle
12 Autocamp Kiparis

Am Bootshafen

Pflanzen Eukalyptusbäume und Zedern, Zypressen wie auch Oleanderbäume. Dort sind auch die Denkmäler zweier jugoslawischer Volkshelden aus dem Zweiten Weltkrieg zu finden. Sie starben bei der von ihnen verursachten Explosion auf dem Kriegsschiff ›Zagreb‹. Ihr Ziel erreichten sie dennoch: Das Schiff ging unter und fiel so nicht in die Hände der feindlichen faschistischen Truppen.

Bei vielen Bewohnern der Boka Kotorska gilt Tivat als Geheimtip. Hier soll es in den Konditoreien den besten Kuchen der Gegend geben. Zu empfehlen ist die kleine Bäckerei an der südlichen Ausfallstraße. Hier bekommt man köstliches frisches Hartgebäck; Feingeback und Torten gibt es in den Cafés an der Uferpromenade.

Tivat hat eine eigene Schiffswerft und Industrieanlagen. Vor den Toren der Stadt liegt eine Ziegelfabrik, die ihren Ursprung in einer römischen Manufaktur hat. Im südlichen Teil der Stadt befindet sich ein Bootshafen.

Die Strandpromenade von Tivat lädt zum Spazieren ein und wird von zahlreichen Cafés und Restaurants gesäumt, im Zentrum von Tivat ist jeden Tag Markt. Hier findet man außer frischem Obst, Gemüse und Fisch auch Schuhe, Kosmetika und viele andere Gebrauchsgegenstände, die man im Laufe eines Lebens irgendwann brauchen könnte.

Das Gebiet von Tivat war bereits zu Zeiten der Griechen und Römer besiedelt. Vor der Küste im Meer wurden Reste versunkener Siedlungen sowie römische

Gefäße entdeckt. Noch vor den Römern siedelten Stämme der Illyrer auf diesem Gebiet. Im Mittelalter ließen sich Mönche auf dem Gebiet des heutigen Tivat nieder. Zu dieser Zeit begann man auch mit der Meersalzgewinnung. Diese Tradition wurde nach dem Zweiten Weltkrieg wieder aufgenommen.

Im Süden von Tivat befindet sich die kleine Kirche des Heiligen Anton. Es wird vermutet, daß sie im 14. Jahrhundert errichtet wurde. Sie besitzt eine Inschrift, die noch den bosnischen König Tvrtko erwähnt.

Nur einige hundert Meter vor Tivat liegen drei Inseln Ostrvo Cvijeća (Blumeninsel), Sveti Marko und Otok. Ostrvo Cvijeća war bis in die späten achtziger Jahre noch eine von Weingärten und Olivenhainen umgebene Touristensiedlung. In 75 Apartments standen den Besuchern 380 Betten zur Verfügung. In den neunziger Jahren blieben die Besucher aus und die Villen verfielen; sie sollen aber nun wieder renoviert werden. Die Insel ist durch eine kleine Brücke mit dem Festland verbunden und daher auch mit dem Auto zu erreichen.

Auf der Insel Sveti Marko betrieb das französische Unternehmen Club Mediterranée ein Feriendorf mit vielfältigen Wassersportmöglichkeiten, ausschließlich für FKK-Anhänger. Die einfachen Strohhütten zur Unterkunft der Besucher sind aber schon seit Anfang der neunziger Jahre verwaist.

Auf der kleinen Insel Otok wurde im 15. Jahrhundert ein Franziskanerkloster gebaut. Im Kloster werden, neben anderen wertvollen Gegenständen, Teile eines Standbildes der Muttergottes aus dem gleichen Jahrhundert und eine vom Bischof Ućelini gegründete kostbare Bibliothek mit seltenen wissenschaftlichen Werken aufbewahrt.

In Tivat gibt es zahlreiche betonierte Strände, die in der Regel auch mit Süßwasserduschen ausgestattet sind. Bis zum Stadtzentrum sind es nur wenige Meter.

15 Kilometer von Tivat entfernt befindet sich die kleine Bucht Trašte, zu der auch eine Busverbindung von Tivat besteht. Kurz hinter dem Flughafen erreicht man eine Kreuzung, hier biegt man rechts ab und folgt dann einfach der Straße. Bald erreicht man den Ort Krotli, und kurze Zeit später ist bereits das Hotel Plavi Horizont zu erkennen. Wer mit dem Auto kommt, findet vor dem Hotel einen kostenpflichtigen Parkplatz. Hier gibt es den Sandstrand Pržno, dessen Sand seidig und sehr fein ist. Das Wasser ist seicht und auch 20 Meter vom Ufer entfernt nur knietief; Kinder finden hier ideale Badebedingungen. Eingebettet in einen Wald liegt das Hotel Plavi Horizont. Über wenige Treppenstufen erreicht man von dort den Strand. An beiden Seiten des Strands führt jeweils ein betonierter Weg zu felsigen Küstenabschnitten. Hier gelangt man nur schwer ins und aus dem Wasser, dafür findet man selbst in der Hochsaison ein ruhiges Plätzen mit FKK-Möglichkeit.

Vorwahl: 003 81/(0)82, Postleitzahl 85320.

Touristisches Informationszentrum, Palih boraca 8, 85320 Tivat, Tel. 67 13 23/24, 67 13 23.

 Autovermietung Putnik, Tel. 617 73.

 Busbüro, Tel. 616 20.

 JAT-Büro, Obala Maršala Tita, Tel. 67 12 37 und 67 22 06.

 Tivat hat als touristischer Ort ein großes Hotelangebot.

Hotel ›Pine‹, Tel. 67 14 43 und 67 15 61, Fax 67 14 42. Klein, im Zentrum und direkt am Meer. Alle Zimmer mit TV. Bar, Taverne, Pizzeria, Konditorei und Terrasse.

Hotel ›Tivat‹, etwa 1,5 Kilometer außerhalb Tivats an der Hauptstraße, Tel. 67 13 94. 56 Zimmer, Restaurant, Bar, Sommergarten. In Hotelnähe befinden sich verschiedene Sportplätze.

Hotel ›Palma‹, Tel. 67 22 88, im Zentrum von Tivat unmittelbar am sogenannten Stadtstrand. Restaurant, Bar und Sommergarten.

Hotel ›Plavi Horizont‹, Tel. 771 65/66, 12 Kilometer von Tivat entfernt, in einer ruhigen Bucht und eingebettet in ein Waldgelände gelegen. Kinderspielplatz und Tennisplätze, verschiedene Wassersportarten werden angeboten.

 In Tivat und der Umgebung gibt es zahlreiche Campingplätze.

Auto Camping Pržno, Tel. 771 65 und 67 23 42; 12 Kilometer außerhalb Tivats in der kleinen Bucht Trasta, nahe dem Hotel Plavi Horizont. Der Betreiber stellt 50 Wohnwagen zur Verfügung, allesamt ausgestattet mit Kühlschrank und Kochherd. Darüber hinaus gibt es Zeltplätze sowie Supermarkt, Restaurant und Tennisplätze.

Campingplatz Lovćen, Tel 628 90, 3 Kilometer außerhalb von Tivat in Richtung des Ortes Lepetane. 30 Wohnwagen, seperate Duschen vorhanden.

Campingplatz Racica, Tel. 611 03, nahe der Stadtmitte, aber dennoch unmittelbar am Meer. Platz für 30 Wohnwagen, Duschkabinen und WCs.

Campingplatz Olivia, Tel 770 41, in Radovići, 11 km außerhalb von Tivat; 10 Stellplätze und Duschkabinen.

 Tivat verfügt als touristischer Ort über ein großes Gastronomieangebot. Ein dichtes Angebot von der Pizza bis zum Gaumenschmaus befindet sich an der Uferpromenade. Empfehlenswert:

Restaurant Galeb, ul. P. Boraca, Tel 67 41 05.

Restaurant Montenegrino, ul. 21. Novembar, Tel 643 95.

Restaurant des Hotels Palma Gradska plaža, Tel 67 22 88.

 Tankstelle im Ort vorhanden.

Zwischen Kotor und Cetinje

Wer vom Zentrum Kotors aus nach Cetinje fährt, passiert zunächst die Stadtmauer, durchfährt dann eine Rechtskurve und findet sich schließlich an einer Kreuzung mit Abbiegemöglichkeiten nach Prćanj und Tivat sowie Budva. Wer nun die Straße nach Cetinje sucht, wird sich schwer tun, den richtigen Weg zu finden. Es gibt ein Schild, die Wegbeschreibung ist aber sehr ungenau. Man muß zunächst der Beschilderung Richtung Budva folgen. Es geht an einer Tankstelle vorbei, bald darauf folgt auf der rechten Seite das verfallene Gebäude einer früheren Seifen- und Waschmittelfabrik. Gegenüber der Fabrik befindet sich der Busbahnhof von Kotor. Hier befindet man sich in Škalpari. Der Ortsteil war als Industriestandort bekannt – und als Hinrichtungsstätte. Die Anführer der Meuterei auf österreichisch-ungarischen Kriegsschiffen vor Kumbor im Februar 1918 ließen hier ihr Leben.

Die Straße beschreibt noch einige Kurven und erreicht dann eine weitere Abzweigung. Noch bevor die Hauptstraße sich teilt, führt links ein unscheinbares

Ein ›M‹ aus Zuneigung zur Königin Milena

Sträßchen den Berg hinauf und nach Cetinje. Eine Beschilderung gibt es jedoch nicht. Sicherer ist die zweite Möglichkeit. Diese Straße führt zunächst weiter in Richtung Budva und folgt anschließend dem Schild in Richtung Vrmac. Die Straße ist breit und gut zu befahren. Im Frühjahr und Herbst dient sie auch als Autorennstrecke, wie die Markierungen auf dem Asphalt und die Reifenstapel in den Kurven verraten.

Die Straße steigt nun kontinuierlich an und erlaubt bereits nach kurzer Fahrt einen sehr schönen Ausblick auf die Stadt Kotor und die Bucht. Nach etwa vier Kilometern folgen einige enge Serpentinen. Später, wenn der Berg weiter erklommen wurde, wird deutlich, was es mit den engen Kurven auf sich hatte. Sie besitzen die Form des Buchstabens ›M‹. Es wird erzählt, daß der Straßenbauer Josip Šilović dadurch seine Sympathie für die montenegrinische Königin und Ehefrau von König Nikola, Milena, ausdrücken wollte.

In einer Höhe von 230 Metern erreicht man Trojica. Das Dorf hatte lange Zeit eine wichtige Bedeutung. Bereits den Venezianern diente er als Grenzort, später errichteten die Franzosen und anschließend die Österreicher eine Grenzstation in dem heute unscheinbaren Dörfchen. Lange Zeit befand sich an dieser Stelle ein wichtiger Verkehrsknotenpunkt, der erst seine Bedeutung verlor, nachdem die Küstenstraße fertiggestellt war. Heute ist der Ort, von dem aus sich weite Blicke in die Umgebung ergeben, ruhig und geradezu menschenleer.

Nach einem längeren geraden Straßenabschnitt folgen in einer Höhe von rund 500 Metern zahlreiche dicht aufeinander folgende Serpentinen, die sich am Lovćen hochwinden und mit jeder Kehre einen weiten Blick in die Bucht von Kotor erlauben.

Die Straße ist nicht besonders breit. Kommen sich zwei Fahrzeuge entgegen, ist nur ein langsames und vorsichtiges Passieren möglich, Ausweichbuchten erleichtern die Manöver. Busse und Lastwagen trifft man fast gar nicht mehr auf dieser Strecke, da sie auf ihrem Weg ins montenegrinische Hinterland die ausgebaute und besser zu befahrende Straße über Budva benutzen.

Die letzte Serpentine bietet den schönsten Ausblick. Das Vrmac-Gebirge läßt sich überblicken, Tivat und das Luštica-Gebirge zeigen sich in voller Schönheit dem Betrachter. Der Ausblick reicht weiter bis ins offene Meer.

Ein gerades Straßenstück markiert den Abschied vom Meer. Bald erreicht man das Dorf Krstac, eine unscheinbare Ansiedlung, die früher ebenfalls den Österreichern als Grenzstation diente. Sie beherrschten damals die Küste, während die Montenegriner das Hinterland kontrollierten.

Vom Dorf Krstac zweigt ein Weg in südlicher Richtung nach Ivana Korita und zum Njegoš-Mausoleum ab. Allerdings eignet sich diese Route eher für Abenteurer und Wanderer mit guter Kondition, da der Weg lang, beschwerlich und nicht besonders gut befestigt ist.

Njeguši

Weit vor dem eigentlichen Ort steht das Ortsschild von Njeguši. Dahinter führt die Straße von Kotor zunächst weiter durch grünes fruchtbares Land, am Straßenrand finden sich vereinzelt Ferienhäuschen von Montenegrinern aus Podgorica. Parallel zur Straße verläuft die Grenze des Lovćen-Nationalparks. Schilder machen auf den Verkauf von Käse und Schinken aufmerksam, dann ist auch Njeguši erreicht.

Das Dorf verdankt seine Berühmtheit vor allem Petar II. Petrovic Njegoš, der hier 1813 geboren und im Alter von nur 19 Jahren zum Herrscher Montenegros wurde. Das Geburtshaus von Njegoš befindet sich unmittelbar an der Hauptstraße und ist noch heute zu besichtigen. Njeguši ist aber nicht nur als Geburtsort einer der großen Persönlichkeiten Montenegros bekannt, sondern auch wegen seiner kulinarischen Spezialitäten wie Rauchfleisch, Käse und dem nach alter slawischer Tradition hergestellten Honigwein.

Die Zeiten, da ganze Busladungen mit Schulkindern aus dem ehemaligen Jugoslawien oder auch Touristen vor Njegoš' Geburtshaus Station gemacht haben, sind offenkundig vorbei. Interessierte finden sich aber auch heute regelmäßig ein und besuchen das bekannte Gebäude. An der straßenseitigen Hauswand weist eine Tafel mit Inschrift eines der Häuser als Geburtsstätte Njegoš' aus. Das Gebäude und der kleine Garten sind umzäunt. Besucher gehen durch ein Tor und erreichen über eine Treppe die kleine unscheinbare Eingangstür. Empfangen wird der Besucher vom Museumsleiter – Historiker, Eintrittskartenverkäufer und Führer in einer Person.

Das Njegoš-Geburtshaus

Inschrift an der Dorfkirche

Die Räume des Hauses liegen nebeneinander und sind durch einen langen Flur miteinander verbunden. Njegoš ist im zweiten Zimmer des Wohnbereichs zur Welt gekommen. Im Museum sind Bilder ausgestellt, die ihn und andere Personen seines Wirkungskreises darstellen, darüber hinaus Alltagsgegenstände und Werkzeuge aus dieser Epoche. Darunter befinden sich auch die typischen flachen montenegrinischen Holzstühle mit hoher Lehne. In einer Vitrine sind die übersetzten Ausgaben von Njegoš' berühmtesten Werk ›Der Bergkranz‹ zu bestaunen, unter anderem eine frühe österreichische Ausgabe. Über schmale Stufen geht es in das Untergeschoß. Die kühlen Räume dienten früher als Vorratslager für Nahrungsmittel und als Arbeitsräume zu ihrer Verarbeitung, die entsprechenden Werkzeuge sind heute dort ausgestellt.

Das gesamte Gebäude macht einen für die damaligen Verhältnisse eines kleinen Dorfes einen recht luxuriösen Eindruck, seine Mauern sind dick und massiv. Sie halten im Winter die Wärme im Haus und lassen im Sommer die Hitze nicht hinein.

Schräg gegenüber dem Geburtshaus befindet sich eine kleine Kirche, errichtet, wie die mit ungelenken Zeichen eingravierte Inschrift verrät, im Jahr 1856.

Njeguši hat nur noch relativ wenige ständige Bewohner. Es sind größtenteils ältere Menschen, die jüngeren hat es in die Städte verschlagen. In den Ferien und an den Wochenenden kommen die Menschen aus der Stadt nach Njeguši, um Erholung in ihren Ferienhäusern zu suchen.

Über dem Ort Njeguši thront fast majestätisch auf der Spitze des Jezerski Vrh das Mausoleum zu Ehren von Njegoš.

Von Njeguši nach Cetinje

Kurz hinter Njeguši steigt die Straße recht steil an und erlaubt nur an wenigen Stellen einen Blick auf den sich langsam entfernenden Ort. Der weitere Weg nach Cetinje ist von zahlreichen Serpentinen und Kurven geprägt. Dem ein oder anderen Beifahrer mag dadurch ein flaues Gefühl in den Magen steigen.

Bei dem Dorf Ćekanje sind erstmalig die Ebene von Cetinje und die alte Residenzstadt selbst zu sehen. Die Straße führt nun stetig hinab und erreicht die erste größere Ortschaft, Bajica, die auch den Beginn der Ebene von Cetinje markiert. Die Straße ist hier leider in einem sehr schlechten Zustand und wird zunächst auch nicht besser, wenn Cetinje erreicht ist. Selbst die Straße am Friedhof vorbei ist mit zahlreichen Schlaglöchern gespickt, so daß die Fahrt zur Grabstätte alles andere als die letzte Ruhe verspricht. Das und auch die teilweise verfallenen Hausfronten sind jedoch schnell vergessen, sobald das Zentrum von Cetinje erreicht ist.

Cetinje

Cetinje ist die ehemalige Residenz- und Hauptstadt Montenegros. Sie liegt scheinbar verträumt in der sogenannten Hochebene von Cetinje, die sich auf einer Länge von fünf Kilometern und einer Breite von drei Kilometern erstreckt und ist umgeben von hohen Kalksteinfelsen. Cetinje liegt 670 Meter über dem Meer. Luftlinie ist die Stadt nur zwölf Kilometer von der montenegrinischen Küste entfernt, man ist jedoch fast eine Stunde auf der Straße unterwegs, ehe die Berglandschaft überwunden und Cetinje erreicht ist.

Die Ebene wurde ursprünglich Lovćen-Tal genannt und später Feld von Cetinje. Namensgeber der Stadt war der Fluß Cetina, der sich im 15. Jahrhundert durch die Hochebene schlängelte, um dann unter der Erde zu verschwinden.

Die Winter in Cetinje sind sehr schneereich, aber nicht so kalt wie beispielsweise im Wintersportgebieten Kolašin oder Žabljak. Während im Frühjahr und Spätherbst der Regen dominiert, sind die Sommer sonnig, trocken und angenehm warm, aber ohne die große Hitze, wie sie zu dieser Zeit oft an der Küste Montenegros herrscht.

Legende

1 Mausoleum Fürst Danilo I.	4 Relief von Montenegro
2 Sommerbühne	5 Kloster
3 Mühle von Ivan Crnojević	6 Tablja

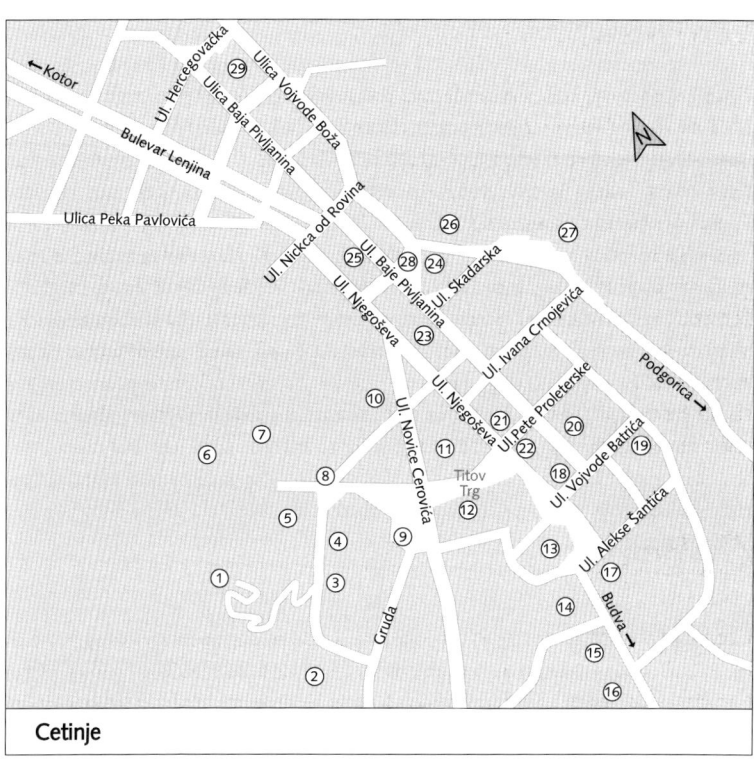

Cetinje

7	Kriegerdenkmal
8	Biljarda und Njegoš-Museum
9	Čipur-Kirche
10	Regierungsgebäude (Kunstgalerie)
11	Staatsarchiv
12	Staatsmuseum (ehemaliger Königspalast)
13	Ehemalige Gesandtschaft Großbritanniens
14	Blaues Schloß
15	Hotel Park
16	Druckerei Obod
17	Ehemalige Gesandtschaft der USA
18	Ehemalige Gesandtschaft der Türkei
19	Ehemalige Gesandtschaft Rußlands
20	Zetski Don
21	Tourismusbüro
22	Post
23	Bank
24	Vlaška Crkva
25	Ehemalige Gesandtschaft Frankreichs
26	Tankstelle
27	Busbahnhof
28	Denkmal Fee vom Lovćen
29	Ehemalige Gesandtschaft Österreich-Ungarns

Der Hauptstadtstatus wurde an Podgorica abgegeben, dennoch stellt Cetinje einen Mittelpunkt im kulturellen und wissenschaftlichen Leben Montenegros dar. Cetinje bietet gerade während der Sommermonate einen in sich ruhenden Kontrast zum touristisch-hektischen Treiben an der Küste. Erst bei genauerer Betrachtung wird deutlich, welch große historische Bedeutung die Stadt hat. Ein Besuch von Cetinje ist auch eine Reise in die Vergangenheit Montenegros, die ihre Spuren buchstäblich an jeder Straßenecke hinterlassen hat.

Die Umgebung von Cetinje ist steinig und karg. Die landwirtschaftliche Nutzung der Erde erfordert sehr viel Arbeit, dennoch sind die Erträge aufgrund des unfruchtbaren Bodens nur gering. Eine wichtigere ökonomische Rolle spielen die Industriebetriebe. Die ersten Fabriken entstanden anläßlich des Wiederaufbaus nach dem Zweiten Weltkrieg.

Da sie außerhalb des Zentrums liegen, wird sie der Besucher jedoch kaum wahrnehmen. Das Augenmerk der Touristen richtet sich auf die lange und abwechslungsreiche Geschichte von Cetinje und die zahlreichen historischen Gebäude. Cetinje gilt heute als Stadt der Museen und wird als solche auch von den Stadtoberen gepflegt.

Geschichte

Cetinje wird erstmals 1440 erwähnt. Damals befand sich in der Ebene nur eine unscheinbare Siedlung, erst 40 Jahre später gewann die Gegend langsam an Bedeutung. Der Grundstein wurde durch Ivan Crnojević gelegt. Die türkischen Angreifer zwangen ihn, seine Residenz in Žabljak zu verlassen. Seine Flucht führte ihn nach Cetinje, wo er sich niederließ und eine neue Festung baute. Cetinje gewann weiter an Bedeutung, als nur zwei Jahre darauf ein serbisch-orthodoxes Kloster errichtet und Cetinje so zum Zentrum des Bistums von Zeta wurde. Etwas später beherbergte das Kloster die erste Druckerei auf dem Gebiet des südlichen Balkans. Das Kloster wurde mehrfach von den Türken zerstört und geplündert, aber immer wieder aufgebaut. Das erste Mal ging das Kloster 1682 in Flammen auf. Die Türken drangen nach Cetinje vor, die Montenegriner verschanzten sich hinter den Mauern des Klosters. Als der Feind auch das Kloster einzunehmen drohte, sprengten die Verteidiger sich selbst, das Kloster und einen Teil der eindringenden Türken mit ihren Schießpulverreserven in die Luft. Später wurde es von Fürst Danilo, dem ersten Heerscher Montenegros aus der Dynastie der Petrovićs, an gleicher Stelle wieder aufgebaut. Im Jahre 1714 wurde es erneut von den Türken als Vergeltung für eine Niederlage auf dem Schlachtfeld zerstört. 1785 nutzen die Türken die Abwesenheit Petar I. Petrović Njegoš. Dieser weilte gerade in Rußland beim Zaren, als die Türken ein letztes Mal das Kloster in Schutt und

Morgenstimmung in der Innenstadt

Fürst Danilo verdankt Cetinje seinen Wiederaufbau im 18. Jahrhundert

Asche legten. Es wurde erneut aufgebaut und steht nun seit 1792 an der Stelle, wo es noch heute zu finden ist, nahe der Biljarda.

Erst nach dem Bau des Klosters und der Residenz entwickelte sich verstärkt die Siedlung in der Umgebung der beiden Gebäude. Mit der Machtübernahme durch Petar I. Petrović Njegoš 1782 entwickelte sich Cetinje vom Dorf zu einer kleinen Stadt. Dieser Aufschwung war erst möglich, nachdem den Türken in zwei großen Schlachten empfindliche Niederlagen beigebracht werden konnten. Der Wesir von Skutari Mahmut paša Bušatlija mußte buchstäblich die Fahne streichen. Diese Fahne wie auch die Totenmaske des Wesirs sind heute noch im Palast von König Nikola zu besichtigen.

Im Jahre 1834 gründetete der Nachfolger von Petar I., Petar II. Petrović Njegoš, die erste Schule in Cetinje und veranlaßte die Fertigstellung der Residenz Biljarda im Jahre 1838. Mit der Herrschaft des Fürsten Nikola entwickelte sich Cetinje schnell zu einer Stadt. 1871 wurde das ›Mädcheninstitut der Russischen Kaiserin‹ gegründet, bald darauf entstand das erste Krankenhaus Montenegros und zugleich die erste Gastschänke mit dem Namen Lokanda. Eine Residenz für den Thronfolger kam hinzu und im Jahre 1910 ein Regierungsgebäude.

Der Berliner Kongreß im Jahre 1878 brachte die internationale Anerkennung Montenegros als souveränen Staat und bedeutete zugleich eine längere ungewohnt friedliche Periode im Leben der Montenegriner. Erstmals nicht mit der Kriegsführung beschäftigt, konnte man sich nun der Weiterentwicklung der Stadt widmen. Wo sich zuvor nur zwei Dutzend Strohhütten um das Kloster von Cetinje gruppiert hatten, entstanden steinerne Häuser. Das Stadtbild veränderte sich in kürzester Zeit, bereits zu diesem Zeitpunkt wurde das Augenmerk auf die Kultur gelegt. Es entstanden zusätzliche Bildungseinrichtungen, man förderte die historischen und kulturellen Belange der Stadt. Organisiert wurde das Leben in Cetinje von einer erstmals ins Leben gerufenen Verwaltung. Die Bemühungen Cetinjes, anderen europäischen Städten nachzueifern, wurden belohnt: Die wichtigsten Staaten der Welt schickten ihre Diplomaten in das kleine Städtchen. Allerdings mußten die hohen Herren zunächst ohne die Errungenschaften der modernen Welt auskommen – erst 1910 fand die Elektrizität nach Cetinje.

Im Ersten Weltkrieg besetzten österreich-ungarische Truppen die Stadt. Vermutlich schlimmer als der zeitweilige Verlust der Macht war die Vernichtung großer Teile des kulturhistorischen Vermächtnisses aus den vorherigen Jahrhunderten. Sie fielen den Kämpfen um die Stadt zu Opfer oder wurden geplündert wie beispielsweise die Zentralbibliothek.

Nach Kriegsende 1918 wurde Montenegro Teil des ersten jugoslawischen Staates. Cetinje verlor langsam seinen Status als erste Stadt im Land, da Belgrad die Hauptstadt des neuformierten Staates war.

Im Zweiten Weltkrieg besetzten zunächst die Italiener, später die Deutschen Cetinje für relativ kurze Zeit. Die Bürger Cetinjes zeichneten sich durch ihren Widerstand gegen die Besatzungsmächte aus. Sie kämpften in Partisanenverbänden im ganzen Land und waren so maßgeblich an der Befreiung beteiligt. Die Besatzer Cetinjes wurden von den Partisanen im Januar 1944 vertrieben und Cetinje befreit.

Nach 1945 entwickelte sich die Industrie in und um Cetinje. So ließ sich die im ehemaligen Jugoslawien sehr bekannte Kühlschrankfabrik Obod hier nieder, ebenso eine Schuhfabrik.

Mit dem Zerfall Jugoslawiens wurden auch in Montenegro Stimmen laut, die die Loslösung Montenegros von Jugoslawien und einen eingeständigen Staat mit einer Hauptstadt Cetinje forderten. Einige sprachen sich auch für die Wiedereinführung eines Königreiches und die Überführung der sterblichen Überreste König Nikolas nach Montenegro aus. Der König fand tatsächlich seine vorerst letzte Ruhe nur einen Steinwurf von seinem ehemaligen Palast entfernt.

Als Hauptstadt konnte sich Cetinje bisher nicht durchsetzten, wohl aber als kulturelles und historisches Zentrum Montenegros. Cetinje ist historisch bedeutsam, aber kleinflächig. In den siebziger Jahren lebten hier 12 000 Menschen, heute sind es ungefähr doppelt so viele.

Ein Stadtrundgang

Cetinje ist eine historisch bedeutsame Stadt und zugleich kleinflächig. Dies kommt dem Besucher sehr entgegen, da alle Sehenswürdigkeiten und Museen bequem zu Fuß zu erreichen sind.

Ein idealen Ausgangspunkt für eine Stadtbesichtigung bildet die Ulica Njegoševa, die Njegoš-Straße. Sie ist die Hauptstraße und verläuft quer durch die Stadt. Die Njegoš-Straße bietet einen sehr guten Orientierungspunkt. Von ihr aus erreicht man in wenigen Minuten fast alle historischen Denkmäler, Museen und

Der frühere ›Königspalast‹

die ehemaligen Gesandtschaften aus der Zeit vor dem Ersten Weltkrieg. Der südliche Teil der Ulica Njegoševa, nahe dem ehemaligen Botschaftsgebäude des Vereinigten Königreiches – heute ein Studentenwohnheim–, bietet sich als Startpunkt an. Hier befindet sich ein großer Autoparkplatz. Wenige Schritte nördlich davon befindet man sich auf den Spuren der Vergangenheit. Die Ulica Njegoševa ist in diesem Bereich autofrei und wird von zahlreichen Cafés gesäumt.

Die erste Querstraße ist der Tito trg (Tito-Platz). Wer den hellen Platz betritt, muß aufpassen, nicht von Kindern in kleinen Elektroautos überfahren zu werden. Ein findiger Geschäftsmann nutzt die Fläche für ›biznis‹, wie die Montenegriner sagen. Während sich die kleinen Besucher vermutlich mehr für die Autos begeistern, werden die Älteren bereits einige der wichtigsten und interessantesten Gebäude in Cetinje entdeckt haben.

Auf der linken Seite befindet sich die Residenz König Nikolas, schräg gegenüber auf der anderen Straßenseite das Staatsarchiv. Die Residenz von König Nikolas wurde 1871 erbaut und dient heute als Museum. Begonnen wurde mit dem Bau bereits im Jahre 1863, im Jahr 1910 ist sie grundlegend renoviert und erweitert worden. Geplant war das Gebäude ursprünglich als Residenz für die Frau von Fürst Danilo, dem Vorgänger König Nikolas. Es ist ein relativ schlichter Bau, auch der Schloßgarten ist in seinen Ausmaßen bescheiden.

Im Museum sind verschiedene Waffen und Fahnen aus den Kriegen gegen die Türken, Portraits sowie archäologische Gegenstände ausgestellt, weiter findet sich ein Archiv mit Urkunden aus dem 14. Jahrhundert. Darüber hinaus kann man sich Reste der ersten Buchdruckerei und Möbel und Gegenstände von König Nikola ansehen. Wie in Montenegro üblich, zeigt ein vielsprachiger Museumsführer den Besuchern das Schloß. Der Führer ist ganz offensichtlich eine Kapazität auf seinem Gebiet, freut sich über Fragen und läßt sich gerne in historische Diskussionen verwickeln, die er multilingual mit mehreren Besuchern aus verschiedenen Erdteilen zeitgleich führt. Er scheut sich auch nicht davor zurück, Einzelheiten intensiv und kenntnisreich zu beleuchten.

Vor dem Schloß befand sich früher eine Ulme, die sogenannte Tenne. Hier empfing der König seine Untertanen, um volksnah politische und private Probleme seiner Bürger zu lösen.

Ein Steinwurf vom Schloß entfernt befindet sich die letzte Ruhestätte des Königs und seiner Frau, Königin Milena. Sie haben ihre letzte Ruhe neben dem Staatsgründer Ivan Crnojević gefunden, in marmornen Särgen in der Kirche Rođenje Bogorodice.

Nicht zu übersehen ist die wenige Meter westliche gelegene Biljarda mit ihren kleinen charakteristischen Türmen. Die Residenz erhielt ihren ungewöhnlichen Namen nach einem Billardtisch, der aus Wien nach Cetinje gebracht wurde.

Das Gebäude war die Residenz von Petar II. Petrović Njegoš. Sie wurde 1838 erbaut, aber erst 1951 fand sie ihr noch heute bestehendes Aussehen. Der Bau der Residenz bedeutete zugleich die Abkehr von einer kirchenstaatlichen hin zu einer weltlichen Macht. Das Gebäude beherbergte auch die staatliche Druckerei. Als im Jahre 1871 das neue Schloß von König Nikola gebaut wurde, verlor die Biljarda ihre Funktion als Herrschersitz. Anläßlich Njegoš' 100. Todestages wurde die Biljarda restauriert. Seitdem ist in seinen Räumen das Njegoš-Museum untergebracht.

Unmittelbar dahinter befindet sich das Kloster von Cetinje. Oberhalb des Klosters auf dem Berg ist der Turm Tablja zu erkennen. Sein Bau wurde von Njegoš veranlaßt. Ursprünglich sollte es dazu dienen, Waffen zur Ver-

In der kleinen Kirche Rođenje Bogorodice sind König Nikola und seine Frau Milena begraben

teidigung des Klosters zu beherbergen. Dann benutzte man den Turm, um die Köpfe gefallener türkischer Soldaten zur Schau zu stellen. Erst im Jahre 1850 wurde dieser Brauch verboten. Später wurde in dem Turm die über 1600 Kilogramm schwere Glocke des Klosters angebracht.

Hinter dem Kloster, auf dem Orlov Krš (Adlerfelsen), liegt die Grabstätte des Fürsten Danilo. Dem Begründer der Dynastie Petrović-Njegoš wurde ein kleines Mausoleum errichtet. Die Idee zu dieser Grabesstätte hatte Prinzessin Jelena, die später Königin von Italien wurde.

Geht man rechts am Kloster vorbei, stößt man auf eine Schotterpiste. Sie führt um das Kloster den Berg hinauf zum Turm. Ihn erreicht man nach etwa zehn Minuten.

Von der Biljarda führt ein kurzer Fußweg durch einen kleinen Park zum ehemaligen Regierungsgebäude. Heute beherbergt es die Kunstgalerie und das Nationalmuseum. Allerdings benötigt man etwas Glück, um zu den offiziellen Öffnungszeiten auch wirklich eingelassen zu werden. So mancher stand vor verschlossener Tür und mußte unverrichteter Dinge wieder gehen. Vom Regierungsgebäude empfiehlt es sich in nördlicher Richtung weiterzugehen. Nach einigen Schritten befindet man sich wieder auf der ulica Njegoševa. Unmittelbar an der Straße, im Zentrum von Cetinje, befindet sich das Gebäude der ehemaligen französischen Gesandtschaft. Heute beherbergt das Haus die Zentralbibliothek von Montenegro.

Die Zentralbibliothek wurde unmittelbar nach dem Zweiten Weltkrieg neu gegründet. Zu finden sind Buchsammlungen, Handschriften und Teile der Bibliothek des Fürsten Nikola sowie Wiegendrucke. Im Jahre 1912 führte die Bibliothek 15 000 Bände. Während des Ersten Weltkrieges wurde sie geplündert, aber später wieder aufgebaut. Das gleiche Schicksal widerfuhr ihr im Zweiten Weltkrieg. Heute führt die Bibliothek eine halbe Million Bände. In der ›Volksbibliothek Njegoš‹ sind weitere 100 000 Bände zu finden.

Von der Bibliothek ist es nur ein kurzer Fußweg über die Ulica Nikća od Rovina zum Sportstadion von Cetinje. In der Nachbarschaft zum Stadion befindet sich der städtische Friedhof. Die ulica Vojvoda Bože führt vom Stadion nach rechts am Friedhof vorbei und weiter zum Gebäude der ehemals österreich-ungarischen Botschaft.

In entgegengesetzter Richtung erreicht man, nachdem man das Stadion hinter sich gelassen hat, die Vlaška-Kirche. Diese kleine Kirche ist das älteste Baudenkmal in Cetinje. Es wurde ursprünglich von Viehhirten, die ihre Herde dort weideten, um 1450 aus Holz erbaut. 1894 erhielt die Kirche ihr heutiges Aussehen. Eine Besonderheit stellt die Umzäunung des Kirchengrundstückes dar. Sie besteht aus rund 1000 Gewehrläufen, die den Osmanen in den Kriegen 1858 und 1876 abgenommen wurden. Vor dem Portal der Kirche befinden sich zwei Steingräber. Es wird erzählt, daß der Soldat Bajo Nikolić Pivljanin dort begraben wurde. Im zweiten Grab soll seine Frau ihre letzte Ruhestätte gefunden haben.

Direkt daneben befindet sich das Denkmal ›Die Fee von Lovćen‹. Es ist ein Denkmal für die montenegrinischen Freiwilligen, die anläßlich des Ersten Weltkriegs mit dem Schiff aus Amerika kamen, um auf der Seite ihres Heimatlandes zu kämpfen. Das Schiff lief vor der Küste Albaniens auf eine Mine und versank, alle Passagiere ertranken. Das Denkmal, entworfen von Risto Stijović, wurde 1939 errichtet.

Folgt man weiter dem Straßenverlauf, rückt sehr bald der Busbahnhof von Cetinje ins Blickfeld. Läßt man auch den Busbahnhof links liegen und biegt rechts in die Ulica Crnojevića ab und links in die Ulica Vuka Mićonovića, erreicht man das medizinische Zentrum Danilo I.

Das Krankenhaus wurde 1875 eröffnet und war das erste seiner Art in Montenegro. Später wurde es erweitert und bekam sein heutiges modernes Aussehen. Es spielte eine wichtige Rolle bei der Ausbildung des Ärztenachwuchses. Die Kunst seiner Ärzte wird auch in der Gegenwart im ganzen Land geschätzt. So mancher Kranker reist von weit an, um sich in Cetinje behandeln zu lassen. Einige wer-

Das Kloster Muttergottes

Die ehemalige russische Botschaft

dende Väter haben Blut und Wasser geschwitzt, wenn sie ihre in den Wehen liegenden Frauen viele Kilometer durch die Gebirge Montenegros chauffierten, weil diese darauf bestanden, nur in Cetinje zu entbinden.

Einige Schritte weiter biegt rechts die ulica Vojvode Batrića ab. In dieser Straße befindet sich das Gebäude der ehemaligen Russischen Botschaft. In ihr ist heute die Musikschule von Cetinje untergebracht. Folgt man der Straße und orientiert sich nach rechts, ist nach wenigen Schritten der Zetski-Dom zu erkennen und daneben das Gebäude des Magistrats. Die Vierhundertjahrfreier Cetinje als Residenzstadt war Anlaß für den Bau des Doms. Der Architekt Josip Slade hatte das Gebäude entworfen, mit seinem Bau wurde im Jahre 1884 begonnen. Seit seiner Fertigstellung dient der Zetski-Dom der Unterbringung kultureller Institutionen, darunter befand sich bereits bei der Eröffnung eine Amateurtheatergruppe. So wurde der Bau das, was er noch heute ist: das erste Theatergebäude in Montenegro.

Schräg gegenüber befindet sich das Gebäude der ehemaligen türkischen Gesandtschaft. Das Haus macht wenig her, wenn nicht eine an der Hauswand angebrachte Tafel an seine vergangene Funktion erinnern würde. Die Njegoš-Straße ist wieder in Sichtweite und der Weg zum Ausgangspunkt nicht weit.

Wer noch Zeit für einen weiteren Abstecher hat, findet einige Schritte südwärts, an der ulica Njegoševa, das blaue Schloß. Es war das Wohnhaus von Fürst Danilo. Fertiggestellt 1895, wurde seine Architektur Vorbild für andere Herrscherhäuser. Früher war die Nationalgalerie im blauen Schloß untergebracht.

Vorwahl: 003 81/(0)86.

 Busbüro, Tel. 086/210 52.

 Hotel ›Grand‹,
Tel. 211 04/08 und 217 62,
Fax 212 13. Altehrwürdig,
A-Kategorie, 162 Zimmer mit

420 Betten. Schwimmbad, Kongreßsaal für bis zu 420 Personen, Diskothek, Tennisplätze, Sauna und Restaurant mit nationalen Spezialitäten.

 Tankstelle im Ort vorhanden.

Von Cetinje auf den Lovćen

Das Njegoš-Mausoleum auf dem Lovćen

Der Lovćen ist das eigentliche Wahrzeichen Montenegros. Für die Montenegriner ist das gewaltige Gebirgsmassiv ein Symbol für den Freiheitswillen des Volkes und die Verteidigung der Freiheit.

Das Gebirgsmassiv hat mehrere Gipfel. Die bedeutendsten sind der Jezerski Vrh, der nicht, wie oft behauptet, der höchste Gipfel des Gebirges ist, und der Nachbargipfel Stirovnik, mit 1749 Metern der höchste Berg. Man sagt, daß der Lovćen von Cetinje aus betrachtet wie ein Riese mit zwei mächtigen Schultern wirkt. Vom Lovćen hat man bei klarem Wetter einen einzigartigen Blick in die steinige und karge Bergwelt Montenegros.

Noch zu Lebzeiten wählte Njegoš Jezerski den Vrh zu seiner letzten Ruhestätte und ließ eine Kapelle errichten, die sein Grab beherbergen sollte. Milovan Đila schreibt in seiner Biographie, daß Njegoš im Sommer 1851, zu diesem Zeitpunkt 38 Jahre alt, unter Tuberkulose litt und bereits vom nahenden Tode gezeichnet war. Da er nicht mehr in der Lage war zu gehen, ließ er sich auf einen Stuhl festgeschnallt von Maultieren über schmale Pfade auf den Lovćen bringen, um ihm ein letztes Mal nahe zu sein. Noch im gleichen Jahr starb Bischof Petar Petrović Njegoš. Aus Furcht vor Überfällen durch die Türken und aufgrund starker Unwetter wurde sein Leichnam zunächst im Kloster von Cetinje bestattet. Drei Jahre später – 1854 – veranlaßte Fürst Danilo die Umbettung in die Kapelle auf dem Lovćen.

Im Jahr 1916 befahlen die österreichisch-ungarischen Besatzer eine Verlegung der Gebeine Njegoš in das Kloster von Cetinje. Die österreichischen Machthaber planten, die Njegoš-Kapelle abzureißen und an gleicher Stelle ein Siegerdenkmal zu errichten. Der Abriß wurde begonnen, jedoch nicht zu Ende geführt. 1921 wurde ein staatliches Komitee zur Planung und Einrichtung eines Monuments zu Ehren von Njegoš gegründet. Das Vorhaben scheiterte aber an den nicht vorhandenen finanziellen Mitteln. König Aleksander Karađorđević beschloß stattdessen den Wiederaufbau der zerstörten Kapelle. Auf Resten des alten Fundaments wurde 1925 die neue Kapelle errichtet, im Herbst des gleichen Jahres wurden die Gebeine Njegoš' dort bestattet. Später wurde kritisiert, daß die neu errichtete Kapelle aufgrund der inneren Ausstattung mehr an den Geldgeber erinnere als an Njegoš.

Zu Njegoš' 100. Todestag – 1951 – beschloß das Festkomitee, ein würdigeres Denkmal für den großen Sohn Montenegros zu errichten. Treibende Kraft war der damalige montenegrinische Republikpräsident Blažo Jovanović, der anstelle der relativ bescheidenden Kapelle ein gewaltiges Mausoleum plante. Es wurde ein Wettbewerb für den Denkmalentwurf ausgeschrieben, die Ergebnisse erfüllten jedoch nicht die Erwartungen. Deshalb wurde der kroatisch-dalmatinische Bildhauer Ivan Meštrović gebeten, das Projekt zu übernehmen. Unterstützt wurde er dabei von dem Architekten Harold Billinic.

Schon 30 Jahre zuvor hatte Meštrović, damals Rektor der Königlichen Akademie der Bildenden Künste in Zagreb, König Aleksander einen Entwurf vorgelegt, der jedoch als zu überfrachtet und symbollastig und ohne Bezug zu Njegoš und den Völkern Jugoslawiens abgelehnt wurde.

Von der Auftragserteilung 1952 bis zur endgültigen Fertigstellung vergingen nochmals mehr als 20 Jahre. Für die kleine Republik Montenegro entstanden riesige, kaum zu bewältigende Kosten. Granit und Marmor wurde von der Adriainsel Brać herangeschafft und mit Hubschraubern auf den Gipfel des Lovćen transportiert.

Der bei der Auftragserteilung schon greise Meštrović starb 1962, ohne die Baustelle jemals besucht zu haben. Die praktische Umsetzung seiner Entwürfe übernahm sein Schüler, der Bildhauer Andrija Krstulović.

Die gesamte Bauzeit war von kritischen Diskussionen jugoslawischer Intellektueller begleitet. Sie forderten, den Bau aufgrund der immensen Kosten zu stoppen, jedoch ohne Erfolg: Am 28. Juli 1974 wurde das 1660 Meter über dem Meeresspiegel gelegene Mausoleum feierlich eröffnet.

Die Monumentalität der Anlage ist für den, der sie besucht, unmittelbar

Statuen im Mausoleum

Hoch erhebt sich die Aussichtsplattform über die Berge

erlebbar. Sie läßt sich jedoch auch an einigen Zahlen ablesen. Die betonierte Straße zum Mausoleum endet 1578 Meter über dem Meeresspiegel in einer gepfla-
sterten kreisförmigen Parkfläche mir einem Durchmesser von 22 Metern. Von hier
aus geht man über 461 Stufen, von denen 80 Meter durch einen Tunnel führen, zu
einer Terrasse vor dem Mausoleum. Dort angekommen, hat man seit dem Verlassen des Parkplatzes einen Höhenunterschied von 82 Metern bewältigt. Die Terrasse ist mit Steinen von der Insel Brać sowie Steinen vom Lovćengebirge gepflastert.

Das Mausoleum liegt 1660 Meter über dem Meeresspiegel, ist 37 Meter lang,
15,40 Meter breit und 10,50 Meter hoch. Es besteht aus einem Vorhof, der mit Granit aus Jablanica gepflastert ist. Der Brunnen in seiner Mitte wurde aus einem vier
Tonnen schweren Steinblock geschlagen. Die beiden weiblichen Gestalten am
Ende des Vorhofes stellen montenegrinische Frauen dar. Sie sind jeweils 4,33 Meter
hoch und aus einem 7,5 Tonnen schweren Block Jablanica-Marmor gehauen.

Die Kapelle ist ein 6,5 Meter breiter und 10 Meter langer Raum. Der Boden
besteht aus roten Steinen aus der Bucht von Kotor und aus hellgrauen Steinen von
der Insel Brać. Hier befindet sich auch die 3,74 Meter hohe, 3,10 Meter lange und
1,40 Meter breite Njegoš-Skulptur aus Granit mit einem Gewicht von 28 Tonnen.

Die Krypta ist ein Halbkreisförmig überwölbter Raum. Dort befindet sich der
2,20 Meter lange, 42 Zentimeter hohe und 85 Zentimeter breite Sarkophag. Auf
seiner Deckplatte sieht man das montenegrinische Wappen und das Kreuz sowie
die kyrillische Inschrift ›Njegoš 1813–1851‹.

Zur Aussichtsplattform führt ein 1,30 Meter breiter und 40 Meter langer Weg, der mit bearbeiteten Steinen aus dem Lovćengebirge gepflastert ist. Die Aussichtsplattform stellt einen montenegrinischen Dreschplatz dar und hat einen Durchmesser von 8,60 Metern. Gebaut wurde er ebenfalls aus Steinen des Lovćen. Bei entsprechendem Wetter hat man von dort einen Blick auf das montenegrinische Hinterland, die Ebene von Cetinje, Teile der Küste und die albanischen Berge.

Ein Ausflug nach Rijeka Crnojevića

Kurz bevor die Straße von der Küste kommend Cetinje erreicht, trifft man auf die große Kreuzung. Hier kontrolliert die Polizei, und hier zweigt die Straße in Richtung Podgorica ab. Sie verläßt sehr bald den Bezirk Cetinje und gibt dann den Ausblick auf den Skutarisee frei. Nach einigen Kilometern zweigt rechts die lokale Straße nach Rijeka Crnojevića ab. Sie ist etwa drei Meter schmal und sehr kurvenreich, dazu an vielen Stellen von hohen Büschen und Bäumen umgeben. Da ständig mit Gegenverkehr zu rechnen ist, ist nur ein langsames Fortkommen möglich. Zwischen der Abzweigung bei Cetinje und Rijeka Crnojevića liegen nur etwa zehn Kilometer, die durch die einspurige Fahrbahn und die zahlreichen Kurven jedoch verhältnismäßig viel Fahrzeit in Anspruch nehmen.

Ein Dorf ist bis Rijeka Crnojevića nicht auszumachen. Nach einigen Kilometern trifft man auf eine alte Hausruine, dann senkt sich die Straße langsam und kurvereich hinab nach Rijeka Crnojevića. Der Ort liegt am linken Ufer des gleichnamigen Flusses. An einigen wenigen Stellen erlaubt das dichte Buschwerk vorab einen Ausblick auf den Ort. Obwohl er bereits in Sichtweite ist, liegt er noch einige Kilometer entfernt.

Im Ort selbst mag man zunächst ein wenig enttäuscht sein. Die Gebäude entlang der Ortsstraße sind in einem sehr schlechten Zustand oder gar verfallen. Dazwischen thront eine frisch renovierte Osnovna škola – die Grundschule, die in Montenegro bis zur achten Klasse besucht wird. Abbruchreife und verlassene Häuser wechseln ab mit ganz neuen oder renovierten Gebäuden. Rechts von der Straße führen Treppen zum Fluß Crnojevića und seiner schönen neuen Promenade.

Der Flanierweg führt einige hundert Meter am Fluß entlang zur alten, aus dem 19. Jahrhundert stammenden Steinbrücke. In zwei großen und zwei kleinen Bögen spannt sie sich über den Fluß – ein überaus beliebtes Motiv für Fotos, Künstler und Postkarten. Am Ufer liegen die für das Gebiet des Skutarisees typischen schmalen Fischerboote. Die Brücke leuchtet aus der Ferne fast weiß. Auch sie wurde wie das Haus am Brückenaufgang renoviert.

Wenige Schritte von der Brücke entfernt befindet sich ein sehr niveauvolles Restaurant. Hier lassen sich mit Blick auf die Brücke und den Fluß Fischspezia-

Postkartenidylle an der alten Steinbrücke

litäten aus dem Skutarisee genießen. Der ganze Ort strahlt eine große Ruhe und Gelassenheit aus. Die Bewohner lassen die Haustüren auf, wenn sie auf einen Plausch zum Nachbarn gehen. Im Sommer schwimmen Kinder bei der Brücke im Fluß und sonnen sich auf dem Gras am Ufer. Bislang verirrten sich selbst in der Hochsaison nur einige wenige Touristen nach Rijeka Crnojevića.

Wegen seines milden Mittelmeerklimas diente der Ort früher den Honoratioren des Landes als beliebter Urlaubsort. Hier stehen Reste von König Nikolas' Sommerresidenz; auch ein ausgedehntes Jagdrevier stand ihm zur Verfügung.

Die Straße führt durch den Ort und erreicht bald eine zweite Brücke, erbaut zu Beginn des 20. Jahrhunderts. Davor befindet sich die Fischfabrik. Die Einwohner der Gegend verdienen seit jeher ihren Lebensunterhalt als Fischer. So überrascht es nicht, daß die einzige Konservenfabrik der Region eben hier gebaut wurde. Auf der anderen Seite der Brücke befindet sich ein weiteres Restaurant. Es wurde direkt am Flußufer errichtet, ein Teil seiner Terrasse liegt auf einem Bootsrumpf im Wasser.

Vor der Zufahrt zur Brücke ist das große Denkmal nicht zu übersehen. Es erinnert an den Volksbefreiungskampf im Zweiten Weltkrieg und die gefallenen Bewohner der Gegend. Etwas oberhalb von Rijeka Crnojevića befand sich im 15. Jahrhundert die Hauptstadt des alten Montenegros, Obod. Die Stadt war Standort der ersten Druckerei Montenegros. Heute sind noch die Reste der ehemaligen Festungsmauer zu sehen.

Die Straße führt weiter zum Skutarisee und dann am See entlang bis nach Virpazar und Ulcinj. Im Winter kann es passieren, daß der Fluß die parallel verlaufende Straße überschwemmt.

Dieser Landesteil besticht nicht nur mit seiner Hauptstadt Podgorica als wirtschaftlichem und politischem Zentrum. Mit Danilovgrad und Nikšić findet man ungeschminkte montene- grinische Städte und mittendrin das einzigartige in den Berg gebaute Kloster Ostrog.

Das Mittlere
Montenegro

Zwischen Cetinje und Podgorica

31 Kilometer liegen zwischen Cetinje und Podgorica. Wer von der Küste kommt und bei Budva in das Landesinnere abgebogen ist, wird während der Fahrt nach Podgorica zum ersten Mal den Skutarisee erblicken können. Er liegt weit hinten, fast am Horizont zwischen den montenegrinischen und den albanischen Bergen, blau, gelassen und unberührt. In diesem Moment offenbart sich das Land in seiner ganzen landschaftlichen Faszination.

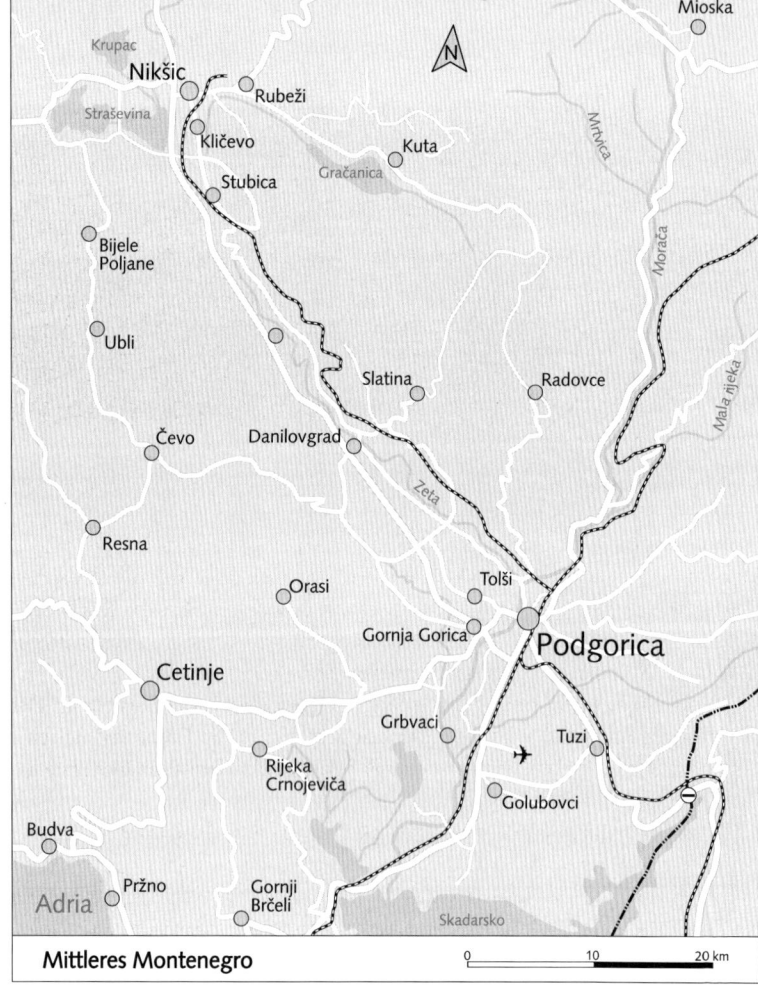

Mittleres Montenegro

0   10   20 km

So plötzlich wie sich der See für kurze Momente während der Weiterfahrt immer wieder zeigt, rücken die kargen montenegrinischen Berge und oft auch nur steinige unbewachsene Hügel in das Blickfeld und versperren die Sicht auf den Skutarisee. Bald bietet sich dem Auge ein weiteres Ereignis. Wie so oft in Montenegro, kann die Welt hinter der nächsten Straßenkurve mitreißend anders aussehen. In diesem Fall gibt sie fast schlagartig den Blick auf die Ebene von Podgorica frei.

Vorn verteilen sich viele kleinere Einfamilienhäuser, dazwischen sind immer wieder Industriegebäude auszumachen. Dahinter drängelt sich das Zentrum von

Die Ebene von Podgorica

Podgorica. Die Skyline der montenegrinischen Hauptstadt wird von gewaltigen Hochhausblöcken aus kommunistischer Zeit dominiert. Sie ragen wie traurige Gestalten einer hilflosen Architektur aus dem Dunst, der über der Stadt liegt. Rechts, etwas außerhalb der Stadt, ist der Flughafen mit seinem Tower zu erkennen. In der Nachbarschaft befinden sich weitere Industriegebäude.

Unmittelbar an der Straße befindet sich ein Restaurant in der Entstehung. Der Blick auf die Hauptstadt wird die Reisenden sicherlich an die Tische und auf seine Aussichtsterrasse locken, ist es erst einmal fertiggestellt. Denn von hier oben hat man die Stadt direkt vor Augen.

Es sind noch einige pfeilgerade Straßenkilometer, bevor Podgorica erreicht ist. Die Straße in die Stadt ist – wie die Zufahrtsstraßen der meisten größeren Städte – zu jeder Jahreszeit trostlos und wenig verheißungsvoll. Möbellager wechseln mit Wohnhäusern ab, Fabrikgebäude mit Autowerkstätten, dazwischen quetschen sich Cafés, Kioske und Obstverkäufer mit ihren Ständen.

Podgorica

Auch in Podgorica wird Montenegro seinem Ruf gerecht, ein Land der Gegensätze zu sein. Neben zerfallenen Fabrikgebäuden stehen Villen, nahe dem Stadtzentrum modernste Architektur neben verfallenen und leerstehenden Häusern, neu errichtete luxuriöse Banken an mit Schlaglöchern übersäten Straßen.

Die montenegrinische Hauptstadt ist mit 160 000 Einwohnern die größte Stadt Montenegros und zugleich auch die dichtbesiedeltste Region des Landes. Sie ist auch das wirtschaftliche, kulturelle und politische Zentrum Montenegros. Durch seine günstige Lage und die guten Verkehrsanbindungen erreicht man von Podgorica jeden Winkel in Montenegro in relativ kurzer Zeit. Die montenegrinische Küste liegt rund 60 Straßenkilometer entfernt, zu den Wintersportzentren Kolašin und Žabljak fährt man nur einige Kilometer weiter. Podgorica erreicht man aus allen Himmelsrichtungen über die gut ausgebauten Landstraßen, mit dem Flugzeug – der Flughafen liegt zwölf Kilometer vor den Toren der Stadt – oder mit der Eisenbahn. Die Strecken Bar–Belgrad und Bar–Nikšić machen Station in der montenegrinischen Hauptstadt.

Der letzte Schuhputzer in Podgorica

Sie liegt in der sogenannten Zeta-Ebene. In diesem Landesteil brennt die Sonne oft sehr viel heißer als an der Küste Montenegros. Podgorica wird auch die ›Stadt der sechs Flüsse‹ genannt. Die Morača und die Ribnica sind die bekanntesten und größten Flüsse, die durch die Stadt und ihre Umgebung fließen. Zu den kleineren gehören die Zeta, Sitnica, Mareza und Cijevna. Am linken Ufer der Ribnica befindet sich Stara Varoš, das alte Podgorica.

Die Kathedrale von Kotor
Markt von Ulcinje; Das Hotel Miločer

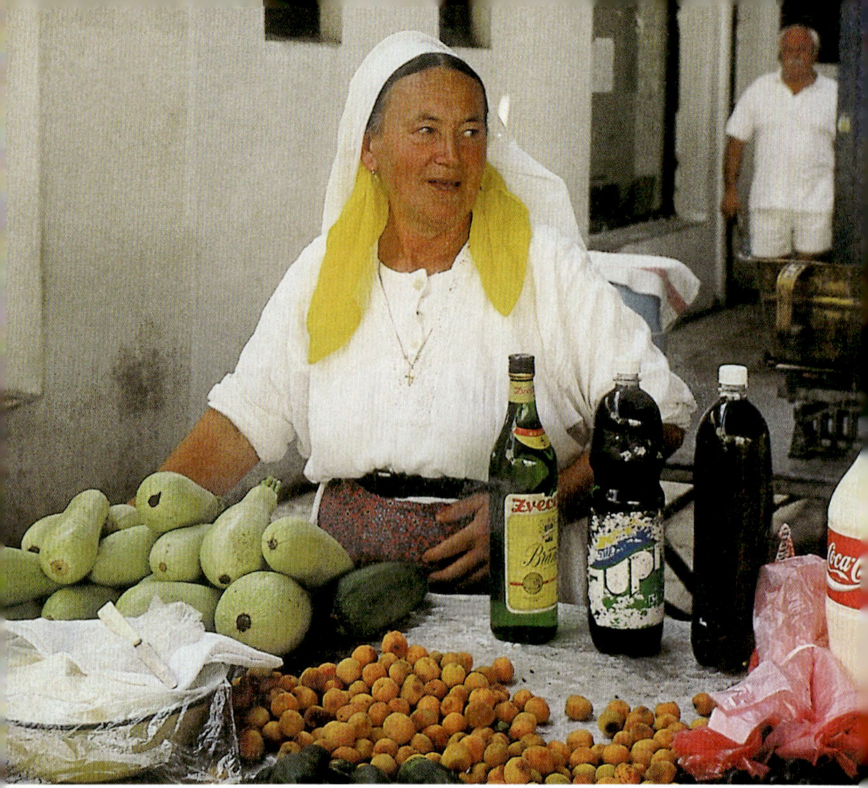

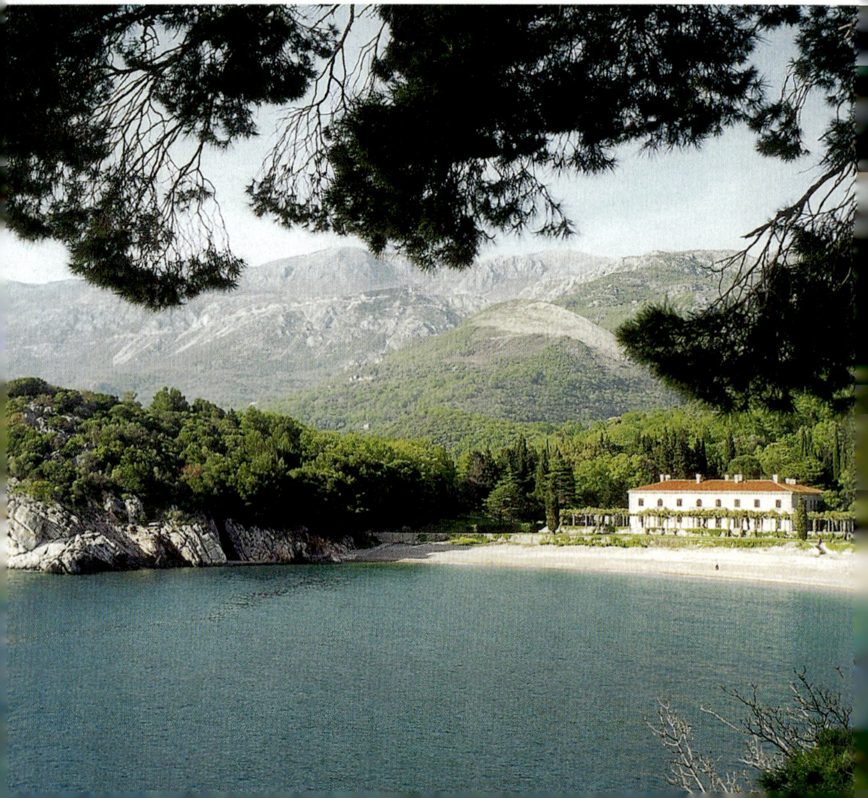

Die Hauptstadt hat eine Universität mit verschiedenen Fakultäten. Kulturinteressierte können die zahlreichen Galerien besuchen, das städtische Museum oder das Nationaltheater von Montenegro. Darüber hinaus gibt es verschiedene Institute, die sich mit dem Bodenbau, der Denkmalpflege und dem Naturschutz beschäftigen. Und Podgorica ist auch der Sitz für die Gesellschaft für Wissenschaft und Kunst in Montenegro.

An den Ufern der Morača gibt es einige sehr schöne Strände, die zum Baden und Sonnen einladen. Die Flüsse sind sehr fischreich und eignen sich sehr gut zum Angeln. Jagen kann man in einem Revier rund 18 Kilometer außerhalb der Stadt.

Neubau einer orthodoxen Kirche in Podgorica

Einen Panoramablick auf die Stadt hat man von dem Hügel Gorniva, der 150 Meter Höhe aufweist, und dem etwas niedrigeren Hügel Ljubović. Bei gutem Wetter reicht der Blick nicht selten bis zum Skutarisee.

Kommt man mit dem Auto nach Podgorica, scheint zunächst alles ganz einfach zu sein: Schilder weisen den Weg in das Stadtzentrum, die Straßen werden mit jedem Kilometer breiter und der Verkehr dichter. Man fährt den Bulevar Revo-

In einer Taverne am Skutarisee
Die Festung in Ulcinj; An der Lovćenstraße zwischen Cetinje und Kotor

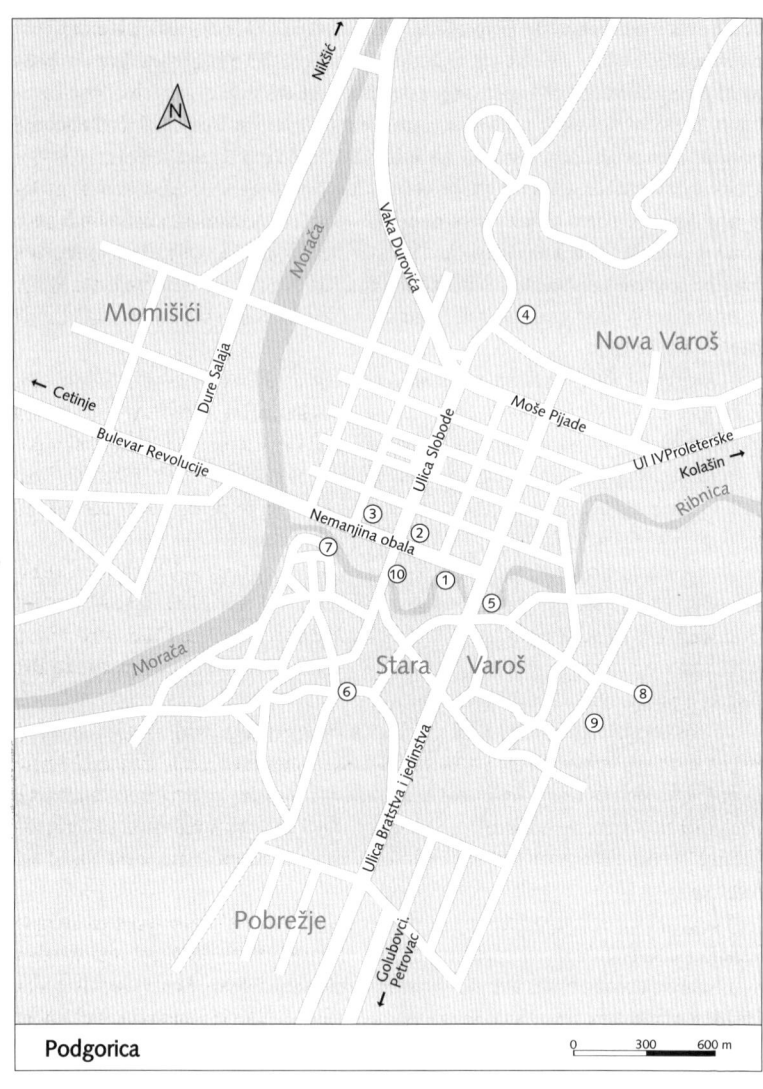

Podgorica

0   300   600 m

Legende

1 Archäologische Sammlung
2 Hotel Crna Gora
3 Post
4 Kirche Sveti Đorđe
5 Kunstgalerie

6 Uhrturm
7 Alte Festung
8 Bahnhof
9 Busbahnhof
10 Park

lucije entlang, erkennt das Hotel ›Crna Gora‹ auf der linken Seite und – und staunt nicht schlecht, daß nach einem weiteren Kilometer die Umgebung immer noch nicht dem pulsierenden Leben einer Hauptstadt gleicht.

Podgorica hat kein Stadtzentrum im herkömmlichen Sinn, keine klassische Fußgängerzone, in der man die wichtigsten Geschäfte findet. Unendlich viele kleine aber feine und nicht billige Geschäfte, Boutiquen, Parfümerien und Designerläden verteilen sich auf vermeintlich kleine Nebenstraßen nahe dem geographischen Zentrum von Podgorica. Es gibt zahlreiche Parkanlagen, und in allen Straßen schützen Bäume vor der großen Hitze im Sommer. Das viele Grün in der Stadtmitte fällt sehr angenehm auf und vermittelt eine angenehme und gelassene Atmosphäre.

Als erster Anlaufpunkt für Autotouristen bietet sich das Hotel ›Crna Gora‹ an. Hier gibt es einen bewachten Parkplatz – die Gebühren sind vergleichbar mit denen in Deutschland –, und im Café des Hotels läßt sich eine Erfrischung nehmen und verschnaufen, bevor man weitere Eindrücke von der Stadt sammelt. Und hier macht man die Erfahrung, daß die Preise in den Hauptstadtcafés doppelt so hoch sind wie an der Küste.

Denjenigen, die die Wahl haben und nicht zum Shoppen nach Podgorica kommen, ist der Sonntagvormittag zu empfehlen. Ein freier Parkplatz am Hotel ist dann garantiert, und Podgorica lebt, ohne hektisch zu sein. Die Cafés sind schon am Vormittag recht gut besucht, allerdings fast nur von Männern, während die Frauen zu Hause das Essen zubereiten.

Ausländer, besonders wenn sie als Touristen unterwegs sind, werden von den Einheimischen leicht ausgemacht. Leider sind darunter auch einige dubiose Gestalten, die im Stadtzentrum herumlungern und beispielsweise lautstarke Bereitschaft signalisieren, den Touristen vor den Sehenswürdigkeiten zu fotographieren, vermutlich aber nur um sich dann mit der Kamera aus dem Staub zu machen.

Die Straßen in Podgorica kennen fast keine Kurven. Die wichtigsten Hauptverkehrsstraßen führen wie mit dem Lineal gezogen durch die Stadt und werden von Straßen gekreuzt, die ebenfalls streng geradeaus laufen. Durch die Straßenführung erreicht man automatisch früher oder später eine Hauptstraße und findet dort Wegweiser. Auch ohne ausgeprägten Orientierungssinn kann man sich in der Stadt daher gut zurechtfinden.

Für eine sympathische Note im Straßenbild sorgen die Roma. Auch heute sind sie noch mit Pferd und Wagen unterwegs. Daß sie mit ihrer einen Pferdestärke dem Verkehrsfluß nicht unbedingt förderlich sind, scheint glücklicherweise niemanden zu stören.

Geschichte

Zu Zeiten der Illyrer und Römer entstand eine erste Siedlung an der Mündung der Flüsse Morača und Ribnica. Man geht davon aus, daß die Siedlung damals den Namen Birziminium trug. Später wurde sie nach dem Fluß Ribnica benannt. Zu dieser Zeit kam Stefan Nemanja hier zur Welt. Stadt und Umgebung waren bis ins Jahr 1360 im Besitz des Nemanja-Clans. Den Namen Podgorica führte die Siedlung erstmals im Jahre 1326. Motiviert ist die Bezeichnung durch den Berg Gorica. Die Nemanjas verloren ihren Einfluß an den Clan der Balšiden, die die Geschicke der Gegend bis ins Jahr 1421 bestimmten. Die Osmanen konnten ihr Einflußgebiet immer weiter vergrößern und eroberten die Stadt 1474. Für sie war die zentrale Lage Podgoricas wichtig für ihre Feldzüge. Sie richteten einen militärischen Stützpunkt ein und starteten von dort ihre Angriffe gegen Montenegro. Die Türken errichteten eine Stadtmauer und Wehrtürme und schützten die Stadt damit vor Angriffen. Auch die Menschen aus anderen Landesteilen nutzten den Schutz der Befestigung und durch das türkische Heer und ließen sich an den Ufern der Morača und Ribnica nieder, bauten Häuser und sorgten dafür, daß Podgorica weiter wuchs.

Der Sahat-Turm stammt aus türkischer Zeit

Erst nach dem Berliner Kongreß im Jahre 1879 kam die Stadt wieder zu Montenegro. Bereits zehn Jahre hatte man mit dem Ausbau des rechten Ribnicaufers begonnen. Dem Ausbau der Stadt und der Vergrößerung des Stadtgebietes war keine natürliche Entwicklung vorausgegangen, die Idee wurde vielmehr am Zeichenbrett geboren und dann in die Tat umgesetzt. Kurz vor dem Ersten Weltkrieg erklärte die Hauptversammlung Montenegros die Dynastie Petrović-Njegoš für abgesetzt und beendet und machte so den Weg frei für den Beitritt in den ersten jugoslawischen Staat, dem Königreich der Serben, Kroaten und Slowenen. Während des Ersten Weltkriegs wurde

Podgorica von den Österreichern, im Zweiten Weltkrieg von Italienern und Deutschen besetzt. Sie befestigten die Stadt und versuchten ein Überlaufen der montenegrinischen Bevölkerung zu den Partisanen zu verhindern. Aber selbst eine ganze Division konnte die Lage nicht im Sinn der Besatzungsarmee beruhigen.

1944 sollte das schlimmste Jahr für die Stadt werden. Mehr als siebzig Mal wurden Luftangriffe gegen Podgorica geflogen. Kaum ein Stein blieb auf dem anderen, achtzig Prozent aller Gebäude wurden zerstört. Am stärksten betroffen war der erst junge Stadtteil Nova Varoš. Zerstört wurde auch die aus der Epoche der Türken stammende Brücke des Wesirs. Die Beschädigungen waren so groß, daß eine Restaurierung unmöglich war und die Brücke abgerissen werden mußte.

Nach dem Zweiten Weltkrieg begann auch für die Stadt eine neue Epoche. Sie wurde Hauptstadt der Republik Montenegro, das ein Teil des neuen kommunistischen Jugoslawien wurde. Zu Ehren des jugoslawischen Präsidenten Tito wurde aus dem Namen Podgorica nun Titograd. Die großen Zerstörungen während des Krieges machten einen fast völligen Neuaufbau der Stadt notwendig. So prägen am rechten Ufer der Ribnica stereotype Hochhäuser und scheinbar willkürlich aufgestellte Wohnblocks das Stadtbild, ältere Gebäude findet man nur vereinzelt.

Die Stadt entwickelte sich nach dem Krieg sehr schnell. Industriebetriebe wurden aus dem Boden gestampft, man machte sich einen Namen als Produzent von Baumaschinen, Möbeln und Textilien und Nahrungsmitteln wie auch Tabakwaren. Zugleich wurde die Stadt das politische Zentrum Montenegros, Regierung und Parlament hatten und haben hier ihren Sitz wie auch das staatliche Fernsehen und die wichtigsten Zeitungen des Landes.

Nach dem Ende der kommunistischen Ära erhielt die Stadt im April 1992 erneut den Namen Podgorica.

Ein Stadtrundgang

Mittelpunkt in Podgorica ist der Bulevar Revolucije. Er führt aus westlicher Richtung in die montenegrinische Hauptstadt, überquert die Morača und geht über in die Straße Nemanjina obala. Der Boulevard trennt das alte Pogorica, den Stadtteil Stara Varoš, und das neue Stadtgebiet, Nova Varoš. Vom Boulevard erreicht man die meisten Sehenswürdigkeiten der Stadt auch zu Fuß. An der Nemanjina obala befindet sich die Hauptpost und eines der bedeutendsten Hotels der Hauptstadt, das ›Crna Gora‹. Parallel zum Boulevard verläuft in vielen kleinen Schlenkern und Bögen der Fluß Ribnica, später mündet er mitten in Podgorica in den Fluß Morača.

Der Bulevar Revolucije führt in westlicher Richtung nach Cetinje, in entgegengesetzter Richtung nach Kolašin. Folgt man diesem Weg, erreicht man sehr

Der Bulevar Revolucije überquert die Morača

bald die Straße der Bründerlichkeit und Einheit (bratsvo i jedenstvo). An der Stelle, wo sich beiden Straßen kreuzen, befindet sich auf der gegenüberliegenden Seite die Kunstgalerie. Etwas weiter östlich, unmittelbar am rechten Ufer der Ribnica, oberhalb des großen Parks, befindet sich die Archäologische Sammlung von Podgorica.

Einige Meter östlich der Brücke über die Morača zweigt die ulica Stanka Dragojevića ab. In dieser Straße befand sich früher auf der rechten Seite das Nationaltheater, bevor es in den achtziger Jahren einem Brand zum Opfer fiel.

Die Ulica Stanka Dragojevića endet am Fuße der 157 Meter hohen Erhebung Gorica. Rechts am Sportstadion vorbei führt eine Straße auf den Hügel. Diesen Weg sollte man unbedingt einschlagen, denn von der Erhebung Gorica bietet sich ein wunderbarer Blick auf die Stadt. Aber bereits die Auffahrt zur Aussicht bietet Interessantes. Am Fuße des Hügels, nachdem man das Sportstadion auf der linken Seite passiert hat, ist auf der rechten Seite die Kirche Sv. Đorđe auszumachen. Es handelt sich um eine einschiffige Kirche, die im Laufe ihrer Geschichte immer wieder erneuert und restauriert werden mußte. In der Kirche sind Reste von Wandmalereien erhalten geblieben. Eine Besonderheit stellt ein Fassadenkreuz dar. Es ist ein Überbleibsel aus dem Reich Duklja und wurde in die Fassade der Kirche eingearbeitet. Die Kirche verfügt über einen reichen kulturhistorischen Schatz, hier werden zahlreiche handgeschriebene Bücher aus früheren Jahrhunderten aufbewahrt und zusätzlich einige handgearbeitete kirchliche Gegenstände, darunter auch verschiedene Ikonen. Das ist kein Zufall, denn im 17. Jahrhundert wurde an dieser Stelle die bekannte Chronik von Podgorica verfaßt.

Die Verbindung zwischen dem Hügel und der Stadt bildet die Ulica Slobode – die Straße der Freiheit. An ihr liegt auch das eigentliche Zentrum von Podgorica, der Trg Milutinovića. Hier befindet sich die Bibliothek der Stadt. Die Ulica Slobode wird weiter südlich von der Nemanjina obala gekreuzt. Überquert man sie und etwas später auch den Fluß Ribnica, befindet man sich in Stara Varoš, der Altstadt von Podgorica. Hier findet man noch enge verwinkelte Gassen und das orientale Flair vergangener Epochen. Die alten Häuser sind meist einstöckig, und ihre Architektur verrät an vielen Stellen die ehemaligen türkischen Machthaber.

Sehenswert ist der Sahat-Kula, ein Uhrturm aus türkischer Zeit. Man läuft direkt auf ihn zu, wenn man der Straße einfach weiter folgt. Der Bau des Turms wurde im 18. Jahrhundert von Pascha Osmanagić initiiert. Neben dem Uhrturm zeigte sich der Pascha auch für die Errichtung zweier Moscheen in Podgorica verantwortlich. Vom Uhrturm führt eine Straße in nordwestlicher Richtung zu der Stelle, wo die Ribnica in die Morača übergeht. An eben dieser Stelle stand eine von den Türken im 16. und 17. Jahrhundert erbaute Festung, von der nur noch Ruinen erhalten geblieben sind. Zu sehen sind noch die Reste der Außenmauer und eines Wehrturms.

Im westlichen Teil von Podgorica, am rechten Ufer der Morača, befindet sich die Universität von Montenegro. Die Hochschule verfügt über zahlreiche Fakultäten. Hier findet man auch verschiedene Krankenhäuser und unmittelbar an der Morača das Hotel Podgorica.

Kein seltener Anblick in Montenegro

Museen und Galerien

Nach dem Zweiten Weltkrieg und dem Neuaufbau der Stadt mußte auch das kulturelle Leben in Podgorica wiederbelebt werden. In kürzester Zeit entwickelte sich die Stadt nicht nur zur einwohnerreichsten Stadt Montenegros, sondern auch zu seinem kulturellen Zentrum und machte damit der ehemaligen Hauptstadt Cetinje den Platz streitig. Cetinje, die ehemalige Residenzstadt, ist weiterhin ein Hüter und Bewahrer der Geschichte Montenegros, aber auch im Bereich der Historie engagiert sich Podgorica sehr. In den zahlreichen Museen, Galerien und Ausstellungen läßt sich die Geschichte des Landes nachempfinden und entdecken. Auch in den Theatern spielt die eigene Geschichte ein große Rolle. So wird der ›Bergkranz‹ von Njegoš auch heute noch gespielt und bei besonderen Anlässen, wie der Einweihung des neuen Theaters, wiederaufgeführt. Die Werke der wichtigsten einheimischen Künstler werden in den Museen der Stadt gezeigt, aber auch renommierte internationale Maler, Bildhauer und Regisseure kommen nach Podgorica, um ihre Werke zu zeigen.

Jedes Jahr erfreuen sich die verschiedenen kulturellen Veranstaltungen eines sehr großen Interesses bei der montenegrinischen Bevölkerung. Dazu gehören die Theatertage, die Literaturtage und das einmal jährlich stattfindende Kinofestival. Jedes Jahr im Dezember findet als Teil des kulturellen Angebotes in Podgorica der sogenannte Rock-Marathon statt. Besonders bei der jüngeren Generation hat sich dieses Festival zu einem echten kulturellen Höhepunkt entwickelt.

Fast ein Muß ist das Stadtmuseum in der Straße Miljana Vukova 59. Das Haus öffnete bereits 1950 seine Pforten und führt neben dem eigentlichen Museum noch eine Galerie unter seinem Dach. Das Museum hat vier große thematische Schwerpunkte: einen archäologischen, einen ethnographischen, einen historischen und einen kulturhistorischen Bereich. Es zeigt Exponate von der Antike bis in das 20. Jahrhundert, darunter Gegenstände und Fundsachen der Römer, Illyrer, darüber hinaus Münzen und Werkzeuge aus dieser frühen Epoche. Auch wurden Skelette gefunden, die es erlaubten, Rückschlüsse auf die damaligen Lebensumstände zu schließen.

Interessant ist die archäologische Sammlung Montenegros in der Straße Vuka Karadžića Nr. 8. Die Sammlung besteht seit 1961 und zeigt archäologische Fundstücke aus ganz Montenegro, speziell aus dem Nationalpark Durmitor und dem Gebiet der Morača-Schlucht. Auch anhand dieser Sammlung wird die Geschichte des Landes lebendig, einzelne Epochen werden in die Gegenwart geholt und ermöglichen ein ganz neues Verständnis für die Historie des Landes. Seit 1991 wurde aus der Sammlung das archäologische Zentrum Montenegros.

Eine Besonderheit stellt das Umwelt- und Naturmuseum am Trg Nikole Kovaćevića Nr. 7 dar. Nicht erst seitdem Montenegro zum ökologischen Staat erklärt wurde, der sich den Schutz der Umwelt auf die Fahnen geschrieben hat, spielt die Erforschung der Natur und deren Erhalt eine zentrale Rolle. Montenegro gehört zu den Ländern mit den meisten Biotopen in Europa, den letzten Urwald Europas findet man ebenfalls in den kleinen Land. Montenegro bietet für viele Pflanzenarten und Lebewesen einen einmaligen Lebensraum. Bereits in vergangenen Jahrhunderten reisten Wissenschaftler aus der ganzen Welt nach Montenegro, um die einzigartige Natur des Landes zu erforschen. Aber auch einheimische Naturforscher untersuchten Flora und Fauna des Landes. So konnten bereit 1961 weit über 1400 Exponate aus der Tier- und Pflanzenwelt Montenegros gezeigt werden.

Theater

Podgorica ist auch die Hauptstadt der Theaterleute und Schauspieler. Die montenegrinischen Regie- und Schauspielgrößen treten oder traten alle in Podgorica auf. Aber auch Künstler aus dem Ausland kommen und führen ihre Stücke auf.

Das montenegrinische Staatstheater befindet sich in der Ul. Stanka Dragojevica 18. Gegründet wurde es 1953, damals noch als Stadttheater von Titograd. Schon beim Aufbau des Theaters war es das Ziel, daß es sich eines Tages zum nationalen Theater Montenegros entwickeln sollte. Ein großer Schock und herber Rückschlag für die Theaterwelt Montenegros war der große Brand im Jahre 1989, der das Theatergebäude völlig zerstörte. Erst 1997 wurde das neuerrichtete

Das neue Theatergebäude stammt von 1997

moderne Theatergebäude in Betrieb genommen. Die erste Vorstellung nach der Wiedereröffnung war, wie konnte es anders sein, ›Der Bergkranz‹ in der Regie von Branislava Mićunović.

Das Kindertheater befindet sich in der Ul. Orahovaćka 21 und ist das erste private Theater. Es wurde 1994 von Dragana Ksenković-Brković und ihrem Mann ins Leben gerufen, die erste Vorstellung wurde mit dem Stück ›Kapitän D'on Piplfoks‹ von Duška Radović 1995 gegeben.

Sport

Neben der Kunst und dem Theater spielt natürlich auch der Sport eine große, vermutlich sogar die größte Rolle in der Hauptstadt Montenegros. Auch in sportlicher Hinsicht kann Podgorica auf eine lange Geschichte zurückblicken. Bereits im 14. Jahrhundert wurden in der Gegend der heutigen Hauptstadt sportliche Wettbewerbe ausgetragen. Damals versuchte man Steine in ein vorgegebenes Ziel zu werfen und der Weitsprung war sehr beliebt. Heute dominieren auch in Podgorica die gleichen Sportarten wie in den anderen Städten Europas. Der Fußball stößt auch bei den Montenegrinern auf allergrößtes Interesse. Die einheimischen Spitzenspieler verdienen ihr Geld jedoch in der Regel im Ausland, meist in der italienischen ersten Liga oder auch in Spanien. Podgorica hat sehr gute und international erfolgreiche Volleyballer, Basketballer, auch die Handballer gehören zur Weltspitze.

 Vorwahl: 00381/(0)81. Tourismus-Informationszentrum, Ul. Slobode 47, 81000 Podgorica, Tel./Fax 24 66 98, Mo bis Sa 8 bis 15 Uhr. Informationen zur Stadt und Umgebung. Tourismus Organisation Motenegros, Stanka Dragojevica 29, Tel. 24 59 59 und 24 15 91.

 Putnik, Poslovni Centar Kruševac, Tel. 234376/78. Kompas Hertz, Trg Bozane Vucinic bb, Tel. 63 42 49. Inex, Cetinjski put bb, 25 25 09.

 Busbahnhof, Trg goolootockih zrtava 1, Tel. 63 24 30. Bus-

verbindungen in fast alle größeren Orte Montenegros. Busbüro, Tel. 081/62 04 30.

 Bahnhof, Trg goolootockih zrtava 7, Tel. 081/63 36 63. Regelmäßige Zugverbindungen nach Belgrad, Subotica, Bijelo Polje, Bar und Nikšić.

 Flughafen Podgorica, 62 50 59. JAT-Büro, Trg Ivana Milutinovica 20, Tel. 24 42 48, 24 14 40 und 24 27 48. Montenegro Airlines, Beogradska 10, Tel. 23 06 41 und 23 06 48.

Trg Ivana Milutinovica,
Tel. 24 57 77.
Lenjinov Bulevar, Tel. 24 51 68.
Klinicko bolnicki centar,
Tel. 24 51 39.
Sahat-kula, Tel. 24 51 51.
Zeljeznicka stanica, Tel. 63 31 66.

 Die montenegrinische
Hauptstadt verfügt über
ein großes Angebot an Übernachtungsmöglichkeiten. Allerdings sind
die Zimmerpreise auch höher als in
anderen Landesteilen.
Hotel ›Crna Gora‹ , Bulevar Blaža
Jovanović br. 11, Tel. 63 42 71,
Fax 63 42 94. A-Kategorie,
142 Zimmer, 7 Apartments mit
insgesamt 290 Betten. Visa und
Diners werden akzeptiert. Kongreßzentrum mit vier Sitzungssälen für
700 Personen, hoteleigenes Kasino.
Hotel ›Eminent‹, Njegoševa 25
(Stadtzentrum), Tel. 24 13 00.
Gehobene Klasse, acht Apartments,
sämtlich mit TV, Telefon, Klimaanlage und Minibar ausgestattet.
Hoteleigenes Restaurant.
Hotel ›Podgorica‹, Lenjinov bule-
var 1 (am Ufer der Morača).
B-Kategorie, Tel. 24 20 50,
Fax 24 22 44.
Hotel ›Ljubović‹, Stara Varoš bb
(500 Meter vom Stadtzentrum
entfernt), Tel. 63 15 03. B-Katego-
rie, rund 80 Zimmer.
Das Hotel ›Zlatic‹, etwas außerhalb
von Podgorica in einem Wald,
Tel. 61 10 96, Fax 61 10 96.
60 Zimmer.

 ›Karuc‹, im Zentrum von
Podgorica, Tel. 234 56. Vor
allem Fisch aus den naheliegenden
Seen und Flüssen, durchschnittliche
Preise. Spezialität des Hauses ist das
Fischgericht Karuc. Dazu empfiehlt
sich ein montenegrinischer Wein.
›Masa‹, am Lenin-Boulevard,
Tel. 22 44 60 und 22 54 50. Spezia-
lisiert auf einheimische und italienische Küche, Preise teilweise über
dem Durchschnitt.
›Mareza‹, einige Kilometer außerhalb der Stadt, Tel. 24 35 61. Die
umfangreiche Speisekarte bietet
einheimische Spezialitäten und darüber hinaus für jeden Geschmack
etwas.

 Umwelt und Natur Museum,
Trg Nikole Kovacevica br. 7,
Tel. 63 31 84, Fax 62 09 68.
Archäologische Sammlung Mon-
tenegros, Vuka Karaðžica br. 8,
Tel. 63 13 49.
Städtische Museum, Miljana
Vukova 59, Tel. 63 20 06.
Montenigrinisches Staatstheater,
Stanka Drogojevica 18,
Tel. 242467, Fax 243087,
www.cnp.cg.yu.
Tickets unter Tel. 422501, 243476.
Kindertheater, Ul. Vaka Djurovica
bb, Tel./Fax 24 31 15.
Puppentheater, Ul. Orahovacka 21,
Tel./Fax 63 86 27.

 Tankstelle am Ort vorhanden.

Duklja

Drei Kilometer von Podgorica entfernt, an der Mündung der Zeta in die Morača, liegen die Ruinen der alten Stadt Duklja (auch Doclea). Sie stellte im Altertum das Zentrum der Illyrischen Dokleaten dar. Zur Zeit der Römer war die Stadt ein wichtiger militärischer Stützpunkt, im 6. Jahrhundert fungierte sie als Sitz des damaligen Bistums.

Die Stadt hat ihren Ursprung in einer kleiner Festung, die im 1. Jahrhundert errichtet und im Laufe der Zeit ausgebaut wurde. In ihrem Schutz entwickelte sich eine Ansiedlung. Der Stadt konnten die Überfälle der Ostgoten im Jahre 489 ebenso wenig anhaben wie das schwere Erbeben im Jahre 518. Erst als die Slawen auf dem Balkan siedelten, waren die Tage der Festung gezählt. Sie wurde zerstört und verschwand buchstäblich von der Erdoberfläche, bis Archäologen die Überreste ausgruben.

Zu sehen sind unter anderem die Reste alter Mauern, Grabsteine mit lateinischer Inschrift, die Überreste verschiedener kleiner Tempel und die einer Brücke, die über die Morača führte. Verschiedene Skulpturen und zahlreiche Münzen, die bei den Ausgrabungen gefunden wurden, sind neben anderen Exponaten in der Archäologischen Sammlung in Podgorica ausgestellt.

Zwischen Podgorica und Nikšić

Um nach Nikšić zu gelangen, verläßt man Podgorica in nördlicher Richtung. Sehr bald beginnt das, was sich wie ein trauriger Schleier tödlicher Selbstüberschätzung durch ganz Montenegro zieht: Plastikblumen und Gedenksteine am Straßenrand, die an Verkehrstote erinnern. In Abständen von wenigen Kilometern finden sich diese Mahnmale, sind aber offenkundig nur sehr wenigen eine Warnung. Auch die regelmäßigen Geschwindigkeitskontrollen der Polizei halten nicht alle ab, mehr Vernunft am Steuer walten zu lassen. Die Polizei hat sich nicht selten alle paar Kilometer postiert, scheint aber Verkehrskontrollen nur als bedingt sinnvoll einzuschätzen.

Die Straße nach Nikšić ist verhältnismäßig neu und recht gut zu befahren. Parallel zu ihr, aber nur selten in Sichtweite, verläuft neben der Bahnstrecke die alte Straße nach Nikšić.

Der Weg nach Nikšić verläuft durch die Bjelopavlićko-Ebene. Sie erstreckt sich auf über 50 Kilometer und reicht von Podgorica bis an die Quelle der Zeta nördlich von Nikšić. Die strategische Bedeutung des Gebietes erkannten auch die Römer. Sie legten Siedlungen an und bauten eine Straße durch das Tal, deren Überreste noch zu bestaunen sind. Bjelopavlićko Polje war auch immer wieder

Blick auf die Bjelopavlićko-Ebene

Schlachtfeld. Über einen Zeitraum von 200 Jahren bekämpften sich hier die Türken und Montenegriner.

Von der Straße blickt man immer wieder auf kleine und sehr alte Dörfer. Es lohnt sich, eine der zahlreichen Abzweigungen in eines dieser Dörfer zu nehmen, die oftmals nur aus drei Häusern und einer Kirche bestehen.

Von fast jedem Punkt der Straße reicht der rückwärtige Blick über das Tal bis nach Podgorica. Oberhalb von Hauptstraße und Flußlauf und rund zehn Kilometer, nachdem man Podgorica verlassen hat, erreicht man den Ort Spuž. Früher befand sich hier eine römische Siedlung. Die Reste römischer Gebäude und Grundmauern wurden in der Gegenwart entdeckt und ausgegraben. Auf einem Hügel in diesem Teil der Ebene befindet sich eine Festung. Es wird vermutet, daß sich König Stjepan Tvrtko dort aufhielt.

Danilovgrad

18 Kilometer hinter Podgorica erreicht man Danilovgrad, benannt nach dem Fürsten Danilo II. Petrović. Das Ortsschild ist, wie viele andere Orts- und Verkehrsschilder in Montenegro, mit Reklame oder politischen Parolen überklebt, aber noch zu erahnen. Orientierung bietet das Sportstadion von Danilovgrad. Die Straße biegt dort rechts in den Ort ab. Er liegt nicht unmittelbar an der Haupt-

verkehrsstraße, sondern wird über die Ortszufahrt nach wenigen hundert Metern erreicht. Gleich am Ortseingang befindet sich das Hotel ›Zeta‹, die einzige Übernachtungsmöglichkeit. Vor dem Hotel gibt es einen kostenlosen Parkplatz, der nicht nur von Hotelgästen genutzt werden kann.

Die Stadt wurde im Jahre 1870 nach Plänen des Stadtplaners Milutinović erbaut und entwickelte sich in relativ kurzer Zeit zu einem wichtigen Standort der Landwirtschaft und später zu einer Industriestadt. Die Bjelopavlićko-Ebene bietet beste Bedingungen für den Getreideanbau und die Viehzucht. Dies war lange Zeit die wichtigste Einnahmequelle für die Menschen in Danilovgrad und Umgebung. Die Stadtoberen liebäugelten aber auch immer damit, ein wichtiger Industriestandort in Montenegro zu werden. So dauerte es nicht lange, bis Fabriken für die Herstellung von Baumaterial, die Verarbeitung von Tabak und die Herstellung elektronischer Geräte entstanden.

In der Umgebung der Stadt, an den Ufern der Zeta, befinden sich einige schöne Strände. Von dort lassen sich die Fischer bei der Arbeit beobachten. Die Zeta galt immer als sehr fischreich, und auch heute ist es lohnenswert, die Angel oder Netze auszuwerfen.

Danilovgrad war im Zweiten Weltkrieg Schauplatz heftiger Kämpfe zwischen den jugoslawischen Partisanen und deutschen Truppen, bis im Dezember 1944 die Befreiung von den Besatzern gelang. Über eintausend Partisanen ließen ihr Leben, das Denkmal im Zentrum von Danilovgrad erinnert an sie.

Typische Straßenszenerie

Danilovgrad ist ein kleines Städtchen mit einer sympathischen Ausstrahlung. Hier findet man noch die typischen montenegrinischen ein- und zweistöckigen Häuser. Das Café ›Stadion‹ besitzt noch das kommunistische Flair der siebziger Jahre, der Friseur einige Meter weiter hat seine Einrichtung in den fünfziger Jahren angeschafft und bis heute erhalten.

Touristen kommen nicht sehr häufig nach Danilovgrad. Wer jedoch den kleinen Umweg nicht scheut, nähert sich dem Herzen Montenegros ein weites Stück und wird ungefilterte Eindrücke des Landes und der Menschen mitnehmen können.

In der Umgebung von Danilovgrad findet man sehr gute Bedingungen für die Jagd. Jagen lassen sich zum Beispiel Rehe, Wölfe, Wildschweine und

Denkmal für die Gefallenen des Zweiten Weltkriegs

Füchse. Ein sehr bekanntes Jagdgebiet ist Kosovo Lug. Aber auch wer nicht auf die Pirsch gehen möchte, kann die sehr reizvolle und unberührte Landschaft genießen.

 Vorwahl: 003 81(0)81.

 Hotel Zeta, unmittelbar im Stadtzentrum, Tel. 81 27 30

und 81 14 03. B-Kategorie, 20 Zimmer, Restaurant und Bar.

Kloster Ostrog

Das Kloster ist ein von Touristen und Gläubigen gleichermaßen stark frequentierter Ort. Die Anfahrt dahin ist nicht ganz einfach, aber die Anlage lohnt den etwas beschwerlichen Weg.

Bereits wenige Kilometer hinter Danilovgrad in Richtung Nikšić, läßt sich nordöstlich der Straße, oben am Berg, ein unregelmäßiger weißer Punkt ausmachen. Mit jedem Kilometer, den man sich nähert, nimmt der helle Fleck deutlichere Konturen an und entpuppt sich dann als das obere Kloster Ostrog. Nach rund fünfunddreißig Kilometern – von Podgorica aus gesehen – weist ein Schild die Abzweigung zum Kloster. Von der Hauptstraße bis zum Kloster ist noch ein Weg von acht Kilometern zurückzulegen. Das ist keine lange Strecke, aber sie hat es in sich.

Anfangs ist die Straße zum Kloster gut ausgebaut, breit und angenehm zu befahren. Am Straßenrand befinden sich Cafés und Restaurants. Die Straße führt in steilen Serpentinen den Berg hinauf, entspricht dann in ihrer Breite aber nur einer Fahrspur. Sehr eng wird es, wenn Gegenverkehr auftaucht, und zum Nervenkitzel wird die Fahrt, wenn ein Reisebus entgegenkommt. Die Straße verfügt jedoch auch über kleine Ausweichbuchten, die das Vorbeifahren ermöglichen. Passiert ist, so war zu erfahren, noch nie etwas Gravierendes.

Wer sein eigenes Gefährt schonen möchte, kann in eines der zahlreichen Taxis steigen. Sie befahren nur diese eine Strecke und bringen die Besucher zum Kloster und wieder zurück. In der Straßenkarte von Montenegro ist der Weg zum Kloster als ›Regionalni put‹ (Regionale Straße) eingetragen – ein sehr optimistischer Ausdruck für eine enge asphaltierte und zum Teil sogar geschotterte Piste.

Im unteren Bereich unterquert man die Gleise der Bahnstrecke Podgorica–Nikšić. Früher sind die Gläubigen dort ausgestiegen und haben sich zu Fuß und über Trampelpfade auf den Weg zum Kloster Ostrog begeben.

Oben erreicht man zunächst das untere Kloster Ostrog. Noch bevor man das Kloster wahrgenommen hat, fällt auf, daß auch in dieser abgelegenen Gegend der Kommerz Einzug genommen hat: Restaurants, Cafés und zahlreiche Devotionalienstände prägen das Bild. Die Straße schraubt sich in engen Serpentinen weiter zum oberen Kloster den Berg hinauf. Für kurze Momente zeigt sich das Klostergebäude bereits jetzt und bietet einen kleinen Vorgeschmack seiner Einmaligkeit.

Parkplätze gibt es unmittelbar vor der Anlage. Sind sie belegt, weisen Parkwächter bereits etwas weiter unten den Besuchern Abstellplätze zu – erfreulicherweise wird keine Parkgebühr verlangt. Allerdings ist dann noch ein kurzer aber steiler Fußweg zurückzulegen. Oben fällt zunächst ein neueres, ebenfalls in den Berg gebautes Gebäude auf. Fast größer als das eigentliche Kloster, dient es dem Souvenirverkauf.

Errichtet wurde das Kloster im Jahre 1665. In einer Höhe von 900 Metern wurde es direkt in den Felsen gebaut. Der Bau wurde von Vasilije Ostrovski gestiftet, Metropolit der Hercegovina. Die sterblichen Überreste des Erbauers, zugleich Namensgeber des Gotteshauses, wurden innerhalb der Klostermauern beigesetzt.

Für viele Montenegriner hat das Kloster eine große religiöse Bedeutung und wird wie ein Heiligtum verehrt. Es diente nicht nur als religiöse Stätte, sondern

Das Kloster ist in den Berg hinein gebaut

war auch Zufluchtsort und Festung im Kampf gegen die Osmanen. Mehrfach wurde das Kloster Opfer kriegerischer Auseinandersetzungen, in Brand gesteckt, geplündert und schwer beschädigt.

Es dient noch heute als Aufbewahrungsort für Werke bekannter montenegrinischer Schriftsteller, die sich mit dem Kloster und seiner Bedeutung beschäftigt haben, so Schriften von Njegoš, Aleksa Šantić und anderen.

Der Zugang ist kostenfrei. Es gibt jedoch zahlreiche Möglichkeiten, Spenden loszuwerden. Beim Besuch sollte auf angemessene Kleidung geachtet werden. Zu empfehlen ist ein Besuch an einem Werktag, am Wochenende kommen sehr viele Gläubige aus allen Republiken des ehemaligen Jugoslawien und den Nachbarländern, und es bilden sich längere Schlangen am Eingang.

Sie zieht es vor allem zu den Gebeinen des Heiligen Vasilje. Sein Leichnam liegt in einem offenen steinernen Sarg in einer höhlenartigen Gruft. Seinen sterblichen Überresten werden von den Gläubigen übernatürliche Fähigkeiten zugeschrieben.

Viele bitten den anwesenden Mönch um Fürsprache und ein Bittgebet über dem Sarg des Heiligen Vasilje. An den Wänden des niedrigen Raumes sorgen Wandmalereien, Ikonenbilder und Kerzenlicht für eine feierlich-religiöse und zugleich auch beklemmende Atmosphäre. Von den Gebeinen des Sveti Vasilje geht es wieder zurück ans Tageslicht, vorbei an den Wartenden.

Die Räume des Klosters sind fast alle zugänglich, nur die Privatzimmer der dort lebenden Mönche sind verständlicherweise tabu. In einem weiß gekalkten Treppenhaus führen abgewetzte Steinstufen nach oben. Die Wände werden von Heiligenbildern und Mosaiken mit religiösen Motiven geschmückt. Im Gegensatz dazu stehen die modernen Holztüren zu den Privaträumen der Mönche. Über das Treppenhaus erreicht man zunächst einen unteren Balkon. Die Stufen führen jedoch noch eine Etage weiter.

Dort befinden sich zu beiden Seiten Balkone, die einen unbeschreiblichen Blick in das weite offene Land bieten. Über den östlichen Balkon erreicht man einen weiteren Raum, dessen Wände mit Ikonenmalereien geschmückt sind. Auch hier ist ein Mönch bereit, Fürsprache zu halten. Dazu erklärt man dem Mönch, in welcher Angelegenheit man um die Unterstützung Gottes bittet. Der Mönch legt dann seine Hand auf eines der Heiligenbilder, die andere auf das Haupt des Gläubigen und spricht dann ein Bittgebet.

Vom Kloster Ostrog muß man zurück zur Hauptstraße. Nach der beschwerlichen Fahrt zum und vom Kloster sind die letzten Kilometer auf der Schnellstraße nach Nikšić ein erholsames Dahinschweben. Allerdings sollte man sich nicht zum zu schnellen Fahren verleiten lassen. Einige Kilometer vor der Stadt kontrolliert die Polizei an mehreren Stellen gerne und oft.

Der heilige Vasilje

Sveti Vasilje Jovanović wurde in Popovo Polje in der Herzegowina als Stojan Jovanović geboren. Sein genaues Geburtsjahr ist nicht bekannt, in Dokumenten und Schriften aus dieser Zeit wird das Jahr 1610 als Datum seiner Geburt erwähnt. Seine Erziehung war vom Glauben an Gott geprägt und sehr religiös. So wundert es nicht, daß er als junger Mann zur Ausbildung in das Kloster Turdoš in der Herzegowina ging. Dort beendete er seine Ausbildung zum Mönch und erhielt den Namen Sveti Vasilje Veliki.

Detail am Kloster Ostrog

Als junger Mönch ging er zunächst in das Kloster von Cetinje und später zurück an die Stelle seiner Ausbildungsjahre, in das Kloster Turdoš. Aber auch hier hielt es ihn nur eine kurze Zeit. Er war wißbegierig und immer bemüht, seine Ausbildung zu vervollkommnen. So reiste er nach Rußland und Griechenland, lebte und lernte in den dortigen Klöstern. Zurück in seiner Heimat, reiste er durch die Herzegowina, um zu predigen und die Kinder das Lesen und Schreiben zu lehren.

Im Jahre 1656 wird er Metropolit der herzegowinisch-orthodoxen Kirche, fünf Jahre später zwingen ihn die vorrückenden Türken zur Flucht. Der Verlust seiner Heimat und das vorläufige Ende seiner Arbeit bedeuteten für den Metropoliten einen Fall in die Depression. Er suchte die Einsamkeit und zog sich auf den Berg Ostrog zurück. Hier kam ihn die Idee für den Bau des Klosters in einem nur schwer zugänglichen Gelände weit oben am Berg . Nach elfjähriger Bauzeit wurde es im Jahre 1667 fertiggestellt.

Das Kloster Ostrog wurde in seinen Anfangsjahren immer wieder überfallen und geplündert. Sveti Vasilje verließ es nach einiger Zeit und ging nach Peć in Serbien. Er starb 1671, wurde aber bereits zu Lebzeiten von den Gläubigen wie ein Heiliger verehrt. Es wird erzählt, er sei an einer Stelle gestorben, an der eine Weinrebe aus einem Stein wuchs. Nach seinem Tod soll er dem Igman Rafaelo Kosjerevce im Traum erschienen sein und ihm befohlen haben, nach Ostrog zu gehen und sein Grab zu öffnen. Dies tat der Igman. Seitdem ist die Grabeshöhle für Besucher zugänglich.

Nikšić

Nikšić ist mit 90 000 Einwohnern die zweitgrößte montenegrinische Stadt. Die Stadt ist ein wichtiger Verkehrsknotenpunkt und zugleich Endbahnhof für die Züge aus Bar und Podgorica. Sie liegt in der Ebene Nikšićko Polje und kann auf eine lange Geschichte zurückblicken.

Besiedelt war das heutige Stadtgebiet bereits im Altertum, damals unter dem Namen Andervo. Die Römer legten die ersten Siedlungen an und hielten sich lange Zeit dort auf. Später fand der Ort unter der Bezeichnung Onogošt Erwähnungen in verschiedenen Dokumenten und Schriften, beispielsweise einer Chronik, die um das Jahr 1280 entstand und von einem Geistlichen aufgezeichnet wurde.

Die Stadt war schon immer für Kaufleute von wichtiger Bedeutung. Aufgrund ihrer geographischen Lage stellte sie eine wichtige Kreuzung für Reisen nach Serbien, Rußland und in die Türkei dar. Kaufleute und andere Reisende legten einen Zwischenstop in Nikšić ein und reisten dann weiter. Wer in Nikšić zu den Herrschenden gehörte, hatte somit auch Einfluß auf den Warenverkehr.

Mehrfach wurde die Stadt von den Türken zerstört, aber immer wieder aufgebaut. Von 1455 bis 1877 befand sie sich unter der Herrschaft der Türken, die nicht nur ihre Festung zurückließen, sondern der Stadt auch ihre orientalische Prägung

Ruinen aus der Zeit der Türken

gaben. Danach erlebte Nikšić in kurzer Zeit einen raschen Aufschwung. Innerhalb weniger Jahrzehnte entwickelte es sich zu einem wichtigen kulturellen und wirtschaftlichen Zentrum, wenn auch nicht zum wichtigsten, da es stets im Schatten der montenegrinischen Hauptstadt lag. Nicht nur in Montenegro bekannt ist das Nikšićko Pivo, das Bier aus Nikšić. Es wurde mehrfach mit internationalen Preisen ausgezeichnet.

Vorbildcharakter hat die Stadt bei der Herausgabe von Zeitungen und Zeitschriften. Die erste montenegrinische Zeitung – Onogošt – wurde hier gedruckt, nur etwas später das Blatt ›Nevesinje‹ und sehr bald weitere Zeitschriften. Die Stadt wurde zum Zentrum für Printmedien, in dem die wich-

Das moderne Hotel Onogošt

tigsten Zeitschriften erschienen. Bereits wenige Tage nach Beendigung des Zweiten Weltkrieges erschien die erste Ausgabe der Zeitung ›Pobjeda‹, die noch heute zu den wichtigsten Tageszeitungen in Montenegro gehört und an jedem Kiosk ausliegt.

Sehenswürdigkeiten

Sehenswert sind die Ruinen der Siedlung Onogošt. Die Befestigung befindet sich auf einem kleinen, rund 25 Meter hohen Hügel. Die Festung ist 214 Meter lang und an einigen Stellen bis zu 30 Meter breit. Im Norden der Festung sind die Mauern bis zu 1,60 Meter breit, im unteren Bereich immerhin noch 1,10 Meter. Im südlichen Teil der Festung befindet sich der Turm Nebojša, im westlichen Teil ein weiterer kleiner Turm. In der Mitte sind die Überreste von Gebäuden. Es wird vermutet, daß sich hier die Munitionskammer befand. An der höchsten Stellung der Befestigung wurde eine Plattform errichtet, auf der 14 Kanonen Platz fanden. Daneben gibt es noch zwei kleinere Plattformen, auf denen bis zu acht Geschütze aufgestellt werden konnten.

Die Kaiserbrücke gehört zu den schönsten Brücken in Montenegro, behaupten die Einwohner von Nikšić. Sie führt direkt in die Stadt. Erbaut wurde sie im Jahre

Das ehemalige Schloß des Königs Nikola beherbergt heute das Heimatmuseum

1896, möglicherweise zwei Jahre früher. Das Bauwerk war seiner Zeit die größte Brücke in Montenegro. Die russische Zarin Aleksandra III. unterstützte den Bau finanziell und wurde Namensgeberin der Brücke. Geplant wurde er von dem Architekten Josip Slade, der für einige weitere Bauwerke in Montenegro verantwortlich zeichnet. Die Brücke ist 269 Meter lang und 13 Meter hoch.

Die Kirche der heiligen Peter und Paul (Sveti Petar i Pavao) ist die älteste in Nikšić. Über die Entstehung der Kirche ist sehr wenig bekannt. Es wird vermutet, daß sie im 17 Jahrhundert errichtet wurde. Die Kirche liegt auf dem Gelände des städtischen Friedhofs von Nikšić. Eine Besonderheit stellen die um die Kirche herum aufgestellten Monolithkreuze dar. Es handelt sich dabei um Kreuze, die aus einem Stück gefertigt wurden.

Noch von König Nikola wurde der Bau der Kirche des heiligen Vasilije initiiert. Der montenegrinische Herrscher ließ sie zum Gedenken der gefallenen Soldaten der herzegowinischen Kriege in den Jahren 1877 und 1878 errichten. Die Namen der toten Soldaten wurden auf einem Seidentuch verewigt, das in der Kirche hängt. Mit dem Bau der Kirche wurde im Jahre 1895 begonnen, fünf Jahre später, am 28. August 1900, wurde sie eingeweiht.

In Nikšić befindet sich auch das ehemalige Schloß von König Nikola. Es wurde 1900 fertiggestellt. Heute beherbergt es das Heimatmuseum. Die Kirche und das Heimatmuseum erreicht man am einfachsten, wenn man bei der Einfahrt nach Nikšić im Verkehrskreisel scharf rechts abbiegt. Die Straße führt unmittelbar zu den beiden Sehenswürdigkeiten, die dicht beieinander liegen.

Auch in der Umgebung von Nikšić befinden sich verschiedene Sehenswürdigkeiten.

In der unmittelbaren Nähe von Nikšić, im Ort Župa, befindet sich das Lukas Kloster. Eine Enkelin aus dem Clan der Nemanjić, so wird vermutet, soll es gegründet haben. Errichtet wurde es im Jahre 1492. Zweimal, in den Jahren 1853 und 1877, steckten es türkische Truppen in Brand. Im Kloster befinden sich noch heute wertvolle religiöse Schriften und Bücher.

Die Kirche des heiligen Vasilije

 Vorwahl: 003 81(0)83.

 Busbüro, Tel. 21 44 75.

 Bahnhof, Tel. 329 51.

 Hotel ›Onogošt‹, direkt im Stadtzentrum; Tel. 24 12 17 und 24 18 70, Гax 24 28 70, B-Kategorie, 190 Zimmer, Spielkasino.

Motel ›Trebjesa‹, etwas abgelegen in einem ruhigen Kiefernwald, Tel. 21 20 21; 16 Betten, Restaurant für 120 Gäste. In der Umgebung befinden sich zahlreiche Spazier- und Wanderwege.

 Tankstelle im Ort vorhanden.

Der meistbesuchte
Landstrich Monte-
negros vereint
lebhafte Badeorte
und einsame Strände
mit historischen
Altstädten und
kulturellen Sehens-
würdigkeiten.

Die Küste zwischen
Budva und Albanien

Annäherung an die Küste

Die meisten Touristen fahren von Tivat aus an die Küste, zumeist um an den ausgedehnten Stränden zwischen Budva und der Albanischen Küste einige Zeit zu verbringen.

Fährt man vom Zentrum Tivats in Richtung Küste, passiert man nach etwa drei Kilometern den Flughafen der Stadt. Die Küstenstraße verläuft parallel zur Start- und Landebahn und erreicht unmittelbar anschließend eine Kreuzung. Hier stößt

Die Südküste

die Straße aus Kotor auf die Küstenstraße, ein Weg zweigt rechts ab zur Halbinsel Luštica und führt auch zur Bucht von Pržno mit dem schönen Sandstrand.

Um nach Budva zu gelangen, bleibt man auf der Hauptstraße, die jetzt oft kilometerlang so pfeilgerade ist, als habe man ein Lineal in die Landschaft gelegt. Man sollte den kurvenarmen Verlauf der Straße nicht als Einladung zum schnellen Fahren verstehen – gerade an diesen Stellen kontrolliert die Polizei sehr intensiv. Bald erreicht man die Grbalj Ebene. Das ist ein Tal, das sich auf über 15 Kilometer erstreckt. In der Vergangenheit war es aufgrund seines fruchtbaren Bodens sehr häufig Grund für militärische Auseinandersetzungen zwischen den Herrschenden.

Zahlreiche Quellen sorgen für die reichhaltige Vegetation. Einst wurde das Tal die Kornkammer Kotors genant. Die Einwohner bauen auch heute Weizen, Feigen, Weintrauben und Oliven an. Die Viehzucht wird ebenfalls sehr stark betrieben. Die Gegend ist relativ dicht besiedelt.

Die Straße führt durch viel Grün, das Meer ist jetzt nicht mehr zu sehen. In dieser Gegend findet man unmittelbar an der Straße nur vereinzelt Häuser. Manchmal taucht eine Fabrik auf oder die Garage einer Autoreparaturwerkstatt. Ein grell angestrichenes Hotel steht etwas verloren am Straßenrand, zwischendurch immer wieder Restaurants und Cafés, manchmal ein kleines Geschäft. Nur wenige Kilometer bevor man Budva erreicht, öffnet sich plötzlich die Bucht von Jaz dem Reisenden. Kurz bevor die Straße leicht ansteigt, führt von der Hauptstraße ein Weg zum Campingplatz und Strand Jaz. Ein kleines, leicht zu übersehendes Schild weist den Weg. Nun ist die Küste erreicht.

Jaz

Der Strand von Jaz ist insgesamt 800 Meter lang und besteht aus Sand und feinem Kies. Dahinter befindet sich ein großer Campingplatz. Es gibt ein Restaurant und Autoabstellplätze, die in der Sommersaison gebuhrenpflichtig sind. Im östlichen Teil, getrennt durch einen Felsvorsprung, liegt ein FKK-Strand. Offiziell ist das Nacktbaden dort nicht ausdrücklich erlaubt, aber da es auch keiner verboten hat und niemand an den Nackten Anstoß nimmt, hat sich das hüllenlose Baden dort seit Jahrzehnten etabliert.

Wer nur einen Blick auf den Strand von Jaz werfen oder die Bucht mit dem Fotoapparat einfangen möchte, findet oberhalb von Jaz an der Straße eine Haltemöglichkeit. Von dort läßt sich der ganze Strand und der größte Teil der Bucht überblicken.

Etwas weiter in Richtung Süden, oberhalb von Budva, befindet sich ein Parkplatz und ein Restaurant mit einer malerischen Aussicht auf Budva und die Stadtmauer.

Der Strand von Jaz

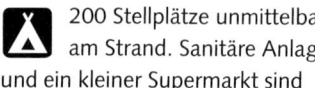 200 Stellplätze unmittelbar
am Strand. Sanitäre Anlagen
und ein kleiner Supermarkt sind
vorhanden. Tel. 003 81/
(0)86/45 14 59.

Budva

Budva ist einer der beliebtesten und meistbesuchten Badeorte an der montenegrinischen Adriaküste. Das hat seinen Grund in dem sehr milden Klima – rund 270 Sonnentage im Jahr und einer durchschnittlichen Wassertemperatur von 25 C° im Sommer – und den zahlreichen Sandstränden, die sich im Ort selbst und in der näheren Umgebung finden, meist in kleinen Buchten.

Aber auch in die Stadt selbst, vor allem die Altstadt – Stari Grad – zieht es die Touristen. Sie liegt im südwestlichen Teil der Stadt, unmittelbar am Meer. Nahe der Altstadt ist es in der Sommersaison nahezu unmöglich, einen Parkplatz zu finden. Weiter entfernt stehen die Chancen besser, allerdings muß man dann auch einige Minuten Fußweg in Kauf nehmen. Touristisch vermarktet wird Budva schon seit 1923. In diesem Jahr gründete sich hier die Touristengesellschaft ›Mogren‹.

Budva wird erstmals im 4. Jahrhundert v. Chr. unter diesem Namen als Siedlung der Illyrer erwähnt. Dann stand das Gebiet unter römischer Herrschaft. Die

Herrschaftsverhältnisse wechselten häufig. 1186 wurde Budva von Stevan Nemanja erobert, ab 1442 war es im Besitz Venedigs. Mehr als hundert Jahre später griffen die Türken die Stadt an und plünderten sie. Dann eroberten die Venezianer die Stadt erneut. Bis zum Niedergang Venedigs blieb sie in ihren Händen, um dann den Österreichern zuzufallen.

Erst im Jahre 1813 stand Budva, wenn auch nur für ein Jahr, unter der Hoheit Montenegros. Nach der Okkupation durch Österreich gehörte die Stadt erst wieder zu Beginn des Ersten Weltkriegs den Montenegrinern. Während des Zweiten Weltkriegs besetzten Italiener und Deutsche die Stadt. Sie war in den nächsten Jahren ein Zentrum der jugoslawischen Volksbefreiungsbewegung und wurde von ihr im November 1944 befreit.

In und um Budva wurden größere archäologische Funde gemacht. Als etwa 1952 die Fundamente des Hotels Avala ausgegraben wurden, entdeckte man Urnen mit Asche, römische Münzen, Amphoren, römische Inschriften und weitere Gegenstände aus vergangener Zeit.

Sehenswürdigkeiten

Die berühmte Altstadt ist mit einer mittelalterlichen Stadtmauer umgeben und steht unter Denkmalschutz. Die Stadtmauer entstand Ende des 15. Jahrhunderts und ist auf Resten einer Mauer aus dem 9. Jahrhundert gebaut. Sie ist fast rundherum begehbar und erlaubt von oben interessante Einblicke in die Altstadt. Auf-

Blick auf die Altstadt

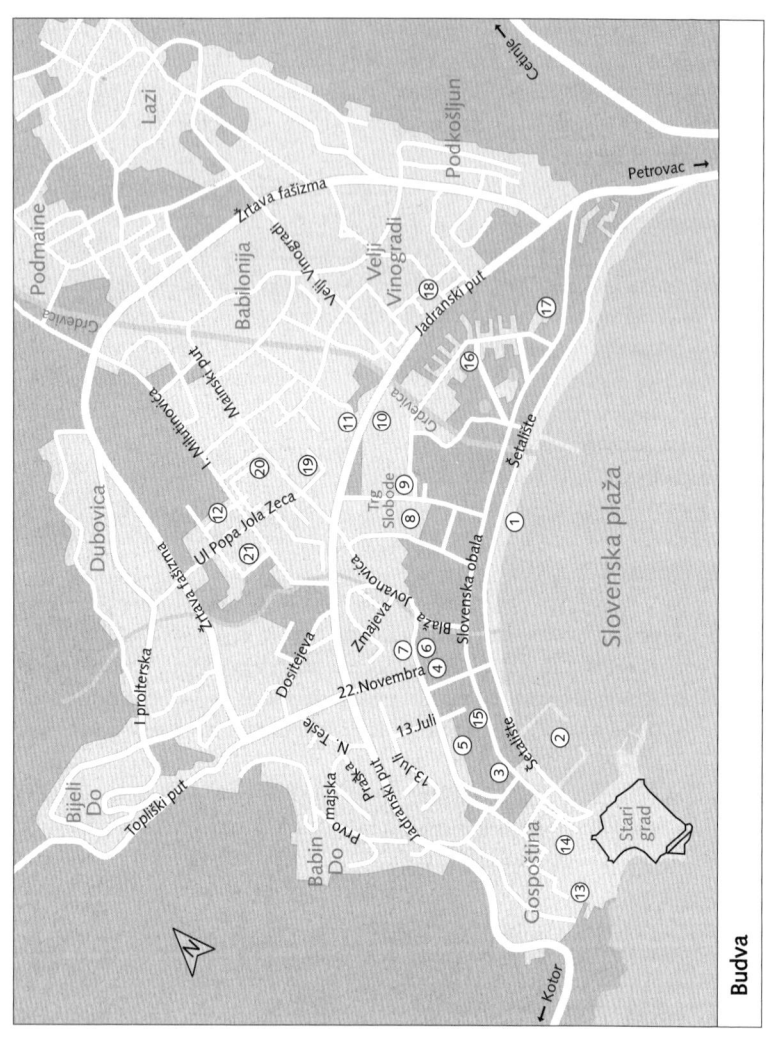

Budva

Legende

1	Strand	7	Parkplatz
2	Hafen	8	Parkplatz
3	Taxistand	9	Parkplatz
4	Post	10	Tankstelle
5	Parkplatz	11	Tankstelle
6	Parkplatz	12	Taxistand/Bushaltestelle

In der Altstadt

13 Hotel Avala
14 Hotel Mogren
15 Hotel Budva
16 Ferienanlage Slovenska Plaža
17 Hotel Aleksandar

18 Hotel Admiral
19 Hotel Velžen
20 Hotel Loza
21 Sportzentrum

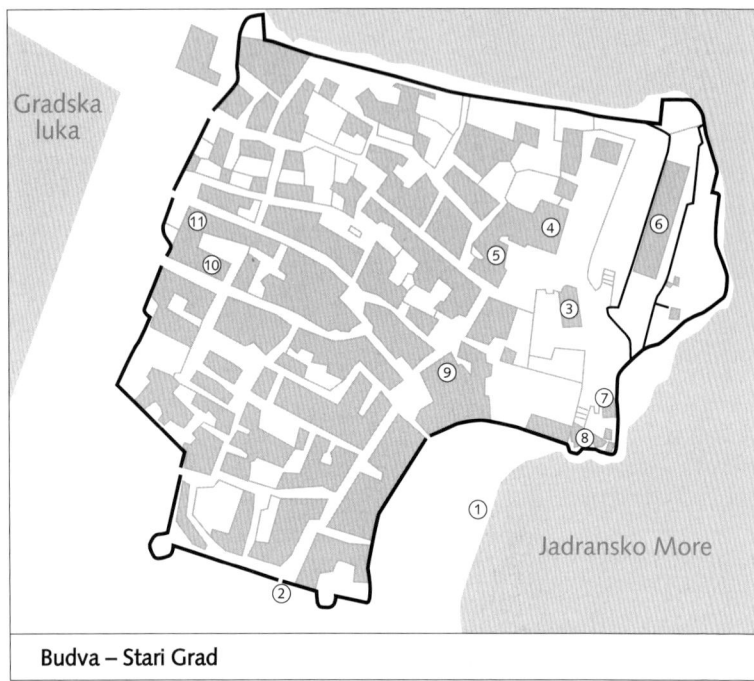

Budva – Stari Grad

Legende

1 Strand
2 Stadttor
3 Kirche Sveti Trojice
4 Kathedrale Sveti Ivana
5 Archäologisches Museum
6 Zitadelle

7 Kirche Sveti Save
8 Kirche Santa Marija
9 Touristisches Zentrum
10 Historisches Archiv
11 Galerie

der anderen Seite der Mauer liegt der Jachthafen und in der Ferne Slovenska Plaža und der Strand von Bečići. Einen Kilometer vor Budva liegt die Insel Sveti Nikola. Auf ihr befinden sich die Kirche des Heiligen Nikolaus und ein Nachtclub.

Das letzte große Erdbeben im Jahre 1979 zerstörte fast die komplette Altstadt. Buchstäblich Stein für Stein wurde sie nach Plänen, die man in österreichischen Archiven fand, wieder im venezianischen Stil aufgebaut.

Die Altstadt liegt auf einer kleinen Halbinsel mit felsigem Untergrund. Ursprünglich eine Insel, entstand erst durch Ablagerungen von Sanddünen eine schmale Verbindung zum Festland. In die Altstadt gelangt man durch das Landtor

(Kopnena Vrata) und das Seetor (Morska Vrata). Neben historischen Gebäuden, Kirchen und Denkmälern findet man auch moderne Boutiquen, kleine Lebensmittelgeschäfte, Juweliere, Cafés und Restaurants.

Vor den Toren zur Altstadt und mit Blick auf das Meer befindet sich das altehrwürdige Hotel Avala. Auch das Hotel erlitt beim Erdbeben große Schäden und mußte fast völlig neu aufgebaut werden. Es verfügt über einen eigenen Strand unmittelbar an der Stadtmauer und dem Hotel. Hier gibt es ein Café, und die Altstadt erreicht man nach wenigen Schritten. Der Strand ist jedoch häufig sehr voll und gilt aufgrund seiner Stadtlage nicht als sehr sauber.

Attraktiver ist der Strand Mogren. Vom Hotel Avala geht man rund 300 Meter in westliche Richtung über einen schmalen Weg zum Strand. Allerdings ist der Strand kostenpflichtig und bietet auf rund 350 Metern eine Mischung aus Kies und Sand. Durch einen kleinen Felsvorsprung ist der hintere Teil getrennt. Um ihn zu erreichen, muß man einige Schritte durch das Wasser waten, dafür ist dieser Strandabschnitt in der Regel weniger frequentiert.

Innerhalb der Stadtmauern befinden sich zwei der bedeutendsten Gebäude von Budva. Die dreischiffige Kirche des Heiligen Johannes des Täufers wurde im 9. Jahrhundert erbaut und bis heute mehrfach restauriert. Der weit sichtbare Glockenturm stammt aus dem Jahr 1867. In der Kirche werden mehrere kunsthistorische Gegenstände aufbewahrt, darunter eine Ikone der Muttergottes, Gemälde und ein Mosaik.

Die orthodoxe Kirche der Heiligen Dreifaltigkeit stammt aus dem Jahre 1806. Erneuert wurde die Kirche 1965, dabei legte man wertvolle Wandgemälde frei. Die Ikonen und Gemälde im Chor des Gotteshauses wurden von dem griechischen Maler Aspiatis angefertigt. Vor der Kirche befindet sich das Grab des in Budva geborenen Dichters und Politikers Stjepan Mitrov Ljubisan. Er starb 1878 im Alter von 54 Jahren.

In der einschiffigen Kirche der Heiligen Maria befindet sich heute ein Museum, das archäologische Funde aus dem Stadtgebiet ausstellt. Die Kirche wurde laut Inschrift 840 von Benediktinermönchen neben einem Kloster errichtet.

Kirche der Heiligen Dreifaltigkeit

Südlich von Budva, auf dem Berg Spas, errichteten die Österreicher 1860 die Festung Mogren. Daneben finden sich außerhalb der Stadt mehrere Kloster von kulturhistorischer Bedeutung. Zwei Kilometer nördlich steht das Kloster Podostog. Es besteht aus zwei Kirchen, einem Wohnbereich, einem Lagerhaus und einem Gebäude, in dem sich in der Vergangenheit wiederholt die Führer Montenegros trafen. Njegoš soll sich mehrfach im Kloster aufgehalten haben, um hier in der Abgeschiedenheit an seinen Werken zu arbeiten. Im Kloster starb Fürst Danilo I. im Jahre 1735.

Westlich von Budva, unweit der Küstenstraße und nahe der alten Straße nach Kotor, befindet sich ein weiteres interessantes Kloster. Das Kloster Podlastva war Treffpunkt der Herrschenden, die im Jahre 1427 die sogenannten Gesetze von Grbalj in den heiligen Mauern beschlossen. Fast 400 Jahre später, im Jahre 1807, trafen sich hier der montenegrinische Fürst Petar I. und der französische General Marmont, um über die Machtverhältnisse in Montenegro zu verhandeln.

Das Kloster wurde mehrfach völlig zerstört, aber immer wieder neu aufgebaut. So findet man in der Kirche auch nur noch Reste von Wandmalereien und einige Ikonenbilder, die, so wird vermutet, im Jahre 1745 entstanden.

Während der Sommermonate finden in Budva zahlreiche kleinere und größere kulturelle Veranstaltungen statt, unter denen das Internationale Theaterfest am renommiertesten ist. Es findet jedes Jahr im Juli statt. In der ganzen Stadt werden dann Freilichtbühnen aufgebaut und Theater- und Ballettensembles aus der ganzen Welt geben Vorstellungen.

Vorwahl: 00381(0)86. Tourismus-Informationsbüro, Njegoševa 28, 85310 Budva, Tel/Fax 45 18 14, geöffnet täglich 8 bis 14 Uhr. Informationen zur Stadt und Umgebung.

 Die Entfernung zum Flughafen Tivat beträgt 22, zum Flughafen Podgorica 77 Kilometer. Autovermietungen Aksiom (Tel. 45 14 27), Amon (Tel. 45 45 66), Kompas Hertz (Tel. 45 64 67), Putnik (Tel. 45 13 35) und Meridian (Tel. 45 48 09).

 Busbüro, Tel. 086/45 60 00.

 Budva ist das Touristenzentrum in Montenegro. Dementsprechend groß ist auch das Übernachtungsangebot. Zahlreiche Privatpersonen vermieten Zimmer und Ferienwohnungen, Campingplätze stehen zur Verfügung sowie Hotels in allen Preisklassen und Kategorien.

Hotel ›Avala‹, elegantes zentral gelegenes Hotel in unmittelbarer Nähe zur Altstadt. Alle Zimmer mit Bad, WC, Telefon, Kühlschrank, Sat-TV, Balkon, zum Teil mit Klimaanlage und Meerblick. Restaurant, Café, Bar, Pizzeria, Weinstube,

Kasino und eine Disco. Bademöglichkeit vor dem Hotel. Leider hat sich auch hier die Unsitte durchgesetzt, Eintrittsgebühren zu erheben. Am Strand findet man auch Umkleidekabinen, ein Restaurant, Sonnenschirm- und Liegestuhlverleih.
Hotel ›Mogren‹, im Stadtzentrum von Budva, Tel. 45 17 80, Fax 45 17 50; B-Kategorie; Restaurant mit Terrasse und hoteleigener Konditorei; bis zum Strand sind es einhundert Meter.

 In Budva reicht das gastronomische Angebot, wie fast überall an der Küste, vom Hamburger am Straßengrill bis zum Feinschmeckerrestaurant. Zahlreiche Möglichkeiten zur Verpflegung.
›Stari Grad‹, in der Altstadt, Tel. 081/45 44 43. Lokale Spezia-

litäten, darunter natürlich auch Fisch; guter montenegrinischer Wein.
›Hong Kong‹, in der Altstadt, Tel. 45 27 25. Einziges asiatisches Restaurant in Montenegro.
›Demizina‹, in der Altstadt, Tel. 45 50 28, typisch montenegrinisches Fischrestaurant. Sehr schöne Terrasse, von der man bei einem guten Essen das Treiben in der Stadt verfolgen kann.

 JAT-Büro, Mediteranska 2, Tel. 45 12 10, 45 16 62 und 45 16 41.

Tankstelle im Ort vorhanden.

Im Hotel ›Avala‹ (s.o.) befindet sich eines der ersten Kasinos in Montenegro: Poker, Baccara, Glücksspielautomaten usw.

Slovenska Plaža

Etwa einen Kilometer südlich der Altstadt von Budva liegt die Feriensiedlung Slovenska Plaža mit dem gleichnamigen 1600 Meter langen Sandstrand. Der Name entstand, als noch vor dem Zweiten Weltkrieg Slowenen dort regelmäßig badeten. Man erreicht die Feriensiedlung und den Strand von Budva bequem zu Fuß über die Uferpromenade, mit dem Auto über die Hauptküstenstraße.

Der Strand Slovenska Plaža gehört zu den meistfrequentierten in Budva und an der montenegrinischen Küste. Er bietet ideale Bedingungen für Familien mit Kindern, da der Strand flach ins seichte Meer abfällt. Unmittelbar am Strand gibt es Cafés, Geschäfte und Kioske.

Die Feriensiedlung vermittelt den Eindruck eines kleinen lebhaften Dorfes. Alle Gebäude sind durch kleine Wege miteinander verbunden und stoßen früher oder später auf den Korso, die Flaniermeile. Sie wird gesäumt von Boutiquen, kleinen Supermärkten, Cafés, Restaurants, Pizzerien und anderen Geschäften, die

die Bedürfnisse der Besucher befriedigen. Wer auch in den Ferien der körperlichen Ertüchtigung frönen möchte, findet hier beste Bedingungen für fast alle gängigen Sportarten. Es gibt Tennis- und Fußballplätze, einen ein Kilometer langen Trimmpfad und Tischtennisplatten. Am Strand wird Wasserski angeboten, Surfbretter können gemietet werden und sogar das Fallschirmspringen kann betrieben werden. Die komplette Anlage ist autofrei.

 Vorwahl 003 81(0)86.

 Ferienanlage Slovenska Plaža, Tel. 45 18 22 und 45 13 04, Fax 45 12 67.
Hotel ›Admiral‹, 300 Meter von der Küste entfernt, Tel. 45 36 27/ 28, Fax 45 36 32, 60 Betten.
Hotel ›Aleksander‹, direkt am Strand, Tel. 45 57 11 und 45 29 53, B-Kategorie, hoteleigenes Schwimmbad.
Hotel ›Budva‹, direkt im Stadtzentrum, Tel. 45 18 56 und 45 12 88. 70 Betten, familiärere Atmosphäre.
Hotel ›Velzon‹, wenige Meter vom Strand entfernt, Tel. 45 45 00, Fax 45 34 00. Zimmer und auch 10 Apartments.

Hotel ›Loza‹, in Strandnähe, Tel. 45 26 68, Fax 45 26 67.
Besonders für Familien geeignet, da neben Einzel- und Zweibettzimmern auch Zimmer mit bis zu fünf Betten angeboten werden.
Hotel ›Park‹, mit 900 Betten ein großes Ferienhotel, Tel. 45 18 82 und 45 28 66, Fax 45 19 71.
Vermietet werden auch Villenapartments, die attraktiv in einem Park liegen. Die Anlage verfügt über mehrere Sportplätze.

 Campingplatz ›Oliva‹, Jandranski put 63 in Budva, 200 Meter vom Meer entfernt, Tel. 45 18 41.

Bečići

Der Strand von Bečići liegt etwa zwei Kilometer südlich von Budva. Man erreicht ihn von dort schnell über die Hauptstraße und passiert dabei die Kreuzung, an der die Straße nach Cetinje abzweigt.

Bečići ist in erster Linie ein touristischer Ort und das mit langer Tradition. Bereits 1939 wurde sein Strand in Frankreich zum schönsten Naturstrand in Europa erklärt. Bis heute hat der Strand nichts von seiner Attraktivität verloren. Er besteht aus feinem Sand und fällt flach ins seichte Meer ab, das an dieser Stelle,

Der Strand in Bečići gilt als einer der schönsten an der Küste

wie fast an der ganzen montenegrinischen Küste, sehr ruhig ist. Familien mit Kindern finden ideale Bedingungen vor. Auch für sportambitionierte Besucher ist gesorgt. Es gibt Fußball- und Tennisplätze, Basketball- und Volleyballfelder können genutzt werden, Wasserski und Paragliding werden angeboten. Am Strand von Bečići findet jedes Jahr im Sommer das internationale Beach-Soccer-Turnier statt. Fußballhochburgen wie Brasilien und Frankreich schicken ihre Auswahlmannschaft nach Montenegro.

Im Winter ist Bečići fast menschenleer und sehr ruhig. Wer sich zu dieser Zeit hier aufhält, kann allein am Strand entlang spazieren und die Ruhe genießen. Während der Sommermonate erlebt der Besucher genau das Gegenteil. Besucher aus der ganzen Welt kommen hierher und sorgen zusammen mit den touristischen Attraktionen für ein pulsierendes Leben.

 Vorwahl 003 81(0)86.

 In Bečići findet man Unterkunft in zahlreichen Hotels, Privatzimmern und einem Campingplatz.
Hotel ›Montenegro‹, direkt am Strand, Tel. 45 16 44 und 45 15 66, Zimmer und Apartments. Zum Hotel gehören Restaurants und verschiedene Sportmöglichkeiten wie beispielweise Tennis und Minigolf.
Hotel ›Splendid‹, ebenfalls direkt am Strand, Tel. 45 15 75, Fax 45 17 97. 400 Betten, gutes Fischrestaurant.
Hotel ›Bellevue‹, in der Nähe des ›Splendid‹, Tel. 45 34 94 und

45 10 78, Fax 45 11 49. Zimmer und Apartments; hoteleigener Parkplatz, Schwimmbad, Frisör und Sportplätze für verschiedene Sportarten.
Hotel ›Mediteran‹, ebenfalls am Strand, Tel. 45 19 50 und 45 16 34.
Hotel ›Alet‹, 150 Meter vom Strand entfernt, Tel. 45 17 22 und 45 16 85; verschiedene Sportmöglichkeiten.
Hotel ›Panorama‹, im mittleren Teil des Strandes, Tel. 45 14 44, Fax 45 20 69. Schön ist das Restaurant mit seiner großen Terrasse.

 Campingplatz ›Avala‹, Jandranski put bb in Budva, 200 Meter vom Meer entfernt, Tel. 45 12 05. Restaurant und Terrasse.

 ›Tri Ribara‹, am Strand im kleinen Fischerdorf Rafailovoći, Tel. 45 14 36. Gutes Fischrestaurant, geführt von einer alteingesessenen Fischerfamilie. Das Restaurant ist im Stil der für diese Gegend typischen Fischerhäuser eingerichtet. Dazu gehören steinerne Bänke im Inneren und auf der Terrasse Holzstühle und -tische. Die Preise orientieren sich am gehobenen Amiente.

Kamenovo und Pržno

Bereits rund einen Kilometer auf der kurvenreichen Straße hinter Bečići liegt Kamenovo. Hat man das Ortsschild hinter sich gelassen, ist es fast schon zu spät, denn dann hat man den Blick auf den 400 Meter langen Strand des Ortes schon

Kamenovo gehört zu den beliebten Ausflugsorten

verpaßt. Aber zurückfahren lohnt sich. Auch hier gibt es einen Parkstreifen, der zugleich ein optimaler Standort für ein Foto vom Strand ist. Auch Kamenovo ist eine touristische Siedlung, die während der Sommermonate zum Leben erwacht. Wer das Glück hat, außerhalb der Hochsaison nach Kamenovo kommen zu können, wird sich den Strand mit nur einer handvoll Menschen teilen können.

Gleich hinter Kamenovo liegt der Ort Pržno, nicht zu verwechseln mit der Bucht Pržno bei Tivat. Die Einwohner von Pržno lebten früher vom Fischfang, der Ort ist somit ein richtiges Fischerdorf. Im Jahre 1970 wurde das Hotel Maestral fertiggestellt, seitdem hat der Tourismus auch hier eine große Bedeutung erlangt. Der sehr schöne Strand von Pržno liegt in einer kleinen Bucht und erstreckt sich auf rund 300 Metern.

 Hotel ›Maestral‹, abseits der Touristenhochburgen, Tel. 003 81(0)86 46 80 10 und 468051, Fax 45 24 30. Hoteleigener Kiesstrand unmittelbar vor dem Haus. Das Hotel hat ein eigenes Hallen- und Freibad sowie einen Tennisplatz. Linienbusverbindung nach Budva. In ca. 20 Minuten erreicht man über einen Spazierweg die Hotelinsel Sveti Stefan.

Miloćer

Miloćer ist heute ein Hotelkomplex in einem 15 Hektar großen Park. Schon die Zufahrt durch einen Torbogen verrät, daß es sich nicht um eine gewöhnliche Touristensiedlung handelt. In früheren Tagen verbrachte König Karađorđević mit seiner Familie die Sommer an diesem Ort. Die königliche Sommervilla wurde später zum Hotel umgebaut und präsentiert sich nun als exklusives Haus in ruhiger Umgebung inmitten des Parks. Der Strand ist nur 20 Meter entfernt, und daher hat man einen schönen Blick auf das Meer. Hotel und der 400 Meter lange Strand liegen in der Bucht Velika Luka. Vom Strand führt in östlicher Richtung ein in den Fels geschlagener Tunnel, den man nur gebückt durchlaufen kann, zu einer kleinen Mole mit Bootsanlegestelle. Hier, etwas abseits, hat man den Strand und das Hotel im Blick, und es läßt sich auch sehr gut baden.

Die Königsfamilie hatte zwar hier ihr Sommerhaus, die Königin nutzte jedoch einen Strand in der unmittelbaren Nachbarschaft zum Baden und Sonnen. Der Strand der Königin – Kraljica Plaža – befindet sich wenige Meter weiter westlich, in der Bucht Mala Luka.

Miloćer blickt auf eine königliche Vergangenheit zurück

In der Bucht Velika Luka führt die Strandpromenade unmittelbar am Hotel vorbei. Folgt man ihr in östlicher Richtung, erreicht man am Ende des Strandes einen schmalen Weg, der an den Klippen entlang weiter nach Sveti Stefan führt. Selbst im Sommer und bei großer Hitze kann man den Spaziergang wagen, schützt doch die dichte Bewaldung vor der Sonne und spendet angenehme Kühle. Belohnt wird man mit einem einzigartigen Blick auf Miloćer und die Hotelinsel Sveti Stefan auf der anderen Seite.

Oberhalb der Küstenstraße, und von Miloćer in 30 Minuten Fußweg zu erreichen, befindet sich das orthodoxe Kloster Praskvica. Es hat zwei Kirchen. Die kleinere, Sveti Trojice (Heilige Dreifaltigkeit), stammt, so wird vermutet, aus dem Jahr 1307. Der Glockenturm der Kirche wie auch der Vorraum wurden allerdings erst nachträglich angebaut. Die Gemälde an den Wänden der Kirche stammen von dem zu seiner Zeit sehr bekannten Ikonenmaler Radul und wurden im Jahre 1681 geschaffen.

Die große Kirche wurde 1847 erbaut. An gleicher Stelle stand bereits seit 1413 eine Kirche, die jedoch von den Franzosen 1812 niedergerissen wurde. Nur ein Teil des Mittelschiffs blieb erhalten und wurde beim Neubau der Kirche integriert. Bedeutung hat das Kloster in anderer Hinsicht: Hier entstand die erste Schule an der Küste Montenegros.

 Vorwahl 003 81(0)86.

 Hotel ›Miloćer‹, Tel. 46 82 42
und 46 80 51, Fax 46 82 42.

Recht luxuriöse Unterkunft, ruhige Lage. Stilvolle Einrichtung, Lesezimmer und ein Restaurant mit einer romantischen Terrasse mit Blick auf die kleine Bucht. Alle Zimmer mit Telefon, TV, Minibar, Bad, WC und Meerblick.

Hotel ›Kraljica Plaža‹, oberhalb des königlichen Strandes, Tel. 45 33 94, Fax 45 20 69. A-Kategorie, 100 Zimmer und zwei exklusive Villen. Eine Besonderheit stellt das Panoramarestaurant ›Der Stuhl des Königs‹ dar.

Sveti Stefan

Sveti Stefan ist seit 1960 eine Hotelinsel. Die letzten Bewohner der Insel wurden 1952 ausgesiedelt, um die Gebäude dann zu restaurieren und grundlegend umzugestalten. Es entstanden 110 komfortable Apartments mit fast 250 Betten. Zur damaligen Zeit war die Umwandlung der Insel zur Touristensiedlung eine revolutionäre Idee. Mittlerweile haben sich jedoch einige Nachahmer gefunden.

Die kleine Insel ist durch einen Damm mit dem Festland verbunden. Er entstand durch Ablagerungen von Sand und Kies und wurde später mit Steinen befestigt. Heute führt ein betonierter Fußweg zur Insel. Dorthin gelangt man nur als Hotelgast oder zur Besichtigung gegen Eintrittsgebühr an bestimmten Tageszeiten. Außerhalb der Touristensaison, von November bis April, ist das Inseldorf

Sveti Stefan ist den Hotelgästen vorbehalten

Der Eingang zum Komplex

geschlossen. Zahlreiche Prominente waren Gäste auf Sveti Stefan, darunter Sophia Loren, Sylvester Stallone oder Claudia Schiffer.

Vor der Insel und zu beiden Seiten des Damms gibt es einen schönen flach ins Meer abfallenden Sandstrand, auf der Insel befinden sich mehrere alte Kirchen, wie die kleine Kirche des Heiligen Stefan, die ihr den Namen gab.

Sveti Stefan wurde im 15. Jahrhundert von Angehörigen der Pastrovići gegründet. Dieser Clan bestand aus zwölf Stämmen. Jeder Stamm errichtete ein Haus auf der Insel, um dort, wenn Gefahr vom Festland drohte, Schutz zu finden und Lebensmittelvorräte sicher lagern zu können. Noch heute zeugen alte Olivenpressen und Gefäße zur Aufbewahrung von Öl davon.

Den Pastrovići wurde auch unter den verschiedenen Herrschern und Besatzern der montenegrinischen Küste stets ihre Autonomie zugestanden. Sie besaßen ihre eigenen Vertreter, die sich aus vier Richtern, zwei Herzögen und zwölf Clanmitgliedern zusammensetzten. Diese tagten auf dem Platz vor dem Stadttor, so erhielt Sveti Stefan auch den Beinamen ›Platz der Gerechtigkeit‹ (Mjesto od prave).

Oberhalb von Sveti Stefan verläuft die Hauptküstenstraße und gibt den bekannten Panoramablick auf die Hotelinsel frei. Eine Einbuchtung an der Straße erlaubt das Abstellen des Fahrzeugs, in aller Ruhe lassen sich dann Fotos schießen. Der Blick ist tatsächlich einmalig und beschränkt sich nicht nur auf die Halbinsel, sondern reicht bis Miloćer und die Umgebung von Budva.

Schon bei der kurvenreichen Abfahrt ans Meer wird deutlich, daß Sveti Stefan ganz auf Besucher und Touristen eingestellt ist. Überall findet man Schilder, die auf Übernachtungsmöglichkeiten hinweisen, Kioske, Eisbuden und Geschäfte, die ihr Sortiment in erster Linie am Touristenbedarf ausrichten. Seit Eröffnung der Hotelinsel galt Sveti Stefan als Urlaubsgegend für den gut gefüllten Geldbeutelbesitzer, viele der in jüngster Vergangenheit errichteten Hotels und Apartments sind in dieser Tradition errichtet worden. Dabei ist erfreulich, daß die Gebäude der Gegend angepaßt wurden: Bettenburgen und Hotelhochhäuser wird man nicht finden.

Während der Sommermonate wimmelt es in Sveti Stefan von Menschen. Der Strand an der linken Seite des Damms ist zwar kostenpflichtig, aber dennoch im Juli und August sehr frequentiert. Der etwas kleinere Strand auf der rechten Seite ist den Gästen der Hotelinsel vorbehalten.

Die Schönheit von Sveti Stefan und der Umgegend zeigt sich am deutlichsten außerhalb der Hochsaison, von Mai bis Mitte Juni und vor allem im September. Meist wird dann noch kein Einritt für den Strand verlangt, selbst der hoteleigene Strand kann benutzt werden.

Für die Besucher der Hotelinsel steht ein großes Parkhaus zur Verfügung. Wer Sveti Stefan in den Sommermonaten nur kurz besuchen möchte, kommt am besten mit dem Bus oder parkt sein Auto schon vor den Toren der Stadt. Auf der engen Ortsstraße drängeln sich die Fahrzeuge, so daß die kurze Strecke zum Strand nicht angenehm ist.

 Im Ort Sveti Stefan steht dem Besucher ein Übernachtungsangebot vom Privatzimmer bis zum exklusiven Apartment zur Verfügung, die Hotelinsel Sveti Stefan wird in die landeseigene Luxuskategorie eingeordnet. In 80 kleinen Häusern stehen 260 Betten, darunter 15 Apartments, zur Verfügung. Für Hotelgäste gibt es ein Freibad, eine Garage, Tennisplätze und den hoteleigenen Strand. Tel. 003 81(0)86/46 80 90 und 46 81 18, Fax 45 21 45.

 Campingplatz ›Crvena Glavicaln‹, in einem Olivenhain, fünfzig Meter vom Meer entfernt. Der recht große Platz bietet Raum für 2000 Campingeinheiten. Neben sanitären Anlagen gibt es zwei Restaurants.

 800 Meter langer Sandstrand, an beiden Seiten des Damms. Umkleidekabinen, Sonnenschirm- und Liegestuhlverleih, Imbiß.

Kloster Režević

In der Nähe des Örtchens Režević befindet sich das gleichnamige orthodoxe Kloster. Vermutlich wurde mit seinem Bau bereits im 13. Jahrhundert begonnen. Der Baubeginn der großen Kirche des Klosters läßt sich ebenfalls nicht datieren. Untersuchungen haben aber gezeigt, daß sie zu den ältesten Gebäuden des Klosters gehört. Erweitert wurde die große Kirche der Maria Himmelfahrt erstmals im 18. Jahrhundert. Es entstanden zusätzliche Wandmalereien und Ikonenbilder, die der Künstler Aleksije Lazović gestaltete. Die kleine Kirche ist die Kirche der Heiligen Dreifaltigkeit, errichtet 1770. An gleicher Stelle stand zuvor die Kirche des heiligen Stefan. Sie wurde niedergerissen. Übrig blieben nur Teile einer Mauer mit Wandmalereien. Sehenswert ist die vom Künstler Marko Gregović gemalte Ikonenwand.

Das Kloster war immer wieder Ziel von Plünderern und wurde mehrfach zerstört. Zunächst raubten die Türken alles Wertvolle, später richteten die Franzosen Schäden an, das letzte Mal wurde es zu Beginn des Zweiten Weltkriegs zu großen Teilen zerstört.

Petrovac (Petrovac na moru)

Gedränge im Hochsommer

Petrovac ist ein touristischer Ort, der während der Hochsaison sehr stark frequentiert wird. Obwohl während dieser beiden Monate die Menschen dicht an dicht am Strand von Petrovac liegen und zahlreiche kleinere Geschäfte und sonstige Verkaufstände versuchen, Umsatz zu machen, bewahrt sich der Ort auch in dieser Zeit sein Flair.

An der Uferpromenade und in der Hafengegend befinden sich viele kleine Restaurants. Spezialität ist hier frischer Fisch und andere Meerestiere. Der Ort ist umgeben von Olivenhainen, Pinienwäldern und Weinbergen.

Petrovac erhielt seinen heutigen Namen erst nach dem Ersten Weltkrieg. Erwähnung fand der Ort aber schon im

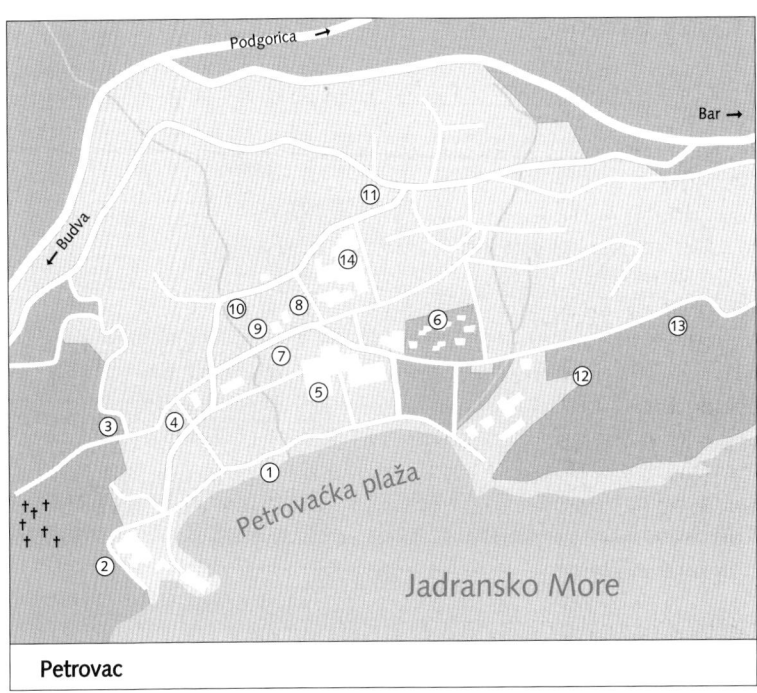

Petrovac

Legende

1 Strand	8 Restaurant
2 Hotel 4. Juli	9 Supermarkt
3 Kirche Sveti Tome	10 Krankenstation
4 Kirche Sveti Ilija	11 Bushaltestelle
5 Hotel Palas	12 Fußballstadion
6 Villa Oliva	13 Tennisplätze
7 Post	14 Hotel Castellastra

12. Jahrhundert, damals noch unter dem Namen Lastva, der vermutlich illyrischen Ursprungs ist. Man hat im Ort und in der Umgebung Gräber und Ruinen aus römischer Zeit entdeckt. Seit 1442 war Petrovac unter venezianischer Herrschaft, seit Ende des 18. Jahrhunderts entwickelte sich Petrovac in seiner neueren Form.

Anfang des 19 Jahrhunderts wurden in den Olivenhainen nahe der Orthodoxen Kirche sv. Ilija (Heiliger Elias) zwei Bodenmosaike mit einer Größe von 15 und 37 Quadratmetern freigelegt. Es wird angenommen, daß sie im 3. oder 4. Jahrhundert entstanden.

In der Festung Kastio

Am Ende der Bucht von Petrovac errichteten die Venezianer im 16. Jahrhundert die Festung ›Castel Lastua‹, die im Volksmund auch ›Kastio‹ genannt wird. Etwas weiter westlich befindet sich das ehemalige Lazarett von Petrovac. Es diente als Isolationsstelle bei Epidemien und zur Quarantäne von Seeleuten. Heute befindet sich ein Restaurant in dem restaurierten Gemäuer.

Der lange, sandige, flach ins Meer abfallende Strand liegt bananenförmig in der kleinen Bucht von Petrovac. Am Strand entlang führt ein Spazierweg, der durch einen kleinen Park vom Strand getrennt wird. Auch im Park liegen im Sommer die Sonnenhungrigen und Strandbesucher, dank seiner Bäume bietet er auch ohne kostenpflichtige Sonnenschirme reichlich Schatten.

Über die Promenade erreicht man in nordwestlicher Richtung die Festung Kastio und den kleinen Bootshafen von Petrovac. Über einige Stufen gelangt man zum Denkmal der Familie Petrovićs. Es erinnert an die im Zweiten Weltkrieg gefallenen Familienmitglieder.

Die Festung diente früher dazu, feindliche Angriffe auf die Stadt abzuwehren. Ein Überbleibsel aus dieser Zeit ist eine auf das Meer gerichtete Kanone, die heute friedlichen Zwecken dient und ein beliebtes Fotomotiv ist. Von dort aus läßt sich der gesamte Strand von Petrovac überblicken.

Petrovac wird das ganze Jahr von Touristen besucht. Von Juni bis September werden zahlreiche Wassersportmöglichkeiten angeboten, beispielsweise Wasserski und Surfen. Es stehen auch mehrere Tennisplätze gegen eine Gebühr zur Verfügung. Wer darauf keinen großen Wert legt oder nicht gezwungen ist, in der Hochsaison zu reisen, dem sei ein Besuch im Mai oder September empfohlen. Dann läßt sich die Schönheit des Ortes und die erholsame Ruhe, ohne daß eine Spur von Langeweile aufkommt, am besten genießen.

1,5 Kilometer vor Petrovac liegen die beiden kleinen Inseln Katice und Sveta Nedelja. Auf Sveta Nedelja befindet sich eine Kirche, die Seeleute dort errichteten, nachdem sie vor der Insel gestrandet waren. Südöstlich von Petrovac liegt die Grotte Petrovacka Pecina. Sie ist nur mit einem Boot zu erreichen.

 Vorwahl 003 81(0)86.

 Busbüro, Tel. 46 15 10.

 Auch Petrovac ist ein touristischer Ort und das Übernachtungsangebot daher sehr vielfältig.

Hotel ›Palas‹, 20 Meter vom Strand entfernt, Tel. 610 78, Fax 614 33. A-Kategorie, Hallenbad, Sauna und Fitnessraum.

Hotel ›4. Juli‹, 50 Meter vom Strand entfernt, ruhige Lage an einem Kiefernwald, Tel. 610 54, Fax 610 62. Zimmer mit Meerblick. Kuren sind ebenfalls im Angebot: Unterwassermassagen, Rehabilitationsaktivitäten u. a. Sport: Wasserski, Surfen, Tennis. Ferienhäuser ›Olivia‹, in der Ortsmitte in hervorragender Lage, nur durch die Promenade vom schönen Sand-Kiesstrand getrennt. Fünf Fußminuten vom kleinen Ortszentrum entfernt. Möglichkeit, die Einrichtungen des Hotel ›Palas‹ zu benutzen. Umfangreiches Sportangebot, darunter Tennis, Tisch-

tennis, Sauna, Massage, Fitnessraum, Billard, Videospiele, automatische Kegelbahnen (im Hotel Palas, alles gegen Gebühr). Am Strand Wassersportmöglichkeiten z. B. Wasserski (gegen Gebühr). Im Sommer spielt eine Musikgruppe auf der Hotelterrasse.

›Kastel Lastva‹, im Zentrum von Petrovac, Tel. 614 18, Fax 614 22. B-Kategorie, 360 Betten, hoteleigenes Restaurant.

Hotel ›Riviera‹, ebenfalls im Zentrum, 70 Meter vom Strand entfernt, Tel. 613 14, Fax 611 43. Hoteleigenes Restaurant, Tennisplätze und verschiedene Wassersportmöglichkeiten.

Hotel ›As‹, etwa 5 Kilometer von Petrovac entfernt in Perazica Do, Tel. 611 10. 123 Zimmer sowie weitere 46 Zimmer in den dazugehörigen Villen. Meerwasserhalle und-freibad, Sauna, Friseursalon, Kongreß und Kinosaal, Disco, Bowlingbahn und hoteleigener Strand.

 Campingplatz ›Maslina‹ in Buljarica, etwas außerhalb

von Petrovac, Tel. 46 12 15/16.
Platz für 200 Campingeinheiten
mitsamt den üblichen sanitären
Anlagen. Bis zum Strand geht
man rund 300 Meter.
Ebenfalls im Ort Buljarica liegt der
gleichnamige Campingplatz. Er
befindet sich direkt am Strand,
verfügt über 200 Stellplätze und
die üblichen sanitären Anlagen.
Tel. 46 11 97.
Der Strand von Petrovac ist rund
850 Meter lang und aus feinem
rötlichen Sand, Sonnenschirmverleih. In einer flachen Bucht gelegen, Restaurants und Hotels in
der Nähe. Zahlreiche Wassersportmöglichkeiten, Uferpromenade
zum Flanieren, kleiner Hafen.
Drobni pijesak. 300 Meter lang,
abgelegen und romantisch.
Einsamer Strand mit einer Süßwasserquelle, zahlreiche versteckte
Plätze, Restaurant.
Lućice. 250 Meter lang, 30 Meter
breiter Kieselstrand, flach ins Meer
abfallend. Romantisch in einer ruhigen Bucht gelegen, umgeben von
Bäumen und Feldern, weit ab von
der Hauptstraße.
Perazica Do. 200 Meter langer
Stein-Kiesel-Strand. Eingebettet
zwischen Felsen und einem Hotel
(Zlatna Obala).

Sutomore

Nachdem man Petrovac hinter sich gelassen hat, entfernt sich die Küstenstraße
etwas vom Meer und erreicht zunächst den Ort Buljarica. Von dort bis Sutomore
befinden sich einige der attraktivsten Strände Montenegros. Von der Straße kaum
auszumachen, machen scheinbar wahllos am Straßenrand geparkte Autokolonnen
deutlich, daß in der Nähe ein Weg zu einem dieser Strände führen muß. Sutomore
ist verkehrstechnisch gesehen die erste oder letzte Eisenbahnstation an der Küste,
unter touristischen Gesichtspunkten ein Ort mit einem sehr schönen breiten Sandstrand. Die Kombination von beidem bestimmt im Sommer sein Erscheinungsbild.

Der Ort liegt in einer kleinen Bucht, in Strandnähe befinden sich einige Hotels.
Sutomore ist umgeben von Olivenhainen, Weinreben und Gemüsegärten.

Der Ort entstand erst in der Mitte des 19. Jahrhundert, als Bewohner des
Hinterlandes sich an diesem Teil der Küste niederließen. Die Bewohner der
Gegend sind meist orthodoxen oder katholischen Glaubens. Bemerkenswert ist,
daß beide Glaubensrichtungen seit langem die gleichen Kirchen, ausgestattet mit
zwei Altären, besuchen, um ihre Gottesdienste abzuhalten.

Leider hat Sutomore in der jüngeren Vergangenheit eine negative Entwicklung
durchgemacht. Galt es früher als romantischer ruhiger Badeort, ist es mittlerweile
vom Massentourismus eingeholt worden. Viele inländische Urlauber kommen mit

der Bahn aus Podgorica oder dem Hinterland nach Sutomore. Hinzu kommen die Urlauber aus den verschiedenen Hotels des Ortes. Während der Hochsaison ist kaum ein Platz am Strand zu finden. Auf der parallel zum Strand verlaufenden Promenade drängen sich selbst bei großer Hitze in der Mittagszeit die Menschenmassen und machen ein Flanieren unmöglich. Zwischen den Menschenmassen sucht noch die Strandbimmelbahn mühsam nach einem Durchkommen. Flankiert wird die gesamte Promenade und auch fast jedes andere freie Plätzchen von Restaurants und vor allem von Verkaufsständen, die Plastikspielzeug und andere wenig nützliche Dinge anbieten. Der Ort tritt völlig in den Hintergrund und hat keine Chance, seine Attraktivität zu entfalten.

Sonnenschirmvariationen

Wer diese Art von Tourismus mag, ist in den Monaten Juli und August gut in Sutomore aufgehoben. Allen anderen sei der Rest des Jahres empfohlen, um das zu erleben, was ein Reiseführer 1981 als ›dramatische und wildromantische Landschaft‹ beschrieb.

 Vorwahl 003 81(0)85.

 Busbüro, Tel. 085/37 31 28.

 Bahnhof, Tel. 085/37 32 57.

 Hotel ›Inex Zlatna Obala‹, etwa zwei Kilometer vom Ort entfernt, Tel. 137 81/86, Fax 122 49. Von viel Grün umgeben, alle Zimmer mit Meerblick, Dusche/WC, Telefon, Balkon/ Terrasse. Neben dem Hauptge-

bäude weitere 57 Bungalows. Restaurant, Grillstube, Bar, Animation für Kinder, Billard, Tischtennis, Kegelbahn, Tennisplätze. Parkplätze befinden sich vor dem Haus.
Hotel ›Nikšić‹, Tel. 37 34 02/22, Fax 37 42 56. Blick aufs Meer, 280 Betten, Restaurant, Nachtclub und hoteleigener Parkplatz.
Hotel ›Sveti Nikola‹, 300 Meter vom Strand entfernt, Tel. 37 42 22, Fax 37 31 42. Ganzjährig geöffnet,

Restaurant, Terrasse und hoteleigener Parkplatz.
Hotel ›Sozina‹, Tel. 37 33 22 und 37 34 34, Fax 37 34 24. Überschaubares Haus (80 Betten).
Hotel ›Lovćen‹, Tel. 37 44 44, Fax 37 41 11. Ganzjährig geöffnet, B-Kategorie.

Sehr schöner 30 Meter breiter und 1400 Meter langer Sandstrand, in einer kleinen Bucht gelegen. Liegestuhl- und Sonnenschirmverleih, Duschen, Umkleidekabinen, Restaurants. Mehrere Hotels nahe am Strand.

Bar

Bar liegt acht Kilometer von Sutomore entfernt. Nähert man sich aus dieser Richtung, überquert man unmittelbar vor der Stadt das Flüßchen Željeznica, dem man seine historische Bedeutung nicht ansieht: es stellte eine Zeitlang die Grenze zwischen Österreich-Ungarn und Montenegro dar.

Die Stadt besteht aus Alt-Bar (Stari Bar) und Neu-Bar (Novi Bar). Stari Bar liegt am Fuße des 1593 Meter hohen Berges Rumija, etwa vier Kilometer von der Küste entfernt. Der Aufbau von Novi Bar begann nach der Befreiung von der türkischen Herrschaft und dem Bau der Eisenbahnverbindung nach Virpazar.

Die Gegend um Bar ist bekannt für die Zucht von Olivenbäumen. Einige der Bäume sind bis zu 2000 Jahre alt, auch der älteste Olivenbaum Europas mit geschätzten 2400 Jahren ist hier zu bestaunen. Da liegt es nicht fern, daß sich in Stari Bar eine Gesellschaft der Olivenzüchter gründete. In Novi Bar gibt es Raffinerien für Olivenöl. Darüber hinaus werden Feigen und Äpfel geerntet. Die Äpfel und andere Früchte werden in Bar unter anderem zu Säften verarbeitet. Einige bekannte jugoslawische Weine, wie etwa der Crni Caus und der Bijeli Caus stammen aus der Gegend.

Fresko in der Festung

Im Zentrum

Bar ist durch die Küstenstraße mit allen Orten in Richtung Herceg Novi verbunden wie auch in entgegengesetzter Richtung mit Ulcinj. Es bestehen gute Straßenverbindungen nach Podgorica und in das übrige Hinterland. Zudem ist Bar der letzte Haltepunkt an der Eisenbahnlinie Belgrad–Bar. Schon seit 1905 gab es eine Eisenbahnverbindung zwischen Bar und Virpazar. Für die Strecke von 42 Kilometern benötigte der Zug, da er das Gebirge Sutorman bezwingen mußte, vier Stunden. Im Jahre 1936 gelang es angeblich einem Fußgänger, drei Minuten vor dem Zug am Zielort zu sein, wobei er die gleiche Strecke mit einigen unwesentlichen Abkürzungen genommen haben soll.

Durch den Ausbau des Frachthafens im Jahre 1952 erfuhr das Neue Bar einen raschen Aufschwung. Zwischen Bar und Bari in Italien besteht eine regelmäßige Fährverbindung, ebenso auf der Strecke Ancona–Bar.

Bar ist heute vor allem Hafenstadt. So verwundert es nicht, daß selbst in der Hochsaison die Innenstadt fast menschenleer ist. Es gibt Urlauberhotels und auch Bademöglichkeiten, die meisten Sonnenhungrigen suchen sich jedoch einen Badeplatz vor den Toren der Stadt.

Es gibt ausreichende Parkmöglichkeiten im Zentrum. Das ist durch das ›Robna kuća‹ – das große Warenhaus – markiert. Der große Betonbau kann nicht verbergen, daß er zu kommunistischer Zeit errichtet wurde. Gegenwärtig wird nur ein kleiner Teil des Kaufhauses als Verkaufsfläche genutzt. In Montenegro wurde nach dem Ende des kommunistischen Systems nur an wenigen Stellen die Erinnerung daran getilgt, so gibt es auch heute noch in Bar eine Marshall-Tito-Straße.

Die Geschichte Bars reicht aber weiter zurück. Zu Zeiten der Illyrer entstand an der Stelle des heutigen Stari Bar eine Siedlung. Erstmals erwähnt wird die Stadt im 9. Jahrhundert, damals war sie Sitz eines Bistums. Später befand sie sich in byzantinischem Besitz. Nachdem Stefan Nemanja die Stadt erobert hatte, erlebte sie eine Zeit des schnellen wirtschaftlichen Aufschwungs. Als in den Jahren 1443 bis 1571 Venedig zum dritten Mal die Stadt einnahm, verblieb ihr dennoch ein autonomer Status mit einem Fürsten, einem Senat und einer eigenen Verwaltung.

Nach den Venezianern beherrschten die Osmanen die Stadt – bis 1877. Sie hatten den Montenegrinern in der berühmten Schlacht um Bar die Stadt abgenommen und bauten später einen ihrer wichtigsten Häfen an der Adriaküste. Im Zweiten Weltkrieg okkupierten die Italiener die Stadt und richteten ein Konzentrationslager ein. Deutsche Truppen lösten die Italiener ab, bis 1944 auch dieser Teil Montenegros befreit wurde.

Stari Bar

Unbedingt empfehlenswert ist ein Besuch von Alt Bar (Stari Bar). Der Weg dorthin ist gut ausgeschildert. Der Besuch lohnt nicht nur wegen der Überreste der alten Befestigung, sehenswert sind auch die kleinen zweistöckigen muslimischen Häuser, die teils als Wohnhaus dienen, teils als Geschäftshäuser. Ein schmaler kopfsteingepflasterter Weg führt durch eine kleine Geschäftsstraße mit kleinen Läden, Cafés und einem Friseur, dessen Einrichtung und das über der Tür angebrachte Schild noch aus einem anderen Jahrhundert zu stammen scheinen. Die

Die ›Hauptgeschäftsstraße‹ in Stari Bar

Moschee in Stari Bar

Straße steigt steil zur Stadtmauer an. Selbst an trockenen Tagen ist das Straßen-pflaster sehr glatt und mit Vorsicht zu begehen. Gegenüber der alten Stadtmauer ragt das Minarett einer Moschee in den Himmel.

Von Stari Bar sind heute noch die zerstörten Stadtmauern als Ruinen erkenn-bar. Zwei Explosionen in Munitionslagern in den Jahren 1881 und 1912 zerstör-ten den alten Stadtteil. Die Überreste der Stadtmauer und ein Eingangstor stam-men aus dem 11. Jahrhundert.

Die Venezianer errichteten zusätzliche Wehrmauern und Rundbastionen, auch die obere Festung Gornja turdava wurde von ihnen ausgebaut. Bevor die Osma-nen die Stadt einnahmen, soll es 38 Kirchen und mehrere Paläste in der Stadt gegeben haben.

Durch das Haupttor gelangt man in die Befestigung. Man befindet sich beim Durchschreiten zunächst in der Stadtmauer, bevor man durch ein zweites Tor in das Innere der Befestigung gelangt und sich plötzlich zahlreichen Stühlen gegen-über sieht: Dieser Teil der alten Stadt wird als Sommertheater genutzt.

Rote und blaue Pfeile markieren einen Rundweg durch die Ruinen, die Stadt-mauer kann über unbefestigte Stufen erklommen werden. Wer schwindelfrei ist, erlebt von dort oben einen sehr schönen Ausblick auf Bar und die Umgebung. Die Reste der Gebäude innerhalb der Stadtmauer sind teilweise beschriftet, allerdings nur in serbischer Sprache.

Interessant sind auch die Ruinen der Kirche des heiligen Markus aus dem 14. Jahrhundert, die Kirche der heiligen Katharina und das Aquädukt an der Nord-seite von Stari Bar aus dem 16. Jahrhundert.

Die Bahnstrecke Belgrad−Bar

Das ehrgeizige Ziel war es, eine Bahnlinie von Belgrad an die montenegrinische Adriaküste zu schaffen. Nach 24jähriger Bauzeit rollte 1976 der erste Zug aus dem Bahnhof in Belgrad in Richtung der montenegrinischen Hafenstadt Bar.

Der Reisende ist zunächst geneigt zu glauben, daß es sich eine ganz normale Bahnstrecke handelt, die eine Bauzeit von einem Vierteljahrhundert kaum rechtfertigt. Es geht vorbei an Feldern und langen Ebenen, bis im westlichen Serbien das Land bergiger wird und die ersten Tunnel durchfahren werden. Plötzlich, fast wie aus dem Nichts, tauchen die gewaltigen Berge Montenegros auf, und sehr schnell wird deutlich, welch große Ingenieurskunst notwendig war, die 476 Kilometer Schienen durch das wilde Gebirge zu verlegen. Acht Stunden benötigt der Zug für die Strecke.

Um die Berge Montenegros zu zähmen und passierbar zu machen, mußten 254 Tunnel und 243 Brücken gebaut werden. Insgesamt ein Viertel der gesamten Bahnstrecke führt durch Tunnel. Der längste wurde über sechs Kilometer durch das Gestein gebohrt. Zahlreiche Flüsse, wie beispielsweise die Tara oder die Morača, mußten überbrückt werden. Bis zu einem halben Kilometer lange Brückenkonstruktionen wurden geschaffen, um die Schluchten der schwarzen Berge überquerbar zu machen.

Der kostspielige Bau der Bahnlinie rief auch die Kritiker auf den Plan. Ihr Vorwurf lautete, daß das Projekt allein dem Prestige diene und nicht wirtschaftlich zu betreiben sein würde.

Die Bevölkerung unterstützte das gewaltige Vorhaben jedoch tatkräftig. Mehr als 440 000 Bürger und Betriebe halfen durch Anleihen bei der Finanzierung des Projektes. Die Weltbank gewährte einen Kredit von 50 Millionen Dollar.

Als dem Bau Anfang der siebziger Jahre dennoch das Geld ausging, spülte die Ausschreibung einer erneuten Volksanleihe anstatt der erhofften 500 Millionen Dinar sogar fast 900 Millionen Dinar in die leeren Kassen und ermöglichte die Fertigstellung der Bahnstrecke.

Vorwahl: 003 81(0)85. Fremdenverkehrsbüro in der Obala 13. jul in 85000 Bar, Tel. 31 29 12 und 31 16 33, Fax 31 29 12, Mo bis Fr 8 bis 14 Uhr. Informationen zu Bar und der Umgebung.

 Die Entfernung zum Flughafen Podgorica beträgt 86 Kilometer, bis zum Flughafen Tivat rund 90 Kilometer. Autovermietung Inex, Tel. 506-896.

 Busbüro, Tel. 31 44 49.

 Bahnhof, Tel. 31 22 10.

 Regelmäßige Verbindung zwischen Bar und Bari (8 Stunden Fahrtzeit), ebenso auf der Strecke Ancona-Bar (16 Stunden).

 Hotel ›Toplica‹, unmittelbar am Meer, Tel. 31 10 13 und 31 12 44, Fax 31 25 10 und 31 27 31. Mit Freibad und Kongreßzentrum, verschiedene Sportmöglichkeiten.

 Die touristisch erschlossene Küste erstreckt sich vom Ort Topolica bis Sutomore. Kies- und Sandstrand, Bars und Restaurants sowie der Hafen von Bar liegen nicht weit entfernt.
Utjeha: Südlich von Bar gelegen, feiner heller Sandstrand, Restaurant und Bar sowie Duschen.

 Tankstelle im Ort vorhanden.

Zwischen Bar und der albanischen Grenze

Hinter Bar in Richtung Ulcinj beginnt das bestausgebaute Teilstück der Küstenstraße. Sie wurde bereits 1973 fertiggestellt und später in einigen Bereichen dreispurig ausgebaut. Vierzehn Brücken werden überquert und vier Tunnels durchfahren. Die Straße verläßt bei dem Dorf Kruće die Küste. Es folgt die Bucht von Valdanos mit seinem über zwei Kilometer langen Strand. Dann wird auch schon nach kurzer Weiterfahrt der Blick frei auf Ulcinj und das offene Meer.

Ulcinj

Ulcinj, nahe der albanischen Grenze gelegen, ist die südlichste Stadt in Montenegro, dabei über direkte Straßenverbindungen aus Richtung Budva und dem Skutarisee aber gut zu erreichen. Mit 13 Kilometern Länge ist der Lidostrand von

Blick auf die Stadt

Ulcinj der längste an der gesamten Adriaküste.

Auch Ulcinj ist eine touristische Stadt, die während der Sommersaison sehr viele Besucher zu verkraften hat. Am sogenannten Stadtstrand ist es dann sehr schwer, einen Platz zu finden. Der dunkle feine Sand der Strände in Ulcinj und am Großen Strand setzt sich in jede freie Pore und ist nicht bei allen Besuchern beliebt. Am Stadtstrand befindet sich auch die Promenade von Ulcinj. Sie wird eingerahmt von Restaurants, Cafés und vielen kleineren Händlern vom Eisverkäufer bis zum Schuhputzer.

An der Südseite der Stadt liegt die Halbinsel Ratislava, auf der sich Hotels befinden, die von viel Grün und Parkanlagen umgeben sind. Auf der gegenüber liegenden Seite findet sich eine kleine felsige Halbinsel: die Altstadt von Ulcinj. Bei dem schweren Erdbeben von 1979 wurde sie fast völlig zerstört, danach jedoch weitgehend wieder aufgebaut.

An den Berghängen oberhalb der Stadt findet man Oliven und Kastanienbäume, Granatäpfel und Weinreben. Hier wachsen auch Birnen, Äpfel und Pflaumen, außerdem wird Tabak angebaut.

Das subtropische Klima mit einer Jahresdurchschnittstemperatur von 16 °C – im Juli sind es 25 °C –, ist besonders günstig für Patienten mit Erkrankungen der Atemwege. Im Juli verfügt die Gegend über 11,5 Sonnenstunden. Das Meer hat an dieser Stelle einen – ungewöhnlich hohen – Salzgehalt von 35 Prozent.

Die ersten Siedler auf dem Gebiet der heutigen Stadt stammten aus Kolchis am Schwarzen Meer, daher wurde der Ort zunächst als ›Colchinium‹ bezeichnet. Bis zum Jahre 169 v. Chr. war Ulcinj Teil des Illyrischen Staates. Nach dem Zerfall der illyrischen Stämme gehörte das Gebiet unter dem Namen Elkinion zum Machtbereich von Byzanz. Im 11. Jahrhundert, zur Zeit des Machthabers Fürst Vojislav, gehörte die Gegend zum Fürstentum Zeta. Danach übernahmen die Nemanjiaden (1183) die Herrschaft, gefolgt von den Balisiaden (ab 1396). Im Jahre 1421 erobern die Venezianer die Stadt. Nach zahlreichen Angriffen durch die Osmanen besetzte Eulg-Ali 1571 die Stadt. Er veranlaßt, daß 400 algerische Piraten in der Stadt angesiedelt wurden, um von dort aus Städte und Handels-

In Alt-Ulcinj

schiffe entlang der Küste und weiter bis nach Marokko zu überfallen und zu plün-
dern. Zu dieser Zeit brachte Kapitän Selim Surla Sklaven schwarzer Hautfarbe auf
seinem Piratenschiff nach Ulcinj, deren Nachkommen noch heute vereinzelt hier
leben.

Fast ein Jahrhundert lang, bis zum Jahr 1850, war Ulcinj der wichtigste
Umschlagsplatz für den Handel zwischen Albanien und Italien. Die Montenegriner eroberten die Stadt erstmals im Jahre 1876 während des sogenannten Frei-
heitskrieges. Aufgrund internationaler Vereinbarungen mußten sie die Stadt
jedoch wieder an die Osmanen abtreten. Erst im November 1880, nach einem
Abkommen über den Austausch von Gebieten zwischen Montenegro und den Türken, gehörte Ulcinj wieder zu Montenegro. Während der beiden Weltkriege okkupierten zuerst die Österreicher, später die Italiener die Stadt. Seit 1920 gehörte
auch Ulcinj zum ersten gemeinsamen Jugoslawischen Staat.

Ulcinj wurde wiederholt von schweren Erdbeben heimgesucht, beim Beben
von 1444 versank ein Teil der Altstadt im Meer. Die Ruinen sind noch auf dem
Meeresgrund auszumachen. Stari Ulcinj (Alt Ulcinj), zehn Kilometer nordwest-
lich auf der gleichnamigen Landzunge gelegen, wurde ebenfalls stark beschädigt.

Die Stadtmauern und ein Teil der Gebäude wurden von den Byzantinern
errichtet, die Zitadelle im 15. Jahrhundert auf schon vorhandenen antiken Grundmauern gebaut. Die Arbeit wurde von Meistern aus Griechenland durchgeführt.

Am Stadtstrand

Die Steine für den Bau von Gebäuden in der Altstadt kamen von den Inseln Korčula und Brać nach Ulcinj.

Während der Zeit der türkischen Herrschaft baute man die Kirchen in Moscheen um, die Wohnungen und Gebäude nahmen mehr und mehr orientalische Formen an. Die Türken richteten Badehäuser ein und errichteten den berühmten Uhrturm Sahat-Kulat. Viele der Moscheen sind bis in die Gegenwart erhalten. Der Wehrturm Kula Balšica wurde im 15. Jahrhundert erbaut. Gleich neben dem Turm befindet sich eine Kirche von 1510, die 1573 zur Moschee umgebaut wurde. Im Zentrum der Stadt ist die Pascha Moschee gelegen, im 17. Jahrhundert auf Veranlassung von Pascha Sinan erbaut. In der Vorstadt befinden sich weitere Moscheen. Die älteste Moschee, ›Lamina‹, stammt aus dem Jahre 1689. Der weitsichtbare Uhrturm am Pinjas wurde 1754 erbaut.

Plaža za žene – Der Frauenstrand

Etwa einen Kilometer südlich von Ulcinj, unterhalb des Hotels Albertros, befindet sich der ›Plaža za žene‹, der Frauenstrand. Der Strand aus Kieselsteinen liegt etwas versteckt hinter Pinien und ist über eine Steintreppe zu erreichen. Große Felsen schützen die badenden Frauen vor neugierigen Blicken. Das Besondere an diesem Strand sind seine Unterwasser-Schwefelquellen. Ihnen wird eine günstige Wirkung bei einem bisher unerfüllten Kinderwunsch nachgesagt. Zahlreiche

Frauen, bei denen sich eine Schwangerschaft nicht einstellen wollte und denen auch die Ärzte keinen Rat mehr geben konnten, haben sich auf den Weg zum Frauenstrand gemacht. Ob sich das schwefelhaltige Wasser tatsächlich positiv auf den Babywunsch auswirkt, ist umstritten. Wissenschaftliche Belege gibt es keine – manchmal aber versetzt der Glaube auch Berge. In jedem Fall sind die Frauen unter sich und können zwanglos baden und sich am Strand sonnen.

Velika Plaža – Der Große Strand

Rund zwei Kilometer außerhalb Ulcinjs in südlicher Richtung beginnt der ›Große Strand‹ – Velika plaža. Er erstreckt sich auf über dreizehn Kilometern und wird von einem Arm des Flusses Bojana begrenzt.

Er ist der längste Strand an der montenegrinischen Küste, an einigen Stellen bis zu 100 Meter breit, fällt über 100 Meter flach ins Wasser ab und stellt so eine ideale Spielmöglichkeit für Kinder da. Vorsicht ist allerdings aufgrund von Strömungen und Unterspülungen angebracht. Meist weht eine leichte Brise, die den Sand aufwirbelt. Der Weg von Ulcinj dorthin ist gut ausgeschildert, es gibt auch eine regelmäßige Busverbindung in die Stadt.

Am Strand hat man sich ganz auf die Touristen eingestellt. Zahlreiche Attraktionen werden angeboten, vom Tretboot bis zum Drachenfliegen kann der Urlauber dem Nervenkitzel frönen.

 Vorwahl: 003 81(0)85

Fremdenverkehrsbüro, Straße 29. Novembar, 85361 Ulcinj, Tel./Fax 515 95; geöffnet Mo bis Fr 8 bis 14 Uhr. Informationen zu Ulcinj und der Umgebung.

 Die Entfernungen zu den Flughäfen Tivat und Podgorica betragen 93 bzw. 107 Kilometer.
Autovermietung Kompas Hertz, Tel. 313-597.

 Busbüro, Tel. 085/812 25.

 Hotel ›Albatros‹, Tel. 42 31 76, Fax 45 50 58, in einem Wald einen Kilometer vom Stadtzentrum entfernt gelegen, Tel. 511 88 und 512 68, Fax 814 11. Das Hotel besteht aus einem modernen und einem etwas älteren Komplex; Restaurant, Café, Bar, Disco und TV-Raum. Alle Zimmer mit Dusche/WC, zum Meer hin mit Balkon. Über Treppen erreicht man zwei Felsstrände, einer mit FKK-Möglichkeit; verschiedene Sportmöglichkeiten.
Hotel ›Galeb‹, inmitten einer Panoramaanlage etwa 15 Gehminuten

von Ulcinj entfernt, umgeben von Pinien. Bar, Fernsehraum, Frühstücksraum und Salon, zudem Terrasse, Kegelbahn, Fitnessraum und Tennisplätze. Alle Zimmer mit Bad/WC, Telefon, Balkon zur Meerseite. Unterhalb des Hotels befindet sich ein Felsstrand mit Badeplateaus. Dort findet man Umkleidekabinen, WC, Sonnenschirmverleih und ein Buffet. Ein weiterer Kiesstrand ist in ca. 5 Minuten zu Fuß zu erreichen. Vor dem Pinienwäldchen befindet sich ein überdachter Swimmingpool mit Bar. Sonnenschirme und Liegestühle kann man am Pool und am Hotelstrand mieten.

Hotel ›Otrant‹, am Großen Strand, drei Kilometer vom Zentrum Ulcinjs entfernt, Tel. 811 61 und 817 55. Zahlreiche Sport- und Unterhaltungsangebote in der Hotelanlage und der nächsten Umgebung, z. B. Tennisplätze mit Flutlicht, Beachvolleyball, Fußball, Basketball; Tretboot-, Kanu und Paddelbootverleih, Surfmöglichkeiten.

Hotel ›Lido‹, am Großen Strand, Tel. 811 11, B-Kategorie.

›Grand Lido‹, am Großen Strand, Tel. 81033, A-Kategorie; 120 Betten und 4 Apartments, hoteleigenes Restaurant und verschiedene Bars.

 Campingplatz ›Valdanos‹ in der gleichnamigen Bucht, etwa drei Kilometer westlich Ulcinj, Tel. 519 47 und 511 26. 200 Stellplätze, Restaurant, Post, Selbstbedienungsladen, Schwimmbad und Tennisplätze.

›Neptun‹, am Großen Strand, Tel. 818 88, etwa 150 Meter vom Meer entfernt. Platz für 60 Wohnwagen und über 1000 Zelte; Restaurant, Läden, Post sowie ärztliche Versorgung.

 Restaurant ›Kod Miška‹, am Ufer des Flusses Bojana, Tel. 069022868. Große Auswahl an Fischspezialitäten zu durchschnittlichen Preisen, eingerichtet im typisch montenegrinischen Stil.

Restaurant ›Riblja ťorba‹, nahe der Brücke, die zur Feriensiedlung Ada führt, Tel. 81517. Der Name bedeutet in etwa ›Fischsuppe‹ und ist Programm. Die Betreiber enstammen einer alten Fischerdynastie und bietet Fischspezialitäten in allen nur erdenklichen Variationen an.

 Mala Plaža. Der ›Kleine Strand‹ liegt in einer Bucht beim Stadtzentrum von Ulcinj und in der Nähe der Stadtmauer. 650 Meter lang, aus feinem Sand, flach ins Meer abfallend. Sonnenschirm- und Liegestuhlverleih, Dusche und Kabinen. Da zentral gelegen, meist übervoll.

Darüber hinaus findet man zahlreiche kleinere Sandstrände und einsame Buchten etwas außerhalb von Ulcinj.

 Tankstelle im Ort vorhanden.

Insel Ada

Ada Bojana ist eine Halbinsel zwischen zwei Armen des Bojana Flusses, der an dieser Stelle in das Meer mündet. Sie befindet sich im südlichsten Teil Montenegros, nahe der Grenze zu Albanien. Ein Arm des Bojana Flusses trennt die Insel vom 13 Kilometer langen und fast bis Ulcinj reichenden Großen Strand. Die insgesamt fast 600 Hektar große Insel ist durch eine Brücke mit dem Festland verbunden und bietet reichlich Platz für die Urlauber und die Tagesbesucher aus Ulcinj und der Umgebung. Es gibt eine Busverbindung nach Ulcinj, zusätzlich verkehren während der Sommermonate Boottaxis zwischen dem Festland und der Insel.

Kurs auf Insel Ada

Von Ulcinj aus führt eine akzeptable Straße dorthin. Man passiert zunächst die Salinen, dann wird das Dorf Donji Štoj und anschließend Breguija durchquert. Kurz bevor der Fluß Bojana erreicht wird, biegt die Straße fast rechtwinklig ab, überquert ihn und erreicht die Insel.

Im Jahre 1858 soll das Schiff Merito an der Stelle der heutigen Insel gestrandet sein. Durch Sandablagerungen entstand zunächst eine Sandbank, die sich nach einigen Jahren zu der Insel entwickelte, wie man sie heute kennt.

Bekannt ist die Insel aufgrund seines FKK-Feriendorfes Ada. Auf einem Teil der Insel wurde es mit seinen einfachen Holzhütten und steinernen zweistöckigen Bungalows verschiedener Ausstattungskategorien errichtet. Besonders beliebt ist das Dorf bei deutschen Urlaubern. Auf der ganzen Insel kann man sich unbekleidet bewegen. Die meisten Besucher halten sich jedoch im Feriendorf und dem rund 2500 Meter langen Sandstrand auf. Der Sand ist sehr fein und von der für diese Gegend typischen dunklen Farbe. Ein ständiger leichter Wind auf der Insel sorgt für angenehme Kühle und läßt so manchen Sonnenhungrigen die Kraft der Sonnenstrahlen unterschätzen. Es gibt nur sehr wenige schattige Plätze auf der Insel, so wundert es nicht, daß sich kaum ein Strandbesucher ohne den schützenden Sonnenschirm der Sonne aussetzt.

Die Insel ist nicht nur als FKK-Feriendorf bekannt, sondern auch weithin als Surfgebiet geschätzt. Im Sommer versammelt sich die Surfelite auf Ada und zeigt ihr Können im Wettkampf. Die Windsurfschule der Insel besteht bereits seit 1975 und verfügt über moderne Surfbretter und Zubehör. Anfänger finden hier seichte und windärmere Stellen, um sich dem Windsurfen langsam zu nähern, während Profis sich bei kräftigem Wind und hohen Wellen austoben können.

 An der Mündung des Flusses Bojana befindet sich auch ein Campingplatz mit rund 500 Stellplätzen. Restaurant, Tennis- und Volleyballanlage, verschiedene Einrichtungen der Feriensiedlung können mitbenutzt werden. Tel. 818 74 und 819 09.

 Feriendorf Ada, Tel. (0)85/ 45 50 59 und 41 17 16, Fax 45 50 58. Die Zimmer sind in verschiedene Typen aufgeteilt: Typ A (De Luxe): Große Zimmer in ebenerdigen Wohnhäusern mit Dusche/WC, Kühlschrank, TV, Sitzecke und Terrasse mit Meerblick. Typ B: Geräumige Zimmer in zweistöckigen Wohnhäusern mit Dusche/WC, Sitzecke, Balkon oder Terrasse zur Meerseite. Snackbar, Restaurants mit Außenterrasse und Meerblick, Sonnenschirme und Liegen am Strand, Beachvolleyball und drei Kinderspielplätze, Kosmetik- und Massagesalon, 6 Sand-Tennisplätze, Windsurfing, Kanu, Reiten, Paddel- und Tretbootverleih (alles gegen Gebühr).

Der Skutarisee

Der größte See auf dem Balkan besticht als einzigartige Naturschönheit und Heimat für seltene Tiere. Einsame Gegenden und kleine Dörfer entführen in eine Welt fernab der Zivilisation.

Der Skutarisee (serbisch: Skadarsko jezero) ist der größte See auf dem Balkan. Er erstreckt sich auf einer Fläche von 370 Quadratkilometern, davon gehören rund 225 Quadratkilometer zu Montenegro, etwa 145 Quadratkilometer zu Albanien. Der See ist 43 Kilometer lang und bis zu 14 Kilometer breit, seine durchschnittliche Tiefe beträgt allerdings nur sechs Meter. Namensgeber des Sees ist die albanische Stadt Shkoder.

Der See mit seinen Ufern ist bekannt wegen seiner reinen und unberührten Natur, den zahlreichen Fisch-, Vogel- und Pflanzenarten, von denen manche nur noch hier zu finden sind. Einige Vogelarten überwintern hier, andere nutzen den See als Zwischenstation auf dem Weg in wärmere Gebiete. Die meisten aber leben das ganze Jahr in dieser für sie idealen Umgebung. Unter anderem sind hier Pelikane, Wildenten und Fischreiher zu finden. Im See leben fast 40 verschiedene Fischarten. Jährlich holen die Fischer 1000 Tonnen Fisch aus dem See und bringen ihn zur weiteren Verarbeitung nach Rijeka Crnojevića. Auch der Besucher kann seine Angel auswerfen und zum Beispiel nach Forellen, Aalen und Karpfen fischen.

Fischer auf dem Skutarisee

Über den See führt ein Damm, auf dem die Eisenbahnstrecke Belgrad – Bar verläuft. Auf dem See befinden sich mehrere kleinere Inseln, auf einigen von ihnen kleine verfallene Kirchen. Auf der Insel Moraćnik steht eine dreischiffige Kirche mit einer Kuppel. Er wird vermutet, daß die Kirche noch aus dem 14. Jahrhundert stammt. In den 1960er Jahren wurde sie restauriert.

Auf der Insel Beska findet sich die Kirche der Heiligen Muttergottes. Die Tochter des in Montenegro berühmten Fürsten Lazar ließ sie errichten. Auch sie wurde in den 1960er Jahren restauriert. Auf der Insel Starceva Gorica befindet sich ein Kloster aus dem 14. Jahrhundert. Eine Besonderheit stellt die Kirche zu ›Ehren der Himmelfahrt der Muttergottes‹ auf der Insel Kom dar, in der sich verschiedene Fresken befinden. Njegoš, eine der größten Persönlichkeiten Montenegros, verbrachte hier einige Zeit als Mönch.

Das Klima in der Region des Sees ist extrem. Oft regnet es vom Herbst bis in den April. Die Winter können kalt und heftig über die Region herfallen. Dagegen ist das Klima im Sommer geprägt von hoher Luftfeuchtigkeit und großer Hitze.

Der See wird einerseits gespeist von den starken Regenfällen im Herbst und Frühjahr und andererseits den Flüssen Rijeka Crnojevića, Morača, Plavnica und Crmnica, die alle in den See münden. Wasser wird ihm auch durch zahlreiche unterirdische Quellen zugeführt.

Der Wasserpegel des Sees unterliegt je nach Jahreszeit großen Schwankungen. In den Wintermonaten kann es passieren, daß weite Teile des Ufers unter Wasser stehen. Der Fluß Bojana dient als natürlicher Abfluß für die Wassermassen aus dem Skutarisee und bildet teilweise die natürliche Grenze zu Albanien. Er mündet bei der Halbinsel Ada, nahe der Stadt Ulcinj, ins Meer.

Virpazar

Virpazar erreicht man am einfachsten über die Regionale Straße Podgorica–Petrovac. Aus der Richtung Podgorica kommend, wird man zunächst den langen scheinbar nicht enden wollenden Damm durch den Skutarisee befahren. Das Wasser des Sees ist an vielen Stellen nahe dem Damm mit einem dichten Teppich an Wasserpflanzen und Seerosen bedeckt. Die Gleise der Eisenbahn verlaufen in einiger Entfernung zur Straße, parallel über den See, nähern sich kurz vor Virpazar der Straße, wechseln dann auf die andere Seite und erreichen dann den kleinen Bahnhof von Virpazar.

Im Durmitorgebirge
Virpazer am Skutarisee; Haus in Berane

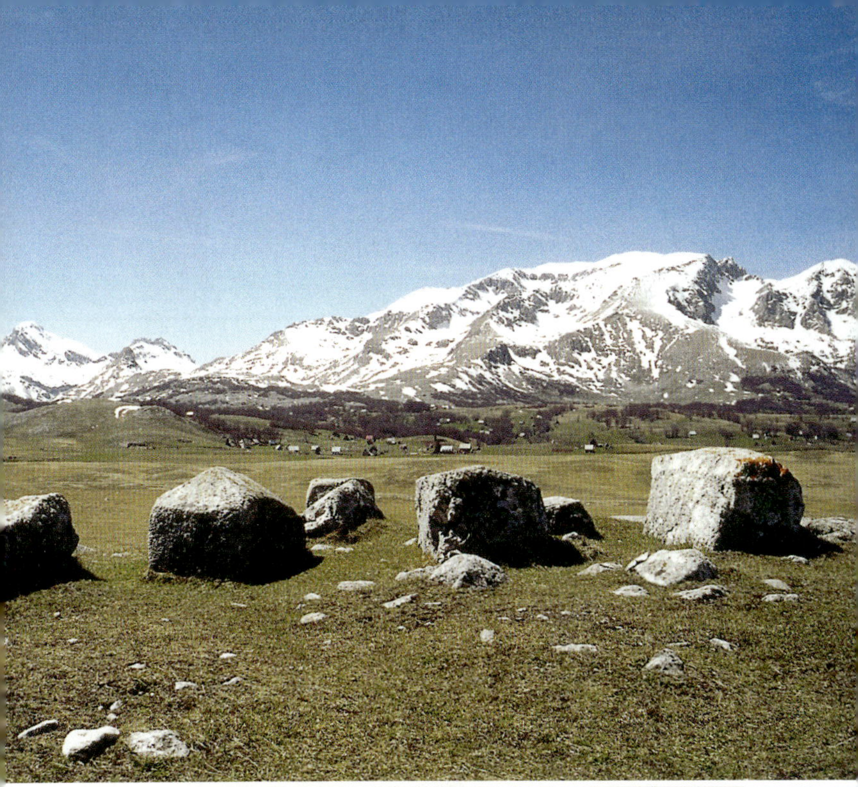

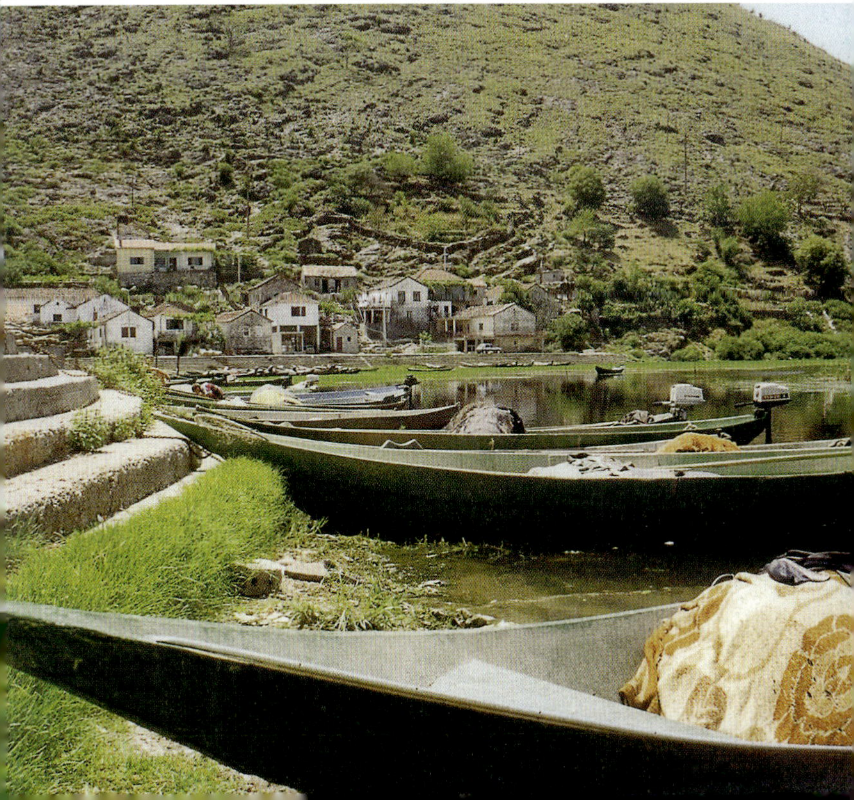

Brücke in der Mitte des Ortes

In der Mitte der Brücke kündigt das Ortsschild Virpazar an. Den eigentlichen Ort erreicht man jedoch erst über eine abzweigende Straße. Die Gefahr, daß man an der Abzweigung vorbeifährt, ist recht groß. Eine kleine schmale Straße führt über einen beschrankten Bahnübergang und dann in den Ort.

Wer in der Sommersaison nach Virpazar kommt, wird oft von den Einheimischen angesprochen und nach den Wünschen befragt – eine gute Gelegenheit, sich zu informieren und mit den Menschen dort in Kontakt zu treten.

Ein Spaziergang durch den beschaulichen Ort lohnt. Vorbei an einem kleinen Supermarkt führt die Straße zum Hotel 13. Juli. Gegenüber dem Hotel steht ein altes ausrangiertes Wasserflugzeug, das früher seinen Dienst in der Gegend versah und den Skutarisee als Start- und Landebahn nutzte.

In der Ortsmitte befindet sich das Denkmal für die Gefallenen der Volksbefreiungskämpfe. Rechts daneben werden in deutscher Sprache an einer Hauswand Antiquitäten angeboten. Zu kaufen gibt es tatsächlich jedoch nichts.

Bereits in Virpazar läßt sich ein Vorgeschmack auf die Schönheit des Sees einfangen. Es werden Bootsausflüge auf dem Skutarisee, zu seinen Inseln und Dörfern an den Ufern angeboten. Touristen, die durch den Ort spazieren, werden fast immer gefragt, ob sie an einer Bootstour interessiert sind. Wer verneint, wird

Grabsteine der Bogomilensekte im Durmitorgebirge; Am Skutarisee
Blick in die Tara-Schlucht

nicht, wie sonst oft in Montenegro, zu überreden versucht, sondern mit Handschlag und den besten Wünschen sowie einigen Tips für die Weiterfahrt verabschiedet. In dieser Hinsicht ist Virpazar mit seinen freundlichen aber geschäftstüchtigen Menschen eine Serviceoase, wie man sie sonst in Montenegro in dieser Form kaum findet.

 Vorwahl: 00381(0)81

 Hotel ›Pelikan‹, direkt am Ortseingang, Tel. 71 07, Fax 71 10 11. Kleines nettes Hotel mit einem gemütlichen Restaurant. Hotel ›13. Juli‹, B-Kategorie, Tel. 71 11 20; 22 Zimmer, sämtlich mit Badezimmer; hoteleigenes Restaurant und Bar.

Zwischen Virpazar und Ulcinj

Unmittelbar hinter Virpazar, in Richtung Ulcinj, steigt die Straße an. Bereits nach kurzer Fahrt zeigt sich der Skutarisee von einer seiner schönsten Seiten. In einer kleinen Bucht liegt das Wasser völlig ruhig und scheint mit den wenigen Bäumen am Ufer um die Wette zu schweigen. Die Straße entlang des Sees ist schmal, aber mit Ausweichbuchten ausgestattet. Sie schmiegt sich entlang des Rumija-Gebirges durch ungezähmte Natur und weißen Fels, verläuft weit oberhalb des Sees und der meisten Dörfer am See. Vereinzelt zweigt eine Schotterpiste in ein entlegenes Dorf im Gebirge ab. Die Hitze während der Sommermonate hat ihre Spuren und Narben im Asphalt hinterlassen und verursachen eine holprige Fahrt.

Nach wenigen Kilometern erreicht man das Dorf Seoca, dann ist man wieder einige Kilometer mit sich, der Natur und dem ruhig daliegenden See allein. Wenn das Dorf Đuravci erreicht ist, sind unten im See, nicht weit vom Ufer entfernt, die ersten Inseln auszumachen.

Unterhalb der Straße in kleinen grünen Tälern findet man immer wieder kleine Dörfer, die nicht selten nur aus einer Handvoll von Häusern bestehen. Sie sind über schmale, so doch moderne Straße zu erreichen. Die Gebäude entstanden ebenfalls in jüngster Vergangenheit und sind mit den alten und sehr einfachen Häusern in den alten Dörfern an den Ufern des Sees nicht mehr zu vergleichen. In den grünen Tälern des Rumija-Gebirges ist der Boden zwar steinig, aber dennoch verhältnismäßig fruchtbar. Daher wird er landwirtschaftlich genutzt. Der Ertrag wirft keinen großen Gewinn ab, reicht aber zur Selbstversorgung und manchmal auch für einen bescheidenen Zusatzverdienst. Die Menschen am See verdienen sich ihren Lebensunterhalt in der Regel und seit Generationen als Fischer. Die jungen Leute hat es in den letzten Jahren in die Städte gezogen, meist ins nahe Podgorica. Dort gehen sie während der Woche ihrer Arbeit nach und kommen nur noch an den Wochenenden in ihr Dorf an den See.

Etwa auf halber Strecke nach Ulcinj ist das Dorf Donji Murići erreicht. Der Ort verfügt über einen sehr schönen Sandstrand, den einzigen am See. Ihm wird nachgesagt, mit den attraktivsten Stränden an der Küste konkurrieren zu können. Der Strand hat aber den Vorteil, selbst in der Hochsaison bei weitem nicht so überlaufen zu sein. Am Strand gibt es ein kleines Restaurant. Aufgetischt wird hier selbstverständlich frischer Fisch aus dem See. Touristen sind in Murići selten und wecken

Büste des Gjegij Skenderben in Ostros

die Neugier der Dorfbewohner. Ihre Ankunft spricht sich rasch im Dorf herum, und sie stellen eine willkommene Abwechslung im Alltag der Dorfbewohner dar.

Hinter Murići verläuft die Straße zwar oberhalb, aber doch nahe dem See. Die Nähe zu Albanien und die überwiegend moslemische Bevölkerung in dieser Gegend Montenegros läßt sich bereits jetzt an den immer häufiger werdenden und weithin sichtbaren Minaretten ablesen. Das Dorf Livari verrät bereits im Namen seinen albanischen Ursprung.

Vier Kilometer weiter ist der Ort Kostanica erreicht, die erste größere Ortschaft seit Virpazar. Die Straße wird breiter und ist in einem erheblich besseren Zustand. Die üppigen Wohnhäuser lassen auf wohlhabende Bewohner schließen. Die Ortsnamen sind hier bereits zweisprachig in serbisch und albanisch ausgewiesen. Die Einwohnerdichte ist bis zur nächsten Ortschaft, Ostros, deutlich höher.

Ostros verfügt mit seiner Krankenstation über eine der wenigen Möglichkeiten, am Skutarisee medizinische Hilfe in Anspruch zu nehmen. Gegenüber dem medizinischen Zentrum befindet sich die Grundschule. Vor der Schule prangt als Büste das furchterregende Antlitz von Gjegij Skenderben.

Der Skutarisee ist bereits bei Kostanica von der Straße aus nicht mehr zu sehen. Sehr bald hat man den Regierungsbezirk von Bar verlassen und befindet sich im Bezirk Ulcinj. Die Straße steuert zunächst direkt auf Albanien zu, dreht erst zwei Kilometer vor der Grenze zu Albanien ab und führt in Richtung Adriaküste und schließlich nach Ulcinj.

Fernab vom Massen-
tourismus besticht das
montenegrinische
Inland mit seinen
Nationalparks, seiner
einsamen unberührten
Natur und den Winter-
sportgebieten um
Žabljak und Kolašin.

Im Inland

Der Osten

Als Ausgangs- und Orientierungspunkt für eine Reise von der Küste in den Osten Montenegros bietet sich die Hauptstadt Podgorica an. Zwar ist die Straße von hier in Richtung Kolašin nicht besonders gut und der Verkehr weiterhin dicht. Dafür ist die Fahrt durch das Tal der Morača ein einzigartiges Erlebnis.

Die Straße folgt in weiten Teilen den Gleisen der Eisenbahnstrecke nach Kolašin und verläuft parallel zum Fluß Morača und seinen Schluchten. An einigen Stellen stehen die Berge so dicht beieinander, daß nur ein kleines Stück des Himmels sichtbar bleibt – sie vermitteln ein wahrlich erdrückendes Gefühl.

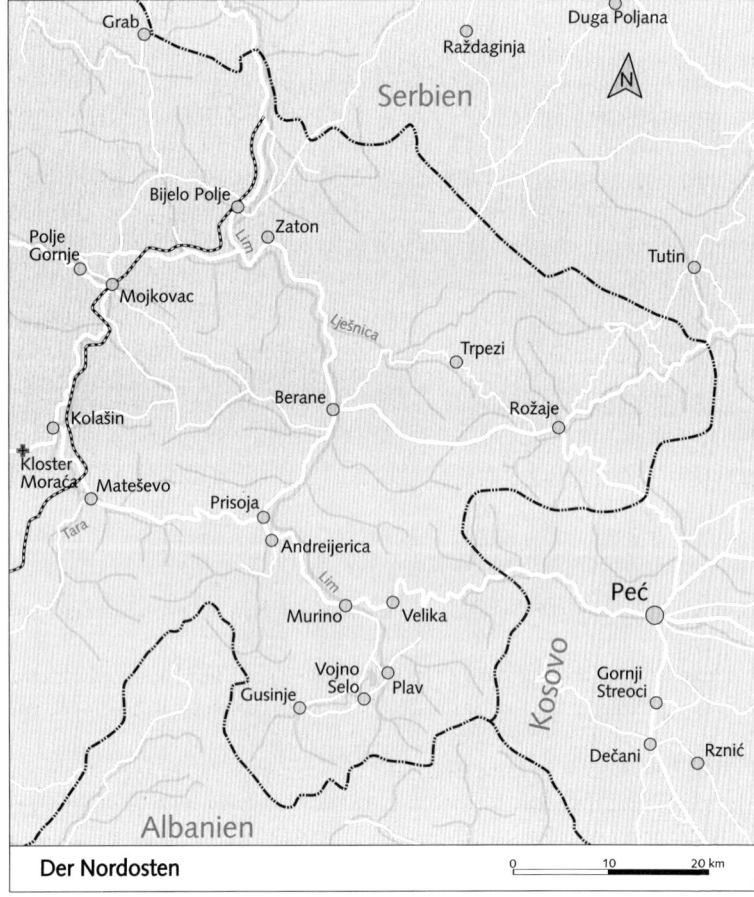

Der Nordosten

0   10   20 km

Kloster Morača

Etwa fünfzig Kilometer hinter Podgorica befindet sich am rechten Flußufer das Kloster Morača. Es wurde 1252 von Herzog Stefan Vukanov, dem Enkel von Stefan Nemanja, erbaut und durchlebte bis heute eine oft leidvolle Geschichte.

Man erreicht es, indem man einer nicht zu übersehenden Abzweigung folgt. Zunächst wird ein Hotel mit Restaurant passiert, das seine beste Zeit vor mehr als zwei Jahrzehnten hinter sich gelassen zu haben scheint. Unmittelbar vor dem Kloster befinden sich ausreichende Parkmöglichkeiten. Ein kurzer Weg führt durch den Eingangsbogen des Klosterkomplexes in den sehr schönen und gepflegten Klostergarten. Der Komplex des Klosters – mit Kirche, landwirtschaftlichen

Fresko am Klostereingang

Gebäuden und Wohnhaus – sind von einer Mauer zum Schutz vor Angreifern umgeben.

Beim Betreten des Komplexes fällt rechts des eigentlichen Klosters die kleine Kirche des heiligen Nikolaus ins Auge. Es wird angenommen, daß sie noch vor den anderen Gebäuden des Klosters geschaffen wurden.

Eine Besonderheit stellt der Boden der kleinen Kirche dar; er liegt etwa einen Meter tief in der Erde. Die Kirche ist sowohl von innen wie auch an den Außenwänden mit Wandmalereien geschmückt. Die Kunstwerke stammen aus dem Jahre 1636.

Mönch und Gläubiger im Gespräch

Die Hauptkirche des Klosters gehört zu den ältesten Gebäuden auf diesem Teil des Balkans. Vorbild bei dem Bau des Klosters waren die von früheren Machthabern gestifteten Bauten dieser Gegend. Der gelbe Tuffstein stammt aus Steinbrüchen aus Tuzine. Es wird erzählt, daß die Arbeiter eine Menschenkette vom Kloster bis zum eine Tagesreise entfernten Steinbruch bildeten und die Steine so von Hand zu Hand zur Baustelle gelangten. Die Portale und der Boden der Kirche sind aus Marmor, der unweit des Klosters gefunden wurde.

In der Mitte der Kirche befindet sich eine Gruft. Es wird vermutet, daß sich in dem Sarkophag die sterblichen Überreste von Herzog Stefan Vukanov befinden, dem Stifter des Klosters.

Berühmt ist die Kirche insbesondere wegen ihrer Wandmalereien. Das älteste Fresko entstand im 13. Jahrhundert und stellt den Propheten Elias dar, der von einem Raben gespeist wird. Ein weiteres bekanntes Fresko stammt aus dem Jahre 1575 und zeigt den Heiligen Lukas. Im 17. Jahrhundert wurde die Kapelle des Heiligen Stefan bemalt, im gleichen Jahrhundert die Altarwand geschnitzt. Die eingefügten Ikonen schuf Đorđe Mitrovanović, der Gründer der ersten Schule für Wandmalereien. In dieser Zeit entwickelte sich das Kloster zum kulturellen und religiösen Zentrum der ganzen Region.

Von den Fresken aus der Anfangszeit des Klosters sind nur noch einige wenige Teile erhalten. In seiner leidvollen Geschichte mußte das Kloster 70 Jahre ohne Dach auskommen. Zu Beginn des 16. Jahrhunderts plünderten die Türken das Kloster, bauten das Dach ab und nahmen es mit. Die Wandmalereien waren den Witterungseinflüssen schutzlos ausgeliefert und wurden zerstört.

Am Ende des 16. Jahrhunderts wurde das Kloster restauriert. In dieser Zeit entstanden neue Fresken, die zum Teil noch heute gut erhalten sind. Im 18. und zu Beginn des 19. Jahrhunderts wurde das Kloster erneut restauriert.

Links des Klosters befinden sich die Wohnräume der Mönche. Außerhalb der Klostermauern, über einen Trampelpfad zu erreichen, findet sich der 33 Meter hohe Wasserfall. Die ›Brücke der Mönche‹ befindet sich unterhalb des Klosters. Sie entstand im Jahre 1842.

Kolašin

Wer nach Kolašin reist, muß den 1045 Meter hohen Berg Crkvine überwinden. Bereits am Bergsattel zeigt sich der Fluß Tara erstmalig und fließt dann bis zum Ortseingang parallel, wenn auch in recht großem Abstand zur Straße. Eingerahmt von den Hängen der Bjelasica- und Sinjajevina-Gebirge liegt die Stadt, in sich ruhend und von Wäldern umgeben, nicht unweit der Tara. Der Gebirgsort liegt 950 Meter über dem Meer und hat 4500 Einwohner.

Im Winter ist Kolašin ein pulsierendes Wintersportzentrum. Aber auch während der Sommermonate kommen Touristen in den Ort, nun um die Ruhe und besonders die einmalige Natur zu genießen. Die Hotels beherbergen während der warmen Monate Sportvereine, die hier ihr Trainingslager aufschlagen, und Teilnehmer von Seminaren. Dennoch ist der Ort von Ruhe geprägt. Wer etwa an einem Sonntagvormittag nach Kolašin kommt, kann ein in Montenegro nicht unübliches Straßenbild vorfinden: Die Männer bevölkern die Cafés und beobachten die vorübergehenden Passanten und jeden Neuankömmling mit großer Neugier, Frauen wird man nur vereinzelt antreffen.

Kolašin wurde in der Mitte des 17. Jahrhunderts von den Türken als Stützpunkt im Kampf gegen die Montenegriner gegründet. Seitdem wurde der Ort bis in die jüngere Vergangenheit immer wieder Schauplatz blutiger Kämpfe. Zunächst bekämpften sich über Jahrzehnte Montenegriner und Osmanen, bis die Stadt auf

Der Supermarkt in Kolašin

dem Berliner Kongreß 1878 offiziell Montenegro zugesprochen wurde. Daher findet man im Stadtzentrum noch einige Gebäude, deren Architektur orientalische Einflüsse aufweist. Während des Zweiten Weltkrieges war die Stadt erneut heftig umkämpft. Insgesamt 23 Mal wechselte in den Jahren 1941 bis 1945 die Macht zwischen den Partisanen und den Okkupanten. Während dieser Zeit wurde die Stadt 18 Mal bombardiert und mußte große Zerstörungen hinnehmen.

Für das kommunistische Jugoslawien unter Tito hatte Kolašin nicht nur aufgrund der blutigen Kämpfe eine große Bedeutung. 1943 wurde hier der ›Antifaschistische Rat des Volksbefreiungskampfes von Montenegro und der Bucht von

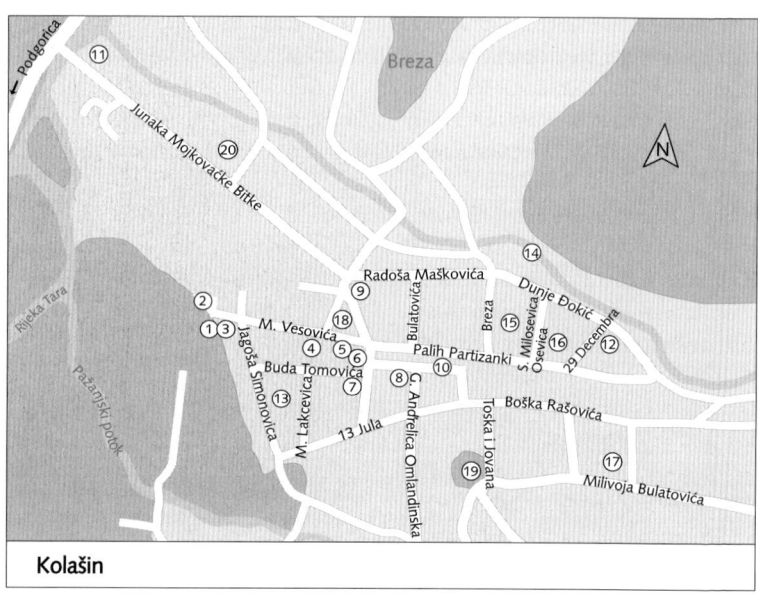

Kolašin

Legende

1	Hotel Bjelasica	11	Autowerkstatt
2	Parkplatz	12	Erste-Hilfe-Station
3	Touristeninformation	13	Restaurant
4	Partisanendenkmal	14	Restaurant
5	Taxistand	15	Restaurant
6	Parkplatz	16	Restaurant
7	Post	17	Restaurant
8	Museum	18	Restaurant
9	Hotel	19	Kirche
10	Motel	20	Bushaltestelle

Kotor‹ gegründet. Später ging daraus die Volksversammlung von Montenegro hervor. An der Fassade des Gymnasiums erinnert eine Tafel an die erste Sitzung des Volksbefreiungsrates. Später fand auch die zweite und dritte Sitzung im gleichen Gebäude statt. Kolašin war einer der ersten Orte, in denen die Partisanen im Zweiten Weltkrieg dem Gegner wichtige Erfolge abringen konnten. Das Denkmal im Stadtzentrum erinnert an die Opfer im Zweiten Weltkrieg.

Kolašin ist ein idealer Ausgangspunkt für zahlreiche Aktivitäten. Im Sommer bietet die Stadt und ihre Umgebung ideale Bedingungen für Bergsteiger, Wanderer, für die Jagd und den Fischfang. Sie dient als Startpunkt für Ausflüge in den Nationalpark Biograd. Aber in erster Linie ist Kolašin neben Žabljak das wichtigste Wintersportzentrum Montenegros. Und zu jeder Jahreszeit wird Kolašin als Luftkurort genutzt. Das Klima in diesem Teil Montenegros ist dem der Alpen sehr ähnlich.

In einer Entfernung von 19 Kilometern liegt im Bjelasica-Gebirge der Biograder See. Er erstreckt sich auf einer Länge von 1000 Metern und ist bis zu 40 Meter breit. Der See bietet Kajakfahrern und Paddlern beste Möglichkeiten. Er ist zudem reich an Forellen und anderen Fischarten. In den umliegenden Wäldern sind Bären, Hirsche, Rehe und anderes Wild zu finden.

Wintersportler finden auf zahlreichen Pisten und Skihängen beste Bedingungen vor. Skilifte bringen die Wintersportler auf den Berg, von dem aus sich Pisten ganz unterschiedlicher Schwierigkeitsgrade eröffnen. Wer vom Ski-

Denkmal zur Erinnerung an den Volksbefreiungskampf

fahren genug hat, findet Abwechslung beim Fallschirmspringen oder Paragliding.

Die Stadt ist an die Bahnlinie Belgrad-Bar angeschlossen, aber auch sehr gut mit dem Auto oder dem Bus zu erreichen. Die Hauptverkehrsstraße durch Montenegro und nach Serbien führt unmittelbar an Kolašin vorbei.

Vorwahl: 003 81(0)81, Postleitzahl 81210.

Tourismus-Informationszentrum, im Hotel Bjelasica, Tel./Fax 86 58 85, werktags von 8 bis 15 Uhr. Informationen zum Ort und der Umgebung.

 Busbüro, Tel. 871 41.

 Bahnhof, Tel. 86 52 12.

 ›Bjelasica‹, Tel. 86 53 00/20, Fax 865 36 10; mit 350 Betten das größte Hotel am Ort, B-Kategorie. Restaurant, Bar, TV-Zimmer, Hallenbad, verschiedene Sportmöglichkeiten und eigene Skipiste.

Hotel Garni, Tel. 86 54 84 und 86 50 21, kleines familiäres Hotel mit 30 Betten, ebenfalls B-Kategorie. Restaurant und Bar, Parkplätze vor dem Haus.

 Restaurant ›Vodenica‹, im Zentrum des Ortes, Tel. 86 53 38. An gleicher Stelle befand sich früher eine Mühle, die nach dem Umbau dem Restaurant sein besonderes Ambiente gibt. Einheimische Spezialitäten nach Art der Region. Dazu gibt es immer einen Korb mit frischem selbsthergestelltem Brot.

 Tankstelle am Ort vorhanden.

Zwischen Kolašin und Andrijevica

Von Kolašin aus bieten sich zwei Routen zur weiteren Erkundung des Ostens an. Die eine führt von der Hauptstraße in nördlicher Richtung nach Mojkovac, die andere über Matešsevo in südlicher Richtung mit den Zielen Andrijevica und Plav. Diese Route eignet sich hervorragend für eine Rundreise durch den Osten.

Auch die Straße von Kolašin nach Andrijevica wird in den Straßenkarten als Međunarotni magistralni put (frei übersetzt ›Internationale Hauptverkehrsstraße‹) bezeichnet. Für eine rund drei Meter breite Straße ohne Markierungen ist das eine sehr positive Umschreibung. Die Straße hat dennoch ihren Reiz, führt sie in weiten Teilen doch durch einsame, unberührte und menschenleere Gegenden. Vereinzelt tauchen einsame verlassene Häuser auf und von Zeit zu Zeit sogar das ein oder andere bewohnte Gebäude.

Hinter Kolašin erreicht man zunächst das Dorf Skrbuša, das man als solches kaum wahrnimmt, da es lediglich aus einigen wenigen, wie hingeworfen wirkenden und weit verstreut stehenden Häuschen besteht. Die Straße führt an dichtem Buschwerk vorbei und unterquert eine der gewaltigen Eisenbahnbrücken. Ein kurzer Halt, um das Bauwerk in Augenschein zu nehmen, lohnt. Vielleicht erspäht man auch den Brückenwärter weit oben auf der Brücke, der mit kritischen Augen jeden Schritt verfolgt.

Heuschober an der Straße nach Andrijevica

Die erste größere Ansiedlung ist das Dorf Mateševo. Für einen Augenblick glaubt man sich zurück in der Zivilisation. Einige Häuser, ein Geschäft, eine Kurve – und schon hat man den Ort hinter sich gelassen. Nun ist kilometerlang kein menschliches Wesen zu entdecken.

Die Straße steigt an, Serpentinen und Steigungen bis zu zehn Prozent sind zu bewältigen. Plötzlich und völlig unerwartet kommt ein Zeichen menschlichen Lebens ins Blickfeld, ein Café. Wenige Augenblicke später wird deutlich, warum jemand auf die Idee kam, dort mit einer Gaststätte sein Glück zu versuchen: Von dort oben, in einer Höhe von rund 1600 Metern im Trešnjovikgebirge, bietet sich ein faszinierender Ausblick in das Land des Komovigebirges, das bis zu den Bergen Albaniens reicht.

Die Straße senkt sich bedächtig in das Tal der Lim und stößt kurz vor dem Erreichen von Andrijevica auf eine breite und gut ausgebaute Hauptstraße. So mancher Reisender mag nach diesen fast 50 Kilometern durch einsame Wälder dem Ort Andrijevica voller Erwartung entgegengefiebert haben.

Andrijevica

Andrijevica ist einer der jüngeren Orte in Montenegro. Er liegt am linken Ufer der Lim und ist von Tannen und Buchwäldern umgeben. Früher war er lange Grenzort zwischen Montenegro und den eroberten Gebieten der Osmanen. Auch Andrijevica wurde im Zweiten Weltkrieg stark in Mitleidenschaft gezogen. Insgesamt acht Mal wurde der Ort besetzt und genauso oft von Partisanen wieder befreit. Ein gewaltiges Denkmal auf dem Berg Knjaževac erinnert an die Gefallenen der Kämpfe.

Wie im ganzen östlichen Teil Montenegros gilt die Luft in Andrijevica als sehr rein und sauber. Bei Wanderungen und Bergbesteigungen lassen sich noch seltene Pflanzen entdecken. Auch kann man sich im Fluß Lim beim Baden erfrischen oder auf Fischjagd gehen.

Das Stadtbild wird von alten renovierungsbedürftigen Häusern und Neubauten geprägt. In der Ortsmitte überragt ein graues Hochhaus die anderen Gebäude und bietet sich als Orientierungspunkt an. Hier befindet sich ein Parkplatz, warten Taxis auf Kundschaft. Bleibt man weiter auf der Hauptstraße, senkt sich die Straße langsam zum Fluß Lim hinab. Er markiert in etwa das Ende des Ortes.

Ein kleiner Spaziergang entlang der Hauptstraße lohnt, sind hier die typischen montenegrinischen Häuser zu entdecken, daneben Gebäude aus kommunistischer Zeit. Bedeutende historische Hinterlassenschaften aus vorherigen Jahrhunderten wird man hier nicht finden, dafür ein ungeschöntes und touristisch noch unentdecktes, ursprüngliches Montenegro.

Die kommunistische Vergangenheit des Landes ist auch in Andrijevica noch heute deutlich sichtbar. Niemand hat ein Interesse daran, sie zu verbergen, sie wird als Teil der eigenen Geschichte akzeptiert. Sehr deutlich wird dies im Stadtpark von Andrijevica, der sich am westlichen Ortseingang befindet. Ein monumentales Denkmal erinnert auch nach dem Ende der kommunistischen Zeit an die

Büsten gefallener Widerstandskämpfer

Gefallenen der Volksbefreiungskämpfe. Im Park findet sich auch die Kirche des heiligen Andreas, nach dem der Ort benannt wurde. Erbaut wurde das Gotteshaus 1830. Der Park bietet einen attraktiven Blick auf die Lim und ihr Tal.

Plav

Denjenigen, die noch tiefer in den Osten Montenegros eintauchen möchten, ist ein Besuch des Ortes Plav anzuraten. Er liegt nahe der Grenze zu Albanien und der Republikgrenze zu Serbien, rund 15 Kilometer von Andrijevica entfernt. Auf der Fahrt von Andrijevica verläuft die Lim zunächst links, dann rechts parallel der Straße.

Plav liegt nicht weit von der Stelle, wo die Lim in den Plavsko-See fließt. Plav ist als Luftkurort, seine Umgebung als Jagdgebiet begannt und gilt als der touristische Mittelpunkt im Osten Montenegros.

Die Siedlung hieß zunächst Ribare, im 13. Jahrhundert erhielt sie ihren noch heute gültigen Namen Plav. In ihren Anfängen wurde die Siedlung, wie auch der See, als Teil des Klosters Dečani angesehen.

Der Plavsko-See (Plavsko jezero) bietet Möglichkeiten zum Baden und für den Wassersport. Die Angler an den Ufern kommen wegen der Hechte und der verschiedenen Forellenarten. Der Plavsko jezero weist eine Länge von über 2000 Metern und eine Breite von durchschnittlich 1400 Metern auf. Er ist bis zu 9 Meter tief.

Der See und der Ort Plav sind vom 2656 Meter hohen Prokletije-Gebirge umgeben. Westlich liegt das 2174 Meter hohe Visitor-Gebirge, dort befindet sich der gleichnamige See. Auf der nordwestlichen Seite des Prokljetije-Gebirges befindet sich der Ridsko jezero. Er gilt als einer der attraktivsten Seen des Landes, wird der Kategorie der Eisseen zugeordnet und ist in dieser Sparte einer der größten weltweit. Der See liegt 18 Kilometer von Plav entfernt und ist beispielsweise in einer etwa zweistündigen Wanderung über Waldwege entlang des Flusses Komaraća zu erreichen. Das Wasser des Sees fließt unterirdisch in die Lim ab.

Im Mittelalter lag Plav am Karawanenweg Kotor–Konstantinopel. Über mehrere Jahrhunderte war das Gebiet unter der Herrschaft der Osmanen, so sind die türkischen Einflüsse beispielsweise in der Architektur der älteren Häuser noch vereinzelt sichtbar. Sehenswert ist der ehemalige gut erhaltene Wehrturm der Familie Redžepagić. Nach dem Zweiten Weltkrieg etablierte sich Plav in der Kunststoffverarbeitungsindustrie.

In dieser Gegend, nahe der Grenze zu Albanien, leben sehr viele Albaner und albanischstämmige Montenegriner. Einmal im Jahr rückt der kleine Ort Plav in das Blickfeld der Öffentlichkeit. Im Sommer reisen die albanischstämmigen

Montenegriner aus der ganzen Welt an, unter anderem aus den USA, Australien und vielen europäischen Ländern. Sie lassen bei Musik, Tanz und gutem Essen ihre alten Traditonen für einige Tage wieder aufleben und pflegen sie.

 Vorwahl: 003 81(0)871

Tourismus-Informationszentrum von Plav, Carsija bb, 84325 Plav, Tel/Fax 528 88; geöffnet werktags von 8 bis 14 Uhr.

 Hotel ›Plavsko Jezero‹, Tel. 003 81(0)69 37 21 50. Neben Zimmern stehen drei Apartments und ein Restaurant zur Verfügung.

Gusinje

Am Fuße des Prokljetije-Gebirges, nur wenige Kilometer von der Grenze zu Albanien entfernt, liegt Gusinje. Der Ort befindet sich im Vruljatal, nahe der Mündung der Flüsse Grućar und Vrulia. Bereits im 14. Jahrhundert fand der Ort erste Erwähnung, damals nur als ein Dorf von vielen an der Straße nach Peć.

Dem Ort ist seine islamische Prägung auch in der Gegenwart noch anzusehen, sie verleiht ihm seinen interessanten Charakter. Die Sehenswürdigkeiten stammen auch aus der Zeit, als die Türken dieses Gebiet unter ihrem Einfluß hatten. Einen Besuch wert sind die Moscheen Vebirova Džamina, Radonćići Džamina und Cekića Džamina. Die katholische Kirche des Heiligen Antonius wirkt dazwischen etwas verloren. Auch in Gusinje gibt es ein großzügiges Denkmal, das an die Gefallenen des Volksbefreiungskampfes im Zweiten Weltkrieg erinnert.

Nahe dem Ort befinden sich die sogenannten Ali-Paša-Quellen. Verläßt man Gusinje in südlicher Richtung, erreicht man nach fünf Kilometern das Dorf Vusanje. Hier befindet sich der See Savino jezero mit seinem beeindruckenden Wasserfall.

Berane

In einem Tal zu beiden Ufern der Lim und umgeben von den Ausläufern der Gebirge Bjelasica, Cmiljevica und dem Gebirge Turjek liegt die Stadt Berane, früher Ivangrad.

Ein gewaltiges Ortsschild begrüßt den Reisenden am Ortseingang, der Ort selbst macht auf den ersten Blick wenig her. Wohnhäuser, Geschäfte und eine kleine Fußgängerzone mit zahlreichen Cafés prägen das Stadtbild.

Vor dem Zweiten Weltkrieg lebten die Bewohner Beranes in erster Linie von der Landwirtschaft, daneben auch vom Obstbau. Nach dem Zweiten Weltkrieg begann eine rasche Industrialisierung in Berane und seiner Umgebung. Es entstanden eine Zellulosefabrik, eine Sperrholzfabrik und eine Ziegelbrennerei. Zugleich versuchten die Verantwortlichen auch den Tourismus zu fördern.

Dies scheint ein Widerspruch zu sein, doch Berane bietet tasächlich einiges für Erholungssuchende. An den Ufern der Lim findet man mehrere sehr attraktive Sandstrände, und wer nicht nur baden möchte, kann sich die Zeit mit Fischen vertreiben. Das Bjelasica-Gebirge bietet sehr gute Bedingungen für die Jagd und für Wanderungen. Oft

Im Stadtzentrum von Berane

sind es Durchreisende auf dem Weg nach Plav, Peć und in das Kosovo, die in Berane Station machen. Das erste Hotel, das Hotel ›Berane‹, wurde unmittelbar nach dem Zweiten Weltkrieg gebaut.

Die Türken gründeten die Siedlung und gaben ihr den Namen Berane. Die Stadt bildete lange die Grenze zwischen Montenegro und dem Osmanischen Reich und war dadurch oft Schauplatz heftiger und blutiger Kämpfe. Im Zweiten Weltkrieg wurde Berane sehr bald nach Beginn des Aufstandes in Montenegro befreit. Bereits 1941 wählte die Bevölkerung ihre Volksvertreter. Berane wurde jedoch später erneut von feindlichen Truppen eingenommen und konnte endgültig 1944 befreit werden. Ein monumentales Denkmal auf dem Berg Jasikovac erinnert an dreißig Partisanen, die bei den Kämpfen 1941 erschossen wurden. Architekt des Denkmals ist Bogdan Bogdanović, der später zu internationaler Anerkennung fand. Nach dem Zweiten Weltkrieg wurde Berane in Ivangrad umbenannt, nach Ivan Milutinović, einem Volkshelden aus den Reihen der Partisanen, der sich bei der Befreiung der okkupierten Gebiete verdient gemacht hatte.

In der Umgebung von Berane, in der Höhle Tifranska spilja, entdeckten Forscher in den 1950er Jahren Gegenstände und Skelette, die aus der Steinzeit stammen.

Zwei Kilometer von Berane entfernt liegt der Ort Budimlja. Hier gründete Sava Nemanjić im Jahre 1219 ein Bistum. Das Kloster Đurđevi stupovi wurde im

13. Jahrhundert erbaut und befindet sich am linken Ufer der Lim. Die Kirche des Heiligen Georg wurde im 12. Jahrhundert errichtet. In der Nähe der Kirche befinden sich die Ruinen einer Burg aus dem 15. Jahrhundert. Đorđe Braković, ein Mächtiger vergangener Tage, ließ sie für seine Frau Jerina errichten.

Im Jelovia-Gebirge, etwa 20 Kilometer von Berane entfernt, liegen die Bergseen Pešić, Ursulovaćko und der Šiškosee. Hier befindet sich auch ein Hotel. Das Gebiet ist landschaftlich sehr reizvoll und bietet Ausflugs- und Wandermöglichkeiten in ursprünglicher Natur.

Konditorei ›Rekord‹ in einem typischen Gebäude

 Vorwahl: 003 81(0)87

 Busbüro, Tel. 618 82.

 Hotel ›Berane‹, Tel. 16 10 89 und 618 22, Fax 16 10 89, B-Kategorie. Großes Restaurant und Terrasse für mehre hundert Leute.

Hotel ›Lokve‹, 15 Kilometer vor Berane, Tel. 162 46, Fax 16 10 89. Großes Restaurant; in unmittelbarer Nähe befindet sich ein Skigebiet.

Rožaje

Knapp 30 Kilometer östlich von Berane und somit weit im Nordosten Montenegros, an den Hängen des Berges Hajle, befindet sich Rožaje. Es ist die letzte größere Ortschaft vor der Grenze zu Albanien. Die Stadt liegt in einem weiten Tal, der Fluß Ibar verläuft durch die Stadt.

Die Haupteinnahmequelle der Einwohner waren lange Zeit die Viehzucht und der Ackerbau. Ende der 1960er Jahre wurde auch in den entlegeneren Winkeln Montenegros das Straßennetz ausgebaut. Da in Rožaje und seiner Umgebung optimale Bedingungen für den Jagdtourismus und den Wintersport gegeben sind, setzte man große Hoffnungen in den Tourismus. Die Hoffnungen wurden jedoch nur teilweise erfüllt. So gilt Rožaje auch heute noch eher als Geheimtip.

Sehenswert ist die Moschee des Sultan Murat II., der sie 1450 bauen ließ und die noch in der Gegenwart von den Gläubigen genutzt wird. Sie befindet sich am linken Ufer der Ibar. In unmittelbarer Nachbarschaft der Moschee liegt das Grab von Šeh Muhamed, das insofern eine grausige Besonderheit darstellt, da der Šeh seinerzeit im Ort Boletići heimtückisch und hinterrücks ermordet wurde.

Auch in Rožaje ist die islamisch geprägte Vergangenheit noch deutlich sichtbar. Durch die waldreiche Umgebung hat sich Holzindustrie angesiedelt, bekannt war der Ort über eine lange Zeit auch wegen der hier hergestellten Teppiche mit ihren Verzierungen und Ornamenten.

Südlich von Rožaje, im Hajle Gebirge, befindet sich ein bekanntes Jagdgebiet, während westlich von Rožaje, am Berg Turjak, ein ideales Skigebiet ist.

 Vorwahl: 003 81(0)871

 Das Übernachtungsangebot ist recht groß.
Empfehlenswert:
Hotel ›Turjak‹, etwa drei Kilometer außerhalb, Tel. 711 78, Fax 715 30; Zimmer, Apartments und Bungalows. Hoteleigenes Restaurant, Sauna und Kegelbahn, Skipiste nahe dem Haus.

Hotel ›Rožaj‹, Tel. 335, Fax 530, B-Kategorie; 35 Zimmer. Im hoteleigenen Restaurant finden fast 300 Leute Platz.
Motel ›Bogaje‹, direkt an der Hauptstraße, sieben Kilometer von Rožaje entfernt. 24 Betten der B-Kategorie sowie drei Apartments.

Bijelo Polje

Von Berane aus ist schon die Annäherung an Bijelo Polje ein Vergnügen. Die Straße führt an den Ufern der Lim entlang, die zunächst rechts der Straße fließt. Sie führt vorbei an grünen Weiten, Bauernhöfen und Dörfern, bis sie nach dreißig Kilometern Bijelo Polje erreicht.

Der Ort liegt am Fluß Lim und ist von grün bewachsenen Hügeln umgeben. Parallel zum Fluß verlaufen die Hauptstraße und die Eisenbahnstrecke Belgrad–Bar. Früher war Bijelo Polje ein kleines, anspruchsloses und türkisch geprägtes Städtchen mit meist einstöckigen Häusern aus einfachen Ziegelsteinen oder Holz. Nach dem Zweiten Weltkrieg erlebte die Stadt einen raschen Aufschwung, Industrie siedelte sich an. Insbesondere für die Verarbeitung von Wolle war Bijelo Polje bekannt. Aber auch Schuhe wurden hergestellt und Fleischerzeugnisse produziert.

Der Rote Stern wacht über der Stadt

Das Stadtbild macht einmal mehr deutlich, daß der Osten nicht zu den reicheren Gegenden Montenegros gehört. Die Häuser im Stadtzentrum sind nicht selten in einem bedauerlichen Zustand, die Fußwege gleichen Stolperfallen. Auch in Bijelo Polje hat man, nach dem Ende der kommunistischen Ära, die Symbole und Erinnerungen aus dieser Zeit im Stadtbild bewahrt. Im Park der Stadt erinnert ein Denkmal an die Opfer des Zweiten Weltkrieges, und oberhalb der Stadt blinkt der rote Stern.

Im Vergleich zu einigen anderen Städten Montenegros hat Bijelo Polje eine Art Stadtzentrum mit einem Hotel, Banken, einem Kino und verschiedenen Geschäften. Der Ort verfügt über einen hörenswerten Radiosender mit gängiger Popmusik, der noch weit über die Stadtgrenzen zu empfangen ist.

Als die Osmanen den Balkan beherrschten, hatte Bijelo Polje große Bedeutung als Durchgangsstation für die reisenden Kaufleute auf dem Weg nach Konstantinopel oder auch in den Westen. Transitstadt ist Bijelo Polje auch heute. In der Gegenwart sind es jedoch oft Urlauber aus Serbien, die an die montenegrinische Küste wollen, oder Montenegriner auf dem Weg nach Belgrad.

Bekannt ist Bijelo Polje ganz besonders wegen seines Mineralwassers. Etwa drei Kilometer vor der Stadt befinden sich verschiedene Mineralwasserquellen. Das Wasser soll sich sehr günstig bei Verdauungsstörungen, Herzbeschwerden, Kreislauferkrankungen und Nierenbeschwerden auswirken.

An den Ufern der Lim findet man einige sehr schöne Strände, die zum Sonnen und Verweilen einladen. Während der Sommermonate und oft bis in den September hinein kann man wunderbar im Fluß baden. Er ist zugleich Lebensraum für zahlreiche Fischarten, Angler kommen gern wegen der Forellen. Der Fluß bietet ruhige Stellen, zugleich auch ideale Bedingungen für den Kajaksport.

Der Bau der Kirche des Heiligen Petrus war zugleich auch der Grundstein für die Entstehung der Stadt. Veranlaßt hat den Bau des Gotteshauses Fürst Miroslav aus Hum. Es wird angenommen, daß im Jahre 1195 mit dem Bau der Kirche begonnen wurde. Fertiggestellt wurde sie erst vier Jahre später. Im Mittelalter war die Kirche des Heiligen Petrus Stammsitz des Erzbistums von Hum. In der Kirche befinden sich einige wertvolle Fresken. Es wird vermutet, daß das Miroslav-Evangelium in dieser Kirche geschrieben wurde. Es gilt als das erste seiner Art und entstand im 12. Jahrhundert. Das Evangelium wurde mit der Hand und in kyrillischen Buchstaben auf Pergament geschrieben und die einzelnen Seiten verziert.

Interessant ist auch die Kirche des Heiligen Nikolaus. Die Fresken der Kirche entstanden im 17. Jahrhundert. Sie sind von besonderer Bedeutung, weil sie die verschiedenen Stile, Ein-

Das Partisanendenkmal

flüsse und Schulen der damaligen Zeit erkennen lassen. In der Kirche werden fast hundert Bücher aufbewahrt. Sie sind teils handgeschrieben, teils stammen sie aus der ersten Druckerei des Landes. Zu den wertvollsten Büchern gehört das Divoš-Evangelium. Es wurde ebenfalls auf Pergament geschrieben und entstand im 14. Jahrhundert. Ein weiteres interessantes Buch ist die Stadtchronik Bijelo Poljes aus dem 16. Jahrhundert. Die Heiligenbilder in der Kirche wurden von dem Künstler Lazović im 19. Jahrhundert gemalt.

Im Zweiten Weltkrieg verloren über 1200 Bürger aus Bijelo Polje ihr Leben. Das monumentale Denkmal im Zentrum erinnert an sie und die Befreiungskämpfe.

Bijelo Polje ist von sehr attraktiver und ursprünglicher Natur umgeben, die zum Wandern und zu Bergbesteigungen einlädt. Jagdfreunde finden ebenfalls beste Voraussetzungen. Bekannte Jagdgebiete sind Đalovića Klisuoa, Bjelasica und Duboćica. Jagen lassen sich vor allem Rehe, Wildschweine und Gemsen.

Weitere Sehenswürdigkeiten befinden sich in der Umgebung. Dazu gehört die Nikolauskirche in Podvrh, die im Mittelalter errichtet wurde. Die gut erhaltenen Wandbilder stammen von dem Mönch Strahinjas von Budimlje.

In Bistrica befindet sich die Kirche ›Boljevac‹. Es handelt sich um eine einschiffige Kirche mit sehenswerten Wandmalereien aus dem 17. Jahrhundert. In Zaton befindet sich die Johanneskirche. Sie stammt ebenfalls aus dem Mittelalter und ist nur teilweise erhalten geblieben. Auch die Wandmalereien nahmen über die Jahrhunderte großen Schaden.

 Vorwahl: 003 81(0)84

 Busbüro, Tel. 86 40 33.

 Bahnhof, Tel. 329 51.

 Hotel ›Bijela Rada‹, Tel. 223 02, Fax 220 37, B-Kategorie. Großes Restaurant und noch größere Sommerterrasse.

 Tankstelle im Ort vorhanden.

Mojkovac

Mojkovac liegt am Flußlauf der Tara, zwischen dem Nationalpark Tara und dem Nationalpark Biogradska Gora. Die Züge aus Podgorica in Richtung Belgrad halten im Bahnhof der Stadt.

Mojkovac ist bekannt wegen seiner Blei- und Zinkvorkommen, bedeutend ist auch die Holzindustrie. Bereits im Mittelalter wurde auf dem Gebiet der heutigen Stadt Silber gefunden.

Die Gegend um Mojkovac war häufig Schauplatz militärischer Schlachten. Die Montenegriner kämpften lange Zeit gegen die Türken, später auch gegen die österreichisch-ungarischen Truppen und im Zweiten Weltkrieg gegen deutsche und italienische Besatzer.

Im Bergwerk Brskovo werden seit Generationen Kupfer, Blei und Silber gewonnen. Noch zu Zeiten von König Uroš wurde das erste serbische Geld mit dem bei Mojkovac gewonnenen Silber geprägt. Es fand auf dem gesamten Balkan als Zahlungsmittel Anerkennung. Der Name Mojkovac hat in diesen Münzen seinen Ursprung.

Die Tara in der Nähe von Mojkovac

Im Jahre 1787 konnten die Montenegriner die türkischen Truppen in Mojkovac besiegen, verloren aber später das Gebiet erneut. Im Jahre 1812 gelang es den Montenegrinern gemeinsam mit den Serben, die türkische Armee einzukreisen und so endgültig in die Flucht zu schlagen. Für Montenegro und Serbien war dies der Anfang gemeinsamer Grenzen.

Mojkovac ist von sehr schöner Natur umgeben. Nur acht Kilometer von Mojkovac entfernt befinden sich der See Biogradsko Jezero und der Nationalpark Biogradska Gora.

 Vorwahl: 003 81(0)84

 Bahnhof, Tel. 084/721 30.

 Hotel ›Mojkovac‹,
Tel. 720 18, Fax 721 04,
B-Kategorie, 80 Betten.

Der Nordwesten

Beim Wort ›Durmitor‹ denken die meisten an den Nationalpark Durmitor oder den Wintersportort Žabljak, tatsächlich bezeichnet der Begriff aber fast den gesamten Nordwesten Montenegros. Das gesamte Durmitor-Gebiet inklusive des Nationalparks umfaßt gut 1800 Quadratkilometer. Diese relativ große Fläche ist Heimat für vergleichsweise wenig Menschen. Die Einwohnerdichte ist insbesondere aufgrund der geographischen Gegebenheiten relativ gering: Nur rund 14 000 Menschen leben im gesamten Gebiet.

Im Zentrum dieser Landschaft dominiert das Gebirge gleichen Namens, ein gewaltiges Massiv, das Montenegro mit den herzegowinischen Bergen verbindet. Es verfügt über 22 Bergspitzen mit einer Höhe von über 2000 Metern, sein höch-

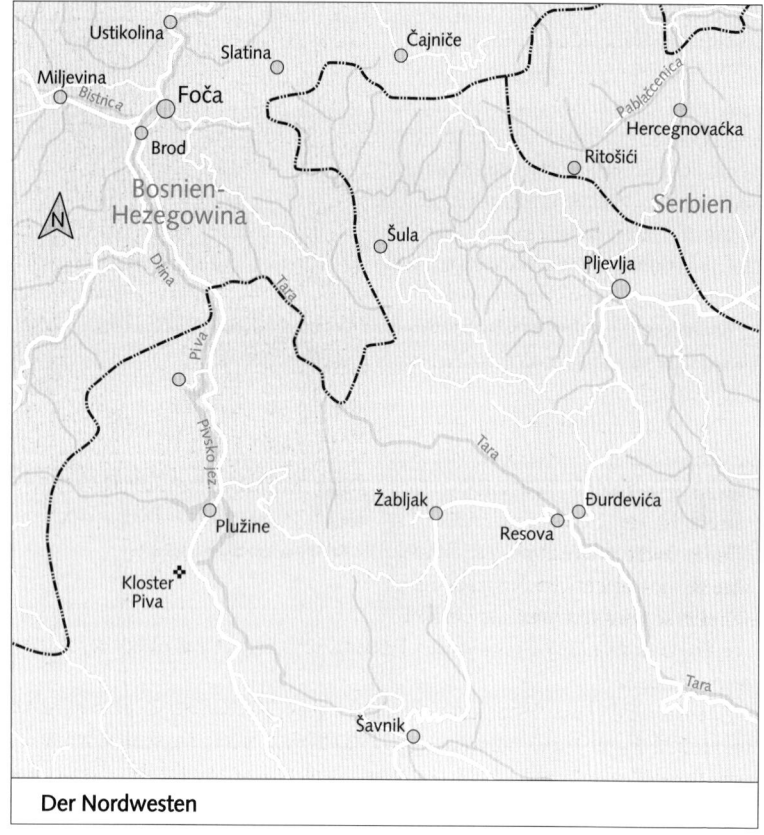

Der Nordwesten

ster Gipfel ist Bobotov kuk mit 2522 Metern. Wer ihn besteigen möchte, sollte als trainierter Bergsteiger einen halben Tag veranschlagen, um die Spitze zu erreichen. Aber es ist Vorsicht geboten, da es keine Bergrettung gibt. Der Blick vom Gipfel entschädigt für alle vorangegangenen Strapazen.

Das gesamte Durmitor-Gebiet wird adernartig von vier Flüssen durchzogen. Die Tara ist der bekannteste unter den Flüssen. Daneben gibt es die Flüsse Piva, Komarnica und Šušice mit seinen Nebenarmen. Zwischen dem höchsten Gipfel Botovo kuk und der Tarschlucht besteht ein Höhenunterschied von über zweitausend Metern.

Das Durmitor-Gebiet ist bekannt für seine unberührte Natur, in dem viele Tiere und Pflanzen beheimatet sind. Neben den großen Waldgebieten und großflächigen Feldern stellen die 18 Gletscherseen eine Naturbesonderheit dar.

Ungewöhnlich sind die verschiedenen Klimagebiete. In einer Höhe von 1200 Metern findet man ein alpentypisches Klima vor, darunter Gebirgsklima. In den Wintermonaten setzt sich die kalte Luft in den unteren Teilen ab und verursacht Nebel und eine ungemütliche Atmosphäre, während die Gipfel von warmer Luft, blauem Himmel und Sonnenschein umschmeichelt werden. Dadurch bestehen optimale Bedingungen für Wintersportler. Die geographischen und klimatischen Gegebenheiten schaffen ideale Lebensräume für eine reiche und vor allem artenreiche Flora und Fauna.

Bescheidener Zuverdienst: Honigverkäufer im Dumitorgebirge

Bis heute ahnt man zwar die geschichtsträchtige Vergangenheit des Durmitor-Gebietes, vollständig erforscht ist sie jedoch noch nicht. So gibt es zwar archäologische Funde, aber bei den bisherigen Ausgrabungen wurden, so wird vermutet, nur ein kleiner Teil der tatsächlich vorhandenen Hinterlassenschaften aus früheren Jahrhunderten entdeckt.

Zu den eindrucksvollsten Bauten gehören ohne Zweifel der Piva-Stausee mit seiner 220 Meter hohen Staumauer und die Brücke über die Tara. Das Gebiet umfaßt drei Verwaltungsgebiete, die ihren jeweiligen Sitz in Žabljak, Šavnik und Plužine haben.

Die Bewohner verdienen ihren Lebensunterhalt überwiegend und seit Generationen als Landwirte und in der Viehzucht, besonders die Schafzucht ist weit verbreitet. In der jüngeren Vergangenheit nehmen auch der Tourismus und die mit ihm verbundenen Berufszweige eine größer werdende Rolle ein. In einigen Gegenden findet man kleinere Industriebetriebe, beispielsweise für die Holzverarbeitung.

Jedes Jahr im Juli feiert man im Durmitor-Gebiet die ›Tage der Bergblume‹. Den Besuchern bietet sich die Möglichkeit, während dieser Festivitäten die Natur und das Leben im Durmitor-Gebiet kennen zu lernen.

Der Nationalpark Durmitor

Der Nationalpark Durmitor umfaßt nur einen Teil des gesamten Durmitor-Gebietes, gleichwohl ist er Teil aller drei Regierungsbezirke und ragt darüber hinaus noch in die Bezirke Mojkovac im Osten und Pljevlja im Norden Montenegros. Zentrum des Nationalparks ist die Stadt Žabljak.

Der Nationalpark verteilt sich auf einer Fläche von insgesamt 39 000 Hektar. Zu ihm gehört das Durmitorgebirge und die Taraschlucht. Vor allem weil die Bergwelt schwer zugänglich ist, entstand erst spät eine akzeptable Infrastruktur. Die Verkehrsanbindung nach Žabljak wurde erst 1934 fertiggestellt, mit dem Bau der Straße nach Plužine wurde erst 1964 begonnen.

Im Dumitorgebirge

Der montenegrinische König Nikola war der Initiator eines Nationalparks Durmito und stellte die Natur unter seinen hoheitlichen Schutz. Offiziell wurde zunächst nur das Durmitorgebirge zum Nationalpark erklärt und zugleich unter Naturschutz gestellt. Im Jahr 1978 wurde der Nationalpark um die Taraschlucht ausgeweitet. Internationale Anerkennung und Unterstützung fand der Nationalpark zwei Jahre später. Mittlerweile steht er unter dem Schutz der UNESCO.

Die Taraschlucht ist 68 Kilometer lang und und an einigen Stellen bis zu 1000 Meter tief. Sie wurde 1977 Teil des Weltreservats ›Biosphäre und Mensch‹.

Der Fluß Tara

In der Nahe des Berges Komovi, südöstlich des Wintersportortes Kolašin fließen die Bäche Verusa und Opašnica ineinander und bilden so den Fluß Tara. Die Tara ist der längste Fluß in Montenegro. Auf einer Länge von 140 Kilometern schlängelt er sich durch das bergige Land und passiert dabei auch die tiefste und nach dem Fluß Tara benannte Schlucht Europas. Nur wenige wissen, daß die Taraschlucht nach dem Grand Canyon die zweitgrößte Schlucht der Welt ist. Die Tara fließt zunächst an der Bergwerksstadt Mojkovac und sehr bald auch an Kolašin vorbei. Der Fluß beschreibt dann eine Linkskurve und fließt weiter in nordöstlicher Richtung. Kurz vor dem Dorf Bistrica erreicht er den Nationalpark Durmitor. Hier schlängelt sich die Tara durch Schluchten, Gebirge, vorbei an weiten grünen Flächen, weidenden Kühen und Schafen. Die Tara fließt nördlich an Žabljak

Die Taraschlucht ist die tiefste in Europa

vorbei, schlängelt sich noch einige Kilometer nahe der Grenze zu Bosnien und Herzegowina entlang. Bei Sćepan Polje vereinigt sich die Tara mit dem Fluß Piva und verläßt Montenegro in Richtung Bosnien. Aus dem Zusammenfluß von Tara und Piva entsteht einer der größten Flüsse auf dem Balkan, die Drina.

Die Tara-Brücke bei Đurđevića

Von Mojkovac aus gesehen, liegt Đurđevića dort, wo sich die Straße in einen Abzweig nach Pljevlja und in einen Richtung Žabljak gabelt. Der Ort ist bekannt wegen der Brücke, die sich hier über die Tara spannt. Sie erhebt sich mit ihren fünf Bögen 150 Meter über den Fluß. Sie wurde 1941 fertiggestellt und wäre vollständig dem Krieg zum Opfer gefallen. Die Partisanen beschlossen damals die Brücke zu sprengen, um den von Norden anrückenden Feinden den Vormarsch unmöglich zu machen. Der Ingenieur Lazar Jauković wurde beauftragt, den mittleren Bogen zu zerstören – ein schwerer Job für den jungen Mann, da er nur ein Jahr zuvor tatkräftig am Bau der Brücke beteiligt war. Er führte den Auftrag aus und der Feind konnte aufgehalten werden. Jauković wurde jedoch später von den feindlichen Truppen gefangengenommen und auf der Brücke hingerichtet. Die Büste am westlichen Ende der Brücke erinnert an Božidar Žugić. Er starb 1941; zu seiner Erinnerung ließ seine Mutter dieses Denkmal errichten.

Tara-Brücke mit Denkmal für ihren Erbauer

Fährt man von Đurđevića in westlicher Richtung, Richtung Žabljak, steigt die Straße immer weiter an, bis sich plötzlich das Durmitorgebirge wie eine gewaltige steinerne Wand vor einem erhebt. Die Gipfel sind oft das ganze Jahr mit Schnee bedeckt.

Žabljak *1.465 m*

Zentrum des Wintersports im Durmitorgebirge ist Žabljak, ein relativ kleiner Ort mit etwa 2000 Einwohnern. Žabljak liegt auf 1465 Metern Höhe und ist damit die höchstgelegene Ansiedlung in Montenegro und im gesamten ehemaligen Jugoslawien.

Die Touristen finden hier ideale Bedingungen für den Wintersport. Steile und weniger steile Abfahrtsmöglichkeiten bieten gute Bedingungen für Profis und Anfänger, Skilifte, Hotels und Bungalows stehen zur Verfügung.

Der Ort weist die typische Architektur montenegrinischer Gebirgsansiedlungen auf. Die Häuser sind ein- oder zweistöckig, oft haben sie ein steinernes Fundament, während die Wände aus massivem Holz sind, die daher auch in grimmigen Wintern die Kälte nicht ins Innere lassen. Typisch sind die spitz zulaufenden und fast bis zum Boden reichenden Hausdächer. Im Winter bieten sie optimalen Schutz vor den Schneemassen.

Das moderne Hotel Žabljak

Der Schwarze See macht seinem Namen alle Ehre

Žabljak gilt wegen seiner frischen und sauberen Luft auch als Kurort. Dazu beigetragen haben die ausgedehnten Nadelholzwälder. Viele montenegrinische Eltern kommen für ein oder oder zwei Wochen von der Küste hierher, um ihren Kindern eine Abwechslung vom feuchten Seeklima zu gönnen.

Die Illyrer waren die ersten Siedler in diesem Gebiet. Sie legten Dörfer an und erkannten, daß in dieser Gegend für die Viehzucht gute Bedingungen bestehen. So legten sie bereits vor Jahrhunderten den Grundstein für die neben dem Tourismus heute noch wichtigste Erwerbsquelle, die Landwirtschaft. Besonders beliebt und geschätzt sind die Milchprodukte. Die unbelastete Natur und die natürliche Haltung der Tiere bringen Milch, Käse, Jogurt und Kajmak – eine Art Milchrahm – von erster Güte hervor.

Schwere Schäden nahmen das heftig umkämpfte Žabljak und das gesamte Durmitor-Gebiet während der beiden Weltkriege. Mehrfach wurden alle Gebäude dem Erdboden gleichgemacht. 2400 Soldaten aus dem Durmitorgebiet ließen allein während zahlreicher Schlachten im Zweiten Weltkrieg ihr Leben. Im September 1944 wurde Žabljak von den Partisanen befreit. In dieser Zeit hielt sich wiederholt Tito mit seinen engsten Vertrauten in Žabljak auf.

Im Nationalpark, in der Nähe des Ortes, befinden sich zahlreiche Seen, die ihren Ursprung in der Eiszeit haben. Der bekannteste See ist wohl Crno Jezero – der Schwarze See –, der ursprünglich aus zwei Seen bestand, die durch einen engen Kanal miteinander verbunden waren. Der See ist bis zu 45 Meter tief, etwa 1300 Meter lang und 800 Meter breit. Er ist von Žabljak auch zu Fuß zu erreichen.

Zunächst führt eine Straße aus dem Ort heraus und an einem Hotel vorbei. Das Auto muß dann auf einem gebührenpflichtigen Parkplatz an der Straße abgestellt werden. Ein asphaltierter Fußweg von etwa zwei Kilometern Länge führt durch einen schattig-kühlen Wald. Während der Schulferien stehen hier oft Kinder, um Waldbeeren an die vorbeikommenden Touristen zu verkaufen.

Der See macht seinem Namen alle Ehre. Tiefschwarz glänzt sein Wasser selbst in der Sonne. Umgeben von dunklem Wald, liegt er ruhig und bewacht von den Gipfeln des Durmitorgebirges. Im Sommer baden Kinder im See, während die Erwachsenen meist die Spazierwege um den See und durch die Wälder bevölkern. Sie genießen die Ruhe und die Sonne, der man hier in großer Höhe viel näher ist.

Vom See erreicht man nach einem rund fünfzehnminütigen Spaziergang die Höhle, die Tito und sein Generalstab während des Zweiten Weltkrieges als Versteck und Kommandostelle nutzten. Die Höhle kann heute besichtigt werden.

In der Umgebung von Žabljak gibt es weitere Seen, wie den Pošćensko jezero und den Riblje Jezero, zu denen ebenfalls Ausflüge lohnen. Ein etwa zweistündiger Fußmarsch führt zur Höhle Ledena Pećina. Ein dreieckiger Eingang öffnet den Weg in die Höhle und gibt den Blick auf Stalaktiten und Stalagmiten frei. Das ganze Jahr über sind sie mit einer dünnen Eisschicht überzogen.

Der Nationalpark ist ein sehr beliebtes Wintersportgebiet. Selbst während der Sommermonate findet man in manchen Tälern noch Schnee. So entstand die Idee, Sommerskiabfahrtsrennen zu veranstalten.

 Vorwahl: 003 81(0)872
Tourismus Informationszentrum, Trg durmitorskih boraca, 84220 Zabljak, Tel./Fax 618 02, Mo bis Fr von 8 bis 14 Uhr. Auskünfte zu Žabljak, den Skigebieten und der Umgebung.

 Busbüro, Tel. 613 18.

 Das Übernachtungsangebot ist groß. Bei den Hotels handelt es sich in der Regel um Häuser mit einer durchschnittlichen Ausstattung (B-Kategorie).
›Hotel Jezera‹, Tel. 611 03 und 612 46, Fax 615 79, 100 Zimmer; typisches Wintersporthotel mit Sauna, Hallenbad, Solarium, Sportplätzen und Skipiste.
Hotel ›Planinka‹, Tel. 613 04/344, 140 Zimmer. Kongreßsaal für bis zu 300 Personen, Skipiste in einem Kilometer Entfernung.
Hotel ›Žabljak‹, im Ortszentrum, Tel. 613 00, Fax 615 79, 70 Betten. Hoteleigenes Restaurant, Skipiste in der Nähe.
Hotel ›Durmitor‹, Tel. 612 78, Fax 615 79; 60 Zimmer, Restaurant, Bar, Skipiste in der Nähe.
Motel ›Bjelobor‹, am Ortseingang, Tel. 616 35; Restaurant und Bar.
Im Durmitor-Nationalpark, etwa 25 Kilometer von Žabljak entfernt,

befinden sich mehrere Motels, darunter:

Motel ›Šušica‹, nahe dem gleichnamigen Fluß, Tel. 614 74, übersichtliches Haus mit 18 Betten. Motel ›Most na Tari‹, unmittelbar an der berühmten Tarabrücke, Tel. 613 46, 10 Betten.

 Viele Besucher des Wintersportortes speisen in den Hotels, die in der Regel über eigene Restaurants mit preiswerten Menüs verfügen. Wer die Abwechslung sucht, wird im Restaurant ›Katun‹ (Tel. 611 44) mit typischen Gerichten der Region verwöhnt. Das Preisniveau ist dabei erfreulicherweise durchschnittlich, nicht aber die Kunst des Kochs. Das Restaurant befindet sich etwas außerhalb von Žabljak im Durmitornationalpark am Schwarzen See.

 Tankstelle am Ort vorhanden.

Plužine

Plužine ist mit rund 1500 Einwohnern die größte Ortschaft im Nordwesten Montenegros. Ihr jetziger Standort geht auf den Bau der Staumauer und der damit verbundenen Überflutung weiter Gebiete zurück. Das ursprüngliche Plužine befand sich in einem weitläufigen und tiefen Tal. Die Einwohner waren zumeist Bauern und führten ein schweres Leben in dieser abgelegenen Gegend. In den 1970er Jahren und mit dem Baubeginn der Straße nach Nikšić änderte sich dies grundlegend. Durch die Verkehrsanbindung sollte die Gegend um Plužine einen wirtschaftlichen Aufschwung erfahren und auch Touristen sollte der Besuch in diese zwar wunderschöne, aber auch weit ab von den Touristenzentren Montenegros gelegene Gegend leicht gemacht werden.

Für die Einwohner Plužines begann mit dem Bau des Stausees die Umsiedlung ihres ganzen Ortes einschließlich ihrer Häuser und des Klosters Piva. Es wurde Stein für Stein abgetragen und an anderer Stelle wieder aufgebaut. Die UNESCO unterstützte diese Versetzung mit finanziellen Mitteln. Und so befindet sich Plužine heute drei Kilometer von seinem ursprünglichen Standort entfernt, an den Hängen des Plužinsko brdo.

Der Stausee wurde benötigt, um das damals neu errichtete Wasserkraftwerk Mratinje zu versorgen. Der Damm des Stausees war mit einer Höhe von 220 Metern und einer Länge von 389 Metern nicht nur für damalige Verhältnisse ein ehrgeiziges Bauprojekt, von denen es nicht viele in Europa gab. Der See wurde auf einer Länge von 18 Kilometern angestaut und führt 800 Millionen Kubikmeter Wasser. Die Wasserqualität ist ausgezeichnet. Der See dient aber nicht nur als Trinkwasserreservoir, Wassersport und Angeln sind ebenso möglich.

Dorf im Dumitorgebirge – Typisch für die Häuser sind die weit heruntergezogenen Dächer

Die Gegend von Plužine ist für ihren Waldreichtum bekannt und ein beliebtes Jagdgebiet mit einem reichen Wildbestand. Die Bewohner sind überwiegend in der Landwirtschaft beschäftigt, besonders die Vieh- und Milchwirtschaft ist weit verbreitet. Für Besucher ist die Natur in und um Plužine sehr reizvoll. Zahlreiche Wanderwege laden zum Spazieren ein und erlauben einen Blick auf das Panorama der Pivskaberge und die Bergketten Maglić, Bioć und Volujak. Vom Aussichtspunkt Kruška hat man einen Blick auf den Pivsko-See und den Ort. Auf dem See lassen sich Bootsfahrten unternehmen. Etwas weiter südlich der Stadt Pivsko befindet sich das Kloster Pivska. Bei Milkovac ist das Denkmal zu Ehren der Gefallenen des Zweiten Weltkriegs sehenswert.

Folgt man dem Flußlauf drei Kilometer weit, erreicht man den Ort, der dem Kraftwerk seinen Namen gab – Mratinje. Einen weiteren Kilometer weiter findet sich die Brücke der Brüderlichkeit und Einheit (serbisch Bratsvo i jedinstvo). Sie erstreckt sich auf 156 Metern, in einer Höhe von rund 100 Metern über dem Fluß.

 Vorwahl: 003 81(0)83

 Hotel ›Plužine‹, im Zentrum von Plužine und zugleich am Ufer des Pivsko-Sees, Tel. 711 32 und 711 29, Fax 711 29.

 Im Ort gibt es mehrere Restaurants mit nationalen Spezialitäten.

Kloster Piva

Südlich von Plužine, an der Schnellstraße nach Nikšić, befindet sich beim Fluß Piva das gleichnamige Kloster. Es handelt sich um eine dreischiffige Basilika, die zwischen 1573 bis 1586, in der Zeit der türkischen Herrschaft, errichtet wurde. Es ist der größte orthodoxe Bau, der in dieser Zeit entstand.

Der obere Bereich der Klostervorhalle wurde von dem Popen Strahinja gestaltet, die Bemalung im unteren Bereich stammt von einem unbekannten Künstler. Der Fluß Piva fließt nahe am Kloster vorbei, so bekam auch das Kloster den Namen Piva. Es verfügt über drei Altäre, hat jedoch keinen Turm und auch keine Kuppel. Die Fresken des Klosters verteilen sich auf einer Fläche von insgesamt 1200 Quadratmetern. Im Kloster werden vier kostbare handgeschriebene Evangelien aus dem 16. Jahrhundert aufbewahrt, die in silbernen Bänden eingeschlagen sind.

Zum Klosterkomplex gehören Wohngebäude, eine Bäckerei und eine Spinnerei. In der Schatzkammer werden wertvolle Ikonen und Goldschmiedearbeiten aufbewahrt sowie der Bischofsthron und der sogenannte Schandstein, der früher an einer Kette um den Hals getragen wurde.

Das Kloster wurde in seiner langen Geschichte dreimal in Brand gesteckt, zuletzt 1876. Es wurde jedoch immer wieder aufgebaut und instandgesetzt. Der ursprüngliche Standort des Klosters befand sich in einem Tal, in dem ein künstlicher See angelegt wurde. Das Kloster wurde abgetragen und an anderer Stelle aufgebaut. Die Fresken wurden mit einem Spezialverfahren abgetragen und konnten so an neuer Stelle erhalten bleiben.

Šavnik

Šavnik ist ein kleines sympathisches Städtchen im Drobnjaćkojtal. Es ist von hohen Bergen umgeben, die die Sonne nur an wenigen Stunden pro Tag überwindet, und so kann besonders an trüben Herbst- und Wintertagen der Schwermut auf der Stadt und dem einen oder anderen seiner 1000 Einwohner lasten.

Šavnik wurde an den Ufern dreier Bergflüsse errichtet, der Bukovica, der Bijele und der Šavnika. Verantwortlich für die Entstehung der Stadt war zu nicht unerheblichen Teilen der Fischreichtum der Flüsse sowie deren Gefälle. Insgesamt zehn Mühlen bauten die Šavniker an ihren Flüssen.

Neben dem Fischfang spielt die Landwirtschaft eine große Rolle. Die Šavniker haben sich als Obstbauern einen Namen gemacht und sind in ganz Montenegro auch für ihren Honig bekannt. Der Aufbau des Tourismus ist seit langer Zeit im Gespräch, aber noch nicht sehr weit fortgeschritten. Der Besucher findet dadurch ein unverfälschtes Stück Montenegro vor.

Bienenkörbe. Die Gegend um Šavnik ist für ihren guten Honig bekannt

Sehenswert sind die zwei Gletscherseen beim Dorf Pošćenje sowie die Schlucht des Flusses Komarnica. Interessant ist ein Ausflug zum Dragišnicetal und den Quellen beim Dorf Grabovica. Auf den Besucher wartet in Šavnik viel unberührte Natur mit zahlreichen Wandermöglichkeiten und historischen Denkmälern. Dazu zählt die alte römische Brücke über den Fluß Bukovica im Ort selbst, das mittelalterliche Kloster Podmalinsko und das Geburtshaus des Fürsten Cerovića im Dorf Tušinj sowie das Denkmal des Age ſenića, das an den Kampf gegen die Türken erinnert. In der Umgebung wurden mehrere mineralhaltige Quellen entdeckt.

 Vorwahl: 003 81(0)83

 Hotel ›Boan‹, Tel. 682 76; recht einfach ausgestattetes Haus mit rund 40 Betten und eben-

so vielen Plätzen im hoteleigenen Restaurant.
Hotel ›Šavnik‹, Tel. 662 27 und 661 10, C-Kategorie; hoteleigenes Restaurant.

Pljevlja

Die nördlichste Stadt Montenegros, Pljevlja, liegt am Ufer des Flusses Ćehotina in einem seichten Tal unweit der Grenze zu Serbien und ist von nur wenig begrünten Bergen umgeben.

Pljevlja liegt weit ab von den Touristenzentren an der Küste. Nur sehr selten verirrt sich ein Tourist in den Norden des Landes. So kann man Pljevlja mit seiner abwechslungsreichen Geschichte und seiner unberührten Natur noch als Geheimtip bezeichnen.

Die Stadt kann auf eine lange Geschichte zurückblicken, die ihre Anfänge bereits in der Römerzeit hatte. Damals entstand eine erste Siedlung, deren Name allerdings heute nicht mehr rekonstruierbar ist. Im Dorf Komina, nur vier Kilometer von Pljevlja entfernt, wurden bei Ausgrabungen Funde aus der römischen Epoche ans Tageslicht gebracht.

Im 11. Jahrhundert beherrschten die Osmanen die Gegend und legten so den Grundstein für die bis in die Gegenwart deutlich sichtbaren Spuren des türkisch-islamischen Einflusses. Man vermutet, daß zu dieser Zeit die Siedlung den Namen Kamenica oder Taslidža trug. Die Bedeutung des Ortes war so groß, daß der Pascha der Provinz Herzegowina sie zu seinem ständigen Sitz machte. Im 15. Jahrhundert fand die Siedlung erstmals unter ihrem heutigen Namen Erwähnung. Durch seine Karawansarei und die Lage an der Handelsstraße, die von Dubrovnik nach Skopje und weiter nach Konstantinopel führte, besaß die Stadt eine wichtige Bedeutung für die durchreisenden Kaufleute und erlebte ihre vielleicht beste Zeit, bevor einige Schicksalsschläge sie heimsuchten. Pljevlja wurde mehrfach durch Brände fast völlig zerstört, 1818 explodierte das Pulvermagazin und zerstörte fast alle Gebäude. Auch während des Zweiten Weltkriegs wurde die Stadt dem Erboden gleich gemacht. Die Deutschen und die Partisanen lieferten sich blutige und verlustreiche Schlachten.

Nach dem Krieg war Pljevlja fast isoliert, da eine Verkehrsanbindung kaum bestand. Erst mit dem Ausbau der Straßenverbindungen wurde der Aufbau der Industrie forciert. Die Erzvorkommen der Gegend standen bei der wirtschaftlichen Entwicklung im Mittelpunkt und waren Motor des Aufschwungs.

Auch für Touristen ist die Stadt mitsamt der umliegenden Natur ein lohnenswertes Ziel. Im kommunistischen Jugoslawien kamen Arbeiter und viele Kinder nach Pljevlja und erholten sich in den verschiedenen sogenannten Arbeiterheimen.

Sehenswert sind die kulturhistorischen Denkmäler. Buchstäblich herausragend im Stadtbild sind die baulichen Hinterlassenschaften der Türken. Direkt im Zentrum und nicht weit voneinander entfernt stehen die Moschee des Hussein Pascha mit ihrem 42 Meter hohen Minarett und der Uhrturm. Die Moschee wurde im 16. Jahrhundert erbaut und überstand mehrere Kriege. Die alten, in orientalischer Anmutung errichteten Häuser sind nicht unbedingt auf den ersten Blick auszumachen, erschließen sich aber bei genauerem Hinsehen, vor allem wenn man die Nebenstraßen der Stadt durchwandert.

Der Geschichte der Stadt und ihrer Umgebung kann man im Heimatmuseum nachgehen. Hier werden archäologische und ethnologische Sammlungen gezeigt, darüber hinaus sind historische Dokumente aus den verschiedenen Epochen ausgestellt. Der Besucher kann sich alte serbische und römische Münzen ansehen, arabische und türkische Bücher bestaunen und Waffen aus der Schlacht auf dem Amselfeld in Augenschein nehmen. Früher hatten die Dokumente und Gegenstände aus den Befreiungskriegen eine besondere Stellung im Museum, wurde ihnen doch eine ganze Ausstellung gewidmet.

In einem Vorort von Pljevlja befindet sich das Kloster Sveti Trojica (zu deutsch Kloster der Heiligen Dreifaltigkeit). Wann es erbaut wurde, ist nicht genau bekannt, aber es wurde bereits 1356 in verschiedenen Dokumenten erwähnt. Die Wände sind mit Fresken aus dem 16. Jahrhundert geschmückt, die die damaligen Bewohner des Klosters zeigen.

Im 17. Jahrhundert waren die Mönche des Klosters überwiegend damit beschäftigt, religiöse Bücher abzuschreiben. Das älteste Buch stammt allerdings schon aus dem Jahre 1545.

Ein verheerendes Feuer zerstörte 1859 große Bereiche des Klosters. Spuren dieser Katastrophe waren noch hundert Jahre später sichtbar.

Die Gegend um Pljevlja ist auch als Jagdgebiet bekannt. Angler können an den Seen ihrer Leidenschaft nachgehen, die umliegenden Berge laden ein zu Wanderungen und Besteigungen.

 Vorwahl: 003 81(0)872

 Tankstelle in Ort vorhanden.

 Busbüro, Tel. 810 40.

 Hotel ›Pljevlja‹, Tel. 811 44, Fax 811 17 60 Betten; einziges Hotel am Ort.

Reisetips von A bis Z

Anreise mit dem Auto

Bei einer Anreise mit dem Auto ist die Route über Italien empfehlenswert, wenn man relativ streßfrei reisen möchte. Bis Ancona oder Bari fährt man durchweg auf Autobahnen und setzt dann mit der Fähre nach Bar in Montenegro über. Landschaftlich reizvoller, aber auch viel beschwerlicher ist die Strecke über Slowenien und Kroatien. Von Rijeka bis nach Montenegro folgt man der Küstenstraße. Die Straße ist nur zweispurig, und im Sommer fährt man nicht selten hinter LKWs her, die sich auf der schmalen und kurvenreichen Straße nur schwer überholen lassen. Entschädigt wird man mit sehr schönen Landschaften und dem ständigen Blick auf das Meer.

Bei einer Einreise nach Montenegro mit dem eigenen Auto sollte eine gültige grüne Versicherungskarte unbedingt mitgeführt werden. An der Grenze kann zusätzlich eine Versicherung, wahlweise über zwei oder vier Wochen, abgeschlossen werden. Über vier Wochen ist ein Beitrag von rund 75 Euro je PKW fällig. Allerdings sollte man sich im Schadensfalle nicht darauf verlassen, von der Versicherung auch Geld ausgezahlt zu bekommen.

Bei einer Anreise mit dem Wohnmobil oder dem Caravan wird geraten, eine Liste mit dem wichtigsten im Caravan oder Wohnmobil befindlichen Inventar mitzuführen und sie sich bei der Einreise vom Zoll bescheinigen zu lassen, um so möglichen Problemen bei der Ausreise vorzubeugen.

Anreise mit der Bahn

Montenegro ist von Deutschland aus mit der Bahn problemlos erreichbar, die Zugfahrt dauert allerdings rund 30 Stunden. Wer die Anreise mit der Bahn bevorzugt, sollte seine Reise so planen, daß er das Teilstück von Belgrad nach Bar am Tag fährt. Aus dem Zugfenster läßt sich eine ungewöhnlich schöne Landschaft und unberührte Natur beobachten. Ständig überquert man Schluchten und Täler und durchfährt aber auch unzählige Tunnels.

Anreise mit dem Bus

Von zahlreichen deutschen, österreichischen und schweizer Städten fahren Linienbusse nach Serbien und Montenegro. Die Busse werden in erster Linie von Gastarbeitern frequentiert. Mit dem Bus reist man zwar preiswert, ist aber sehr lange unterwegs. Die Fahrt von Frankfurt nach Belgrad etwa dauert im günstigsten Fall 22 Stunden, je nach Verkehrsaufkommen und Wartezeit an den Grenzen können es aber auch schnell 36 Stunden werden. Die Weiterfahrt von Belgrad bis zur montenegrinischen Küste nimmt noch einmal 8 bis 12 Stunden in Anspruch. Oft kommt es zu stundenlangen Wartezeiten an den Grenzen. Insbesondere die serbisch-montenegrini-

Verpflegung für unterwegs: Kiosk an der Tara-Brücke

schen Grenzbeamten kontrollieren ihre Landsleute sehr gründlich. Die Fahrt in den engen Sitzreihen ist beschwerlich und anstrengend. Am Ziel angekommen, benötigt man einige Tage zur Regeneration. Wer sich davon nicht abschrecken läßt, sollte unbedingt Reiseverpflegung einpacken oder aber eine Geldsumme für Restaurantbesuche einplanen. Die Busse machen in regelmäßigen Abständen Pause, meist bei Gaststätten an der Autobahn oder der Hauptstraße. Busreisen nach Serbien und Montenegro werden von mehreren Unternehmen angeboten. Eine der bekanntesten Busgesellschaften in Europa ist das Frankfurter Unternehmen ›Deutsche Touring‹. Büros gibt es in fast allen Großstädten. Auskünfte und Tickets erhält man in vielen Reisebüros und an allen Bahnschaltern.

Deutsche Touring,
Am Römerhof 17,
60486 Frankfurt am Main,
Tel.069/79 03-0,
Informationen: 79 03-281,
Reservierungsstelle 79 03-50,
Fax 069/70 47 14.

Balkan Reisen V&Z GmbH,
Witzelstr. 32,
40225 Düsseldorf,
Tel. 0211/34 41 25.

Anreise mit dem Schiff
Zwischen Montenegro und Italien

Bucht von Kotor

gibt es regelmäßige Fährverbindungen auf der Strecke Bari–Bar und Ancona–Bar. Die Überfahrt dauert von Ancona rund 16 Stunden, von Bari 8 Stunden. Fahrscheine können in den meisten Reisebüros gebucht werden. Die Reservierung für eine Überfahrt in den Sommermonaten sollte rechtzeitig organisiert werden, da die Fähren gerade dann oft ausgebucht sind.

Anreise mit dem Flugzeug

Ein Flug ist die bequemste und schnellste Art nach Montenegro zu reisen. Ab München erreicht man Tivat in anderthalb, ab Düsseldorf in knapp 2,5 Stunden.

Montenegro verfügt über zwei internationale Flughäfen. Der für Touristen interessantere ist der Flughafen Tivat an der montenegrinischen Küste. Von hier erreicht man alle Badeorte in relativ kurzer Zeit. In der Hauptstadt Podgorica befindet sich ein weiterer Flughafen.

Direkte Flugverbindungen bestehen während der Sommersaison. Montenegro Airlines und JAT (Jugoslovenski Aerotransport) fliegen während der Sommerferien in den jeweiligen Bundesländern von Düsseldorf, Köln, Frankfurt, Stuttgart und Berlin nach Tivat.

Ganzjährig erreicht man Tivat oder Podgorica von allen deutschen Flughäfen mit einem Zwischenstop in Belgrad. Man sollte vor Reiseantritt prüfen, ob für die Einreise nach Serbien ein Visum benötigt wird. Flüge nach Belgrad bieten neben JAT zum Beispiel Lufthansa, Alitalia, Austria

Airlines und Swiss Air an. Ab Belgrad reist man per Inlandflug weiter nach Montenegro. Anbieter sind auch hier wieder JAT und Montenegro Airlines. Die Anschlußflüge nach Montenegro sollten in jedem Fall schon in Deutschland gebucht oder zumindest reserviert werden, da es möglich ist, daß die Flüge ausgebucht sind und man keinen Platz mehr bekommt. Nach Podgorica kommt man ganzjährig mit Montenegro Airlines. Flüge werden beispielsweise ab Frankfurt angeboten.

Für einen Hin- und Rückflug muß man mit 300 bis 450 Euro rechnen. Der Linienflug nach Belgrad kostet je nach Fluggesellschaft und Abflughafen ebenso viel, der Weiterflug nach Tivat einschließlich Rückflug schlägt noch einmal mit 70 bis 100 Euro zu Buche. Hinzu kommt eine Flughafentaxe, die bei einem Internationalen Flug bis zu 10 Euro kostet. Im Reisepreis einer Pauschalreise ist die Flughafengebühr bereits inbegriffen.

Offizielle Vertretung von Montenegro Airlines in Deutschland ist:

Monte Adria,
Hochstraße 48,
60313 Frankfurt am Main,
Tel. 069/28 23 74/691,
Fax 069/28 11 76.

JAT unterhält in Deutschland und der Schweiz folgende Niederlassungen:

Kurfürstenstr. 126/,
10785 Berlin,
Tel. 030/213 20 03
und 217 73 62.

Hüttenstr. 6,
40215 Düsseldorf,
Tel. 0211/37 06 85
und 38 31 94.

Hochstr. 48,
60313 Frankfurt am Main,
Tel. 069/207 56 und 209 56.

Glockengiesserwall 14,
20095 Hamburg,
Tel. 040/32 34 16.

Rotebühlplatz 2,
70173 Stuttgart,
Tel. 0711/226 40 80.

Tarstraße 82,
7056 Zürich,
Tel. 01/212 33 44/52.

Apotheken

Private und staatliche Apotheken findet man in allen größeren Orten. Private Apotheken sind meist besser sortiert, haben kundenfreundlichere Öffnungszeiten und führen neben Medikamenten auch Hygieneartikel und Babypflegemittel. Das Warenangebot ist dem deutscher Drogerien ähnlich.

Einige Medikamente sind sehr viel teurer als in Deutschland und für den montenegrinischen Durchschnittsverdiener kaum zu bezahlen. Anderseits gibt es rezeptfreie Medikamente, die in Montenegro sehr günstig zu erwerben sind. So kostet zu Beispiel Aspirin ein Viertel des in Deutschland üblichen Preises.

Ärztliche Versorgung

Krankenhäuser (serbisch: Bolnica) oder Krankenstationen (Dom Zdravlja) gibt es in fast allen Städten und Badeorten. In den Touristenzentren bieten Ärzte während der Sommermonate Sprechstunden in Hotels oder privaten Praxen an. Die ärztliche Behandlung kann je nach Art und Umfang so günstig sein, daß die Vorlage eines Krankenscheins unter Umständen kaum lohnt. So kann das Plombieren eines Zahnes in einer privat geführten Praxis umgerechnet etwa 10 Euro kosten. Steht man vor der Wahl, eine öffentliche oder eine private Arztpraxis aufzusuchen, ist man oft besser mit dem auf eigene Rechnung arbeitenden Mediziner beraten. Er hat in der Regel die für die Behandlung notwendigen Materialien und Medikamente vorrätig und ist meist mit modernen Geräten ausgestattet.

Die Ärzte sprechen in der Regel mindestens eine Fremdsprache, oft englisch, deutsch oder auch französisch und italienisch.

Hotels und Ferienanlagen, die eine Arztsprechstunde (meist nur in der Saison) anbieten sind beispielsweise

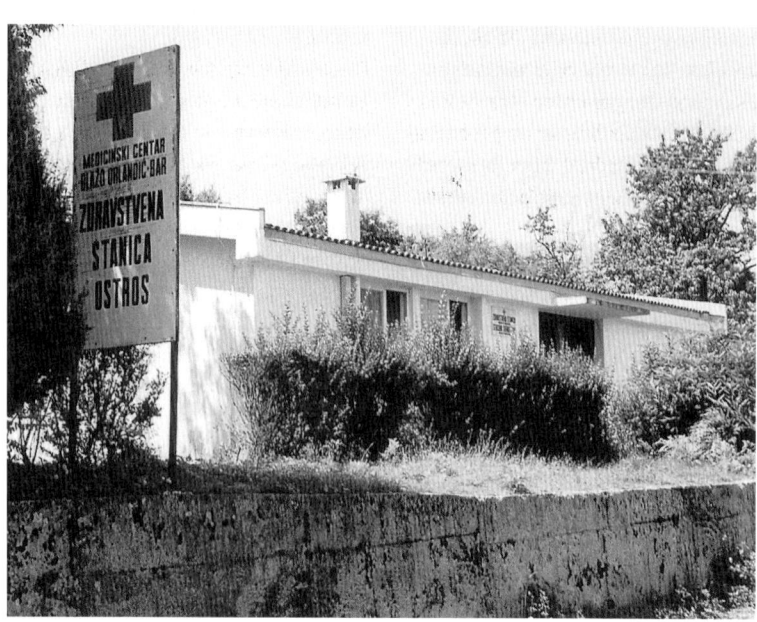

Die Krankenstation in Ostros

Hotel Plaza (Herceg Novi), Hotel
Avala, Ferienanlage Slovenska
Plaza und Hotel Aleksander (Budva),
Feriendorf Ada (Ada).

Autofahren

Die Verkehrsregeln und -zeichen sind
überwiegend die gleichen wie in
Deutschland. Zu beachten sind einige
Besonderheiten:
Die Höchstgeschwindigkeit beträgt in
geschlossenen Ortschaften 60 km/h,
auf Landstraßen 80 km/h, auf Kraft-
straßen 100 km/h und auf Autobahnen 120 km/h. Fahrzeuge mit Anhänger dürfen generell nicht schneller
als 80 km/h fahren.
Marschkolonnen wie Kindergarten-
und Schulgruppen haben immer Vor-
rang im Straßenverkehr.
Schulbusse dürfen nicht überholt
werden, solange Kinder aussteigen.
Während des gesamten Überholma-
növers muß der Blinker eingeschaltet
sein. Überholverbote etwa bei durchgezogener weißer Linie sind unbedingt zu beachten.
Abgeschleppt werden darf nur, wenn
das abschleppende Fahrzeug an der
Frontscheibe und das abgeschleppte
Auto an der Heckscheibe ein Warn-
dreieck befestigt haben.
Die Promillegrenze liegt bei 0,5.
Pflicht ist das Mitführen von Ersatz-
birnen.
In Montenegro besteht für Motor-
radfahrer keine Helmpflicht. Dennoch sollte man unbedingt, auch bei
großer Hitze, einen Helm tragen
und das Abblendlicht einschalten.

Autofahren in Montenegro erfordert
sehr viel Konzentration und voraus-
schauendes Fahren. Es ist zu empfehlen, defensiv zu fahren und sich
streng an die Verkehrsvorschriften
zu halten. Die Einheimischen legen
die Straßenverkehrsregeln großzügig
aus, unbeleuchtete LKWs und
Pferdefuhrwerke sind nicht selten.
Besonders in Dörfern und kleineren
Orten besteht die Gefahr, daß die
Straße breite und tiefe Löcher hat.
Manchmal sind die Löcher mit Hilfe
von Felsbrocken oder größeren
Steinen geflickt. Natürlich passen sie
nicht immer und ragen dann bis
zu einem halben Meter aus dem
Loch. Mit Kühen, Pferden, Ziegen
sowie Steinschlag oder anderen
Hindernissen sollte man immer
rechnen.
Die Montenegriner sind zum Teil sehr
›sportliche‹ Fahrer. Eine rote Ampel
ist nicht immer ein Grund zum
Anhalten, halsbrecherische Über-
holmanöver bei durchgezogener
Linie vor unübersichtlichen Kurven
sind nicht selten. Besondere Vorsicht
ist angesagt, wenn sich im Gegen
verkehr hinter einem Lkw oder
Bus eine Kolonne gebildet hat, da oft
unvermutet Autos zum Überholen
ausscheren.
Kommt es in den heißen Sommermonaten zu Regenfällen, bildet sich aus
dem Staub und dem Regenwasser
ein glatter schmieriger Film auf dem
Straßenbelag. Die Straßen sind dann
sehr glatt und nur sehr langsam und
mit größter Vorsicht zu befahren.

Vorsicht ist geboten - Straße am Skutarisee

Sollte es zu einem Verkehrsunfall kommen, muß in jedem Fall die Polizei verständigt werden. Die Polizei wird den Unfall aufnehmen und eine Schadensbestätigung ausstellen, ohne die eine Ausreise nicht möglich ist. Man sollte bei einem Unfall unbedingt die Personalien der am Unfall Beteiligten und auch der Zeugen notieren und einen europäischen Unfallbericht ausfüllen.

Bei einer Panne ist Auto-Motor Savez Crne Gore (kurz AMSCG) zur Stelle. Sie leisten direkte Hilfe an der Straße und schleppen falls nötig auch das Auto ab. Die leicht zu merkende Telefonnummer für den Notfall lautet 987.

Die Unfallhilfe beziehungsweise Erste Hilfe ist auch unter der Telefonnummer 94 zu erreichen, die Polizei unter der Telefonnummer 92.

Zur erreichen ist AMSCG auch unter den Telefonnummern 081/225-493, 244-467, 98 07 und 225-635.

Sehr oft finden Geschwindigkeitskontrollen statt. Bußgelder für Überschreitungen müssen gleich an Ort und Stelle bezahlt werden. In der Regel bekommt man eine Quittung. In der Nähe jeder größeren Ortschaft können allgemeine Polizeikontrollen stattfinden. Insbesondere Autos mit ortsfremden Kennzeichen sind davon betroffen. Die Kontrollen sind lästig und zeitraubend, dienen aber der allgemeinen und so auch der eigenen Sicherheit. Durch sie soll vermieden werden, daß Kriminelle einreisen und Waffen nach Montenegro eingeschmuggelt werden.

Seit einiger Zeit wird die Einhaltung der Straßenverkehrsordnung sehr intensiv durch die Polizei kontrolliert. Bei Touristen, die mit dem Auto nach Montenegro reisen, hat dies ein positives Echo ausgelöst, ist das Befahren der montenegrinischen Straßen doch jetzt sehr viel sichererer geworden.

Benzin ist in Montenegro günstig für den Besucher, aber sehr teuer für die Einheimischen. Ein Liter Super bleifrei (95 Oktan) kostet etwa 0,90 Euro. Daneben gibt es an jeder Tankstelle Dieselkraftstoff, Normalbenzin (86 Oktan) und Super bzw. Premium (98 Oktan). Die staatlichen Tankstellen sind farblich in gelbgrün gehalten und etwas günstiger im Preis als private Tankstellen.

Der Tankwart füllt den Kraftstoff meist noch eigenhändig in den Tank, bezahlt wird direkt beim Tankwart. Da die offizielle Währung in Montenegro mittlerweile der Euro ist, entfällt das lästige Umrechnen.

An der montenegrinischen Küste findet man ausreichend Tankstellen, nicht aber im Hinterland und den Bergen. Man sollte kein Risiko eingehen und lieber schon mit halbvollem Tank die nächste Tankstelle anfahren und bei Fahrten in unbekannte Gegenden zur Sicherheit einen vollen Reservekanister mitnehmen.

Tankstellen (Benzinske Pumpe) sind unter anderem in folgenden Städten zu finden: Ulcinj, Bar, Buljarica, Budva, Tivat, Kotor, Herceg Novi, Podgorica, Cetinje, Kolasin, Bijelo Polje, Nikšić, Pljevlja, Zabljak.

Autoverleih/Mietwagen

Besonders in den Städten an der Küste ist es kein Problem, ein Auto zu mieten. Bucht man eine Pauschalreise nach Montenegro, bietet der Veranstalter oft die Möglichkeit, einen Mietwagen gleich mit zu buchen. Problemlos kann man auch selbst vor Ort einen Wagen leihen. Die Preise bewegen sich je nach Auto und Saison zwischen 30 und 70 Euro pro Tag.

Autovermietungen

In Podgorica: Kompas Hertz Tel. 081/634-249), Putnik (Tel. 081/244-717), Inex Tel. 081/234-702) und Montenegro Rent-a-car (Tel. 081/265-336).

In Budva: Aksiom (Tel. 086/451-427), Amon (Tel. 086/454-566), Kompas Hertz (Tel. 086/456-467), Putnik (Tel. 086/451-335) und Meridian (Tel. 086/454-809).

In Igalo: Inig (Tel. 088/ 26-300).

In Bar: Inex (Tel. 069/506-896).

In Ulcinj: Kompas Hertz (Tel. 085/313-597).

In Tivat: Putnik (Tel. 082/61-773).

In Herceg Novi: Inter Car
(Tel. 069/051-753).

Autowerkstätten
Autoreparaturwerkstätten findet
man in der Regel in jedem Ort. In
größeren Ortschaften gibt es auch
Vertragswerkstätten bekannter
Automarken. Oft vertreten sind
deutsche oder französische Auto-
hersteller, weniger bekannt sind
asiatische Automarken. Ist man mit
dem eigenen Auto in Montenegro
unterwegs, sollte man sich vor
Reiseantritt erkundigen, ob es im
Notfall fachkundige Hilfe gibt und,
was noch wichtiger ist, ob Ersatz-
teile für die Marke in Montenegro
erhältlich sind. Die Betriebsanleitung
des Autos gibt darüber Auskunft.

Banken und Wechselstuben
Banken gibt es in jeder größeren Ortschaft. Neben den staatlichen
Banken haben sich in jüngster
Vergangenheit immer mehr private
Geldhäuser gegründet. Wechselstuben fand man in den 80er Jahren
zahlreich in von den Touristen
besuchten Küstenorten. Seit der Einführung der Deutschen Mark und
später der Umstellung auf den Euro
fällt für die meisten Besucher
Montenegros auch das lästige
Geldwechseln weg. Wer nicht über
Euro verfügt, kann Fremdwährungen
in den Banken wechseln.

**Botschaften und Diplomatische
Vertretungen**
Botschaft der Bundesrepublik
Jugoslawien, Taubertstraße 18,
14193 Berlin, Tel. 030/895 77 00,
Fax 030/825 22 06.

Außenstelle der Bundesrepublik
Jugoslawien, Schloßallee 5,
53179 Bonn, Tel. 0228/34 40 54,
Fax 0228/34 40 56.

Generalkonsulat der Bundesrepublik
Jugoslawien, Taubenstraße 4,
70199 Stuttgart,
Tel. 07 11/60 06 46, Fax
07 11/649 40 48.

Generalkonsulat der Bundesrepublik
Jugoslawien, Böhmerwaldplatz 2,
81679 München, Tel. 089/98 67 28,
Fax 089/98 13 19.

Generalkonsulat der Bundesrepublik
Jugoslawien, Harvestehuder
Weg 101, 20149 Hamburg,
Tel. 040/44 45 04,
Fax 040/410 47 47.

Generalkonsulat der Bundesrepublik
Jugoslawien, Thüringer Straße 3,
60316 Frankfurt,
Tel. 069/43 99 23, Fax
069/43 31 49.

Generalkonsulat der Bundesrepublik
Jugoslawien, Lindemannstraße 5,
40237 Düsseldorf,
Tel. 0211/239 55 00,
Fax 0211/66 21 44.

Botschaften und Konsulate in Serbien und Montenegro
Botschaft der Bundesrepublik Deutschland, Kneza Milosa 74-76, 11000 Belgrad, P. O. Box 304, 11001 Belgrad,
Tel. 003 81/(0)11/361 42 55,
Fax 003 81/(0)11/361 42 81.

Botschaft der Schweizerischen Eidgenossenschaft, Bircaninova 27, 11000 Belgrad,
Tel. 003 81/(0)11/64 68 99.

Botschaft der Republik Österreich, Kneza Sime Markovića 2, 11000 Belgrad,
Tel. 003 81/(0)11/63˙59 55.

Honorarkonsulat Österreichs, Milan Mrvaljevic, Hotel Mogren, Budva,
Tel./Fax 003 81/(0)865 16 33.

Kultur und Informationszentrum Goethe Institut, Knez Mihaijlova 70, 11000 Belgrad,
Tel. 003 81/(0)11/62 56 77.

Camping
Es ist geradezu unmöglich, keinen Campingplatz zu finden. Es gibt die großen bekannten Campingplätze in den Touristenstädten an der Küste, und auf dem Weg dorthin wird man auch an zahlreichen kleineren Campingplätzen vorbeikommen. Oft verraten schon die Schilder an der Hauptstraße die Art des Campingplatzes. Ein handschriftliches Schild führt oft zu einem privaten Platz, der sich im weitläufigen Garten eines Einfamilienhauses befindet. Dies muß aber kein Nachteil sein. So mancher Reisender fand sich in dieser familiären Atmosphäre schnell am reich gedeckten Mittagstisch des Besitzers wieder und erlebte die sprichwörtliche montenegrinische Gastfreundschaft.

Allerdings entsprechen nicht alle Campingplätze des gewohnten westeuropäischen Standards.

Einkaufen
An der Küste findet man in jedem Dorf mindestens ein Lebensmittelgeschäft, und in den Touristen-

Marktfrau in Kotor

zentren kann man von der neusten italienischen Mode über Parfüm bis hin zu Waren des täglichen Bedarfs alles kaufen. Es gibt Kioske mit einem umfangreichen Sortiment, das sich nicht nur auf Zeitungen und Zeitschriften beschränkt, und darüber hinaus kleine privat geführte Geschäfte, Supermärkte, Fachgeschäfte und auch einige Warenhäuser. Richtig shoppen kann man in Podgorica. Dort findet man all das, was es auch in anderen europäischen Städten gibt, allerdings auch zu Preisen, die mühelos mithalten.

In jedem größeren Ort gibt es einen Markt, auf dem die Stände von 6 Uhr morgens bis zum frühen Nachmittag aufgebaut sind. Ein Besuch ist sehr zu empfehlen. Dort findet man ungespritztes Obst und Gemüse und Eier von freilaufenden Hühnern, aber auch Scheibenfischer, selbstgestrickte Socken, Batterien und vieles andere mehr.

Einreise- und Devisenbestimmungen

Für die direkte Einreise nach Montenegro benötigen Bürger der EU und der Schweiz einen noch mindestens sechs Monate gültigen Reisepaß, Kinder einen Kinderausweis. Der Personalausweis reicht nicht aus. Bei einer Reise von bis zu dreißig Tagen benötigt man kein Visum. Reist man über Serbien nach Montenegro, kann ein Visum erforderlich sein.

Für die Einreise mit dem Auto benötigt man den nationalen Führerschein, die Zulassungspapiere, die grüne Versicherungskarte und das Nationalitätsschild.

Bargeld kann in beliebiger Höhe nach Montenegro eingeführt werden. Allerdings sollten größere Geldbeträge angemeldet werden, um bei der Ausreise keine Probleme zu bekommen. Es ist – noch – nicht möglich, mit Kreditkarte oder EC-Karte zu bezahlen, Geldautomaten können ebenfalls nicht genutzt werden. Daher muß ausreichend Bargeld mitgeführt werden.

Elektrizität

Die Netzspannung beträgt überall 220 Volt. Die Steckdosen und Stecker haben den üblichen westeuropäischen Standard.

Bei Unwettern, auch aus anderen Gründen, kann es zu Defekten in Trafostationen und Elektrizitätswerken kommen. Dann fällt für kurze Zeit, in seltenen Fällen auch über mehrere Tage, in Ortsteilen oder Regionen der Strom aus. In den Hotels und in vielen privaten Haushalten wird dann kurzerhand auf Gas umgestellt, so daß es kaum zu Einschränkungen kommt. Den Fremden mag diese Aussicht erschrecken, die Einheimischen nehmen es jedoch relativ gelassen hin. Sollten Sie etwa zum Zeitpunkt des Stromausfalls einem Rockkonzert beiwohnen, bewahren sie Ruhe und Geduld. Falls der Strom nicht in Kürze wiederkommt, ist es durchaus möglich, daß die Musiker spontan unplugged spielen und auch singen.

Feiertage und Ferien

Neben dem arbeitsfreien Sonntag und einigen weiteren arbeitsfreien Tagen gibt es folgende offizielle Feiertage:
1. Januar (Neujahr),
27. April (Tag der Staatsgründung),
1. Mai (Tag der Werktätigen),
13. Juli (Tag des Volksaufstandes),
29. November (Tag der Republik).

FKK

Montenegro bietet optimale Voraussetzungen für einen Urlaub ohne Badekleidung. Bekanntestes FKK-Gebiet ist die Insel Ada, die den Nackten vorbehalten ist. Darüber hinaus gibt es einige offizielle Nacktbadestrände, viele halboffizielle und noch mehr einsame Küstenabschnitte, an denen man auf textillose Zeitgenossen trifft. Einen offiziellen FKK-Strand gibt es in Njivice, unterhalb des Hotels Riviera, und auf der Insel Žanjice. Nacktbaden kann man auch in Ulcinj, nahe dem Hotel Albatros, und am Strand Jaz bei Budva.

Fotografieren und Filmen

In den größeren Orten, ganz besonders in den Touristenzentren, findet man zahlreiche Fotofachgeschäfte und -studios. Hier erhält man Markenfilme und auch Zubehör wie zum Beispiel Fotobatterien. Die Filme kosten etwa so viel wie in einem deutschen Fotogeschäft, ebenso ihre Entwicklung. Sie dauert in der Regel drei bis sieben Tage, ist oft aber auch über Nacht möglich.

Filme – auch für die Videokamera – bekommt man auch in den sogenannten Free Shops, an Kiosken und bei privaten Händlern an den Straßen. Insbesondere an Kiosken und an privaten Ständen ist die Gefahr groß, daß die Filme im Sommer großer Hitze ausgesetzt waren oder das Verfallsdatum lange überschritten ist, die fertigen Bilder dann später von minderer Qualität sind: Beim Kauf immer auf das Verfallsdatum achten!

Für die Einfuhr von Fotoapparaten und Videokameras für den privaten Gebrauch gibt es keine Beschränkung. Dennoch ist es ratsam, insbesondere Videokameras und teurere Fotoapparaten bei der Einreise anzugeben. Sie werden dann in den

Fotostudio in Petrovac

Reisepaß eingetragen. Bei der Rückreise läßt man den Eintrag abstempeln und beugt so möglichen Problemen bei der Ausfuhr vor.

Fotografieren kann man außer militärischen Einrichtungen grundsätzlich alles. In Dörfern und wenn man Menschen fotografieren möchte, sollte es ein Gebot der Höflichkeit sein, zunächst zu fragen.

Flughäfen

In Montenegro gibt es zwei Internationale Flughäfen, Podgorica und Tivat. Der Flughafen Podgorica wurde 1961 eröffnet. Es besteht vor jedem nationalen wie internationalen Flug eine Busverbindung von der Bushaltestelle vor dem Stadtbüro der JAT in Podgorica (Ivana Milutinovića 20) zum 12 Kilometer entfernten Flughafen. Der Bus fährt jeweils 90 Minuten vor Abflug des Flugzeuges ab. Die ankommenden Passagiere können mit dem gleichen Bus zurück in die Stadt fahren. Flughafeninformationen: Tel. 003 81/(0)81/ 24 29 12.

Der Flughafen Tivat, eröffnet 1971, liegt direkt am Meer in der Bucht von Kotor. Busverbindungen: Jeweils 90 Minuten vor Abflug fährt der Zubringerbus in Budva ab, ein weiterer startet in Igalo und fährt über Herceg Novi, Kamenari und Tivat (Stadt) zum Flughafen. Die Busse halten normalerweise an allen Haltestellen auf den beschriebenen Strecken, wenn auch nicht immer. Ratsam ist es, an der Haltestelle eines

größeren Ortes einzusteigen. Wer es dennoch riskieren möchte, sollte sein Gepäck deutlich sichtbar an die Straße stellen und sich nicht scheuen, sobald er den Bus herannahen sieht, zu winken und so dem Busfahrer deutlich machen, daß man mit möchte. Flughafeninformationen: 003 81/(0)82/67 13 37 und 67 18 94. Man sollte sich die Busabfahrtszeiten und die Abflugzeit in Podgorica wie auch in Tivat 24 Stunden vorher bzw. nochmals am Abflugtag bestätigen lassen, da es auch zu kurzfristigen Änderungen oder Ausfällen kommen kann.

Grenzübergänge

Mit dem Auto können folgende Grenzübergänge benutzt werden: Bozaj (über Albanien), Debeli brijeg (über Kroatien), Ilijino Brdo(Vilusi), Vracenovići, Scepan polje und Metaljka (über Bosnien-Herzegowina). Auf dem Seeweg ist Montenegro über folgende Grenzübergänge zu erreichen: Hafen Bar, Hafen Kotor, Hafen Zelenika bei Herceg Novi und – während der Sommersaison – über den Hafen Budva.

Haustiere

Hunde und Katzen benötigen bei der Einreise ein tierärztliches Gesundheitszeugnis sowie den Nachweis über die Tollwutimpfung.

Hygienische Verhältnisse

In Montenegro sind die hygienischen Verhältnisse insgesamt gut und unproblematisch. Es kann vorkommen, daß es aufgrund der Klimaumstellung und des ungewohnten Essens zu Magen- und Darmverstimmungen kommt. Das Leitungswasser gilt allgemein als unbedenklich. Wer völlig sicher gehen möchte, sollte seinen Durst mit Mineralwasser stillen.

Informationen vor Reiseantritt

Leider gibt es im deutschsprachigen Raum noch keine montenegrinischen Fremdenverkehrsvertretungen. Informationen kann man beim montenegrinischen Reiseveranstalter Monte Adria bekommen:
Monte Adria, Hochstraße 48,
60313 Frankfurt am Main,
Tel. 069/28 23 74/691,
Fax 069/28 11 76.

Darüber hinaus gibt die Tourismusorganisation von Montenegro Auskunft:
Omladinskih brigada 7,
81000 Podgorica,
Tel. 003 81/(0)81/23 09 59 und 23 09 81, Fax 23 09 79;
e-mail: tourism@cg.yu.

Krankenversicherung

Seit kurzer Zeit besteht zwischen Deutschland und Serbien und Montenegro wieder ein Sozialversicherungsabkommen. Die Krankenkassen verschicken den Berechtigungsschein Ju 6 für die Nachfolgestaaten des ehemaligen Jugoslawien, es ist aber nicht garantiert, daß er derzeit von der örtlichen Krankenversicherung

und Ärzten akzeptiert wird. Daher kann es empfehlenswert sein, eine zusätzliche Auslandskrankenversicherung abzuschließen. Sinnvoll ist es auch, die eigene Krankenkasse vor Reiseantritt zu konsultieren, da sich die Akzeptanz kontinuierlich entwickelt.

Landkarten

Die Fremdenverkehrsorganisation Montenegro hat eine Touristenkarte herausgebracht. Besonders gekennzeichnet sind Strände, Campingplätze, Denkmäler, historische Bauten und andere Sehenswürdigkeiten. Eine weitere Karte zeigt nur das für Touristen besonders interessante Küstengebiet. Beide Karten bekommt man in Buchhandlungen, vielen Kiosken und in den Touristenbüros vor Ort. Verschiedene Autokarten sind ebenfalls dort zu bekommen. Eine verkleinerte Autokarte bekommt man als große Postkarte an fast jedem Kiosk. Von den touristischen Orten wie Kotor, Budva und Herceg Novi sind in der jüngsten Vergangenheit Stadtkarten mit Kurzhinweisen erschienen.

Notfälle

Für die verschiedenen Arten von Notfällen stehen die in Europa bekannten Hilfen zur Verfügung. Die Polizei, zuständig für Verkehrsunfälle und Straftaten, ist unter der Telefonnummer 92 zu erreichen, Erste Hilfe unter 94, der Pannendienst unter 987.

Öffnungszeiten

Die Öffnungszeiten sind in Montenegro nicht einheitlich geregelt. Bei Geschäften muß man zwischen privaten und staatlichen unterscheiden. Privat betriebene Lebensmittelgeschäfte oder Supermärkte arbeiten in der Regel von 7 bis 20 Uhr, in der Sommersaison an sieben Tagen in der Woche auch bis 22 oder 24 Uhr. Staatliche Supermärkte haben in den Sommermonaten üblicherweise durchgehend von 6 bis 20 Uhr geöffnet, sonntags kann man hier von 6 bis 11 Uhr einkaufen.

Apotheken und Postämter beginnen morgens meist eine Stunde später, orientieren sich aber sonst ebenfalls an diesen Zeiten. Banken unterbrechen die Arbeit meist in der Mittagszeit zwischen 12 und 14 Uhr und schließen abends um 18 oder 19 Uhr. Warenhäuser und Spezialgeschäfte schließen in den Sommermonaten oft während der größten Hitze von 11:30 bis 17 Uhr.

Es ist fast unmöglich, in der Sommersaison nicht zu jeder Zeit einkaufen zu können, da mindestens ein Teil der Geschäfte immer geöffnet ist. Gerade in jüngster Zeit bieten immer mehr Lebensmittelgeschäfte ›Einkaufen rund um die Uhr‹ an.

Ortszeit

Montenegro, wie die gesamte Bundesrepublik Jugoslawien, richtet sich wie die westeuropäischen Länder nach der mitteleuropäischen Zeit (MEZ) und stellt gemeinsam mit ihnen von Sommer- auf Winterzeit und wieder auf Sommerzeit um.

Pauschalreisen

Montenegro ist für Pauschaltouristen ein relativ preiswertes Urlaubsland. Die Preisspanne reicht von 270 Euro für eine einwöchige Flugreise mit Hotelunterkunft und Frühstück im Mai bis ca. 800 Euro für eine Woche Halbpension während der Hochsaison in der ehemaligen Königlichen Sommerresidenz Miločer.

Möchte man Montenegro auf eigene Faust erkunden, empfiehlt sich dennoch, die ganz normale Pauschalreise zu buchen. Besonders in der Vor- und Nachsaison sind die Preise für das Komplettangebot sehr günstig. Am Urlaubsort hat man im Notfall oder bei Fragen immer die Möglichkeit, die Reiseleitung anzusprechen. Ob man die gebuchte Unterkunft in Anspruch nimmt, bleibt jedem selbst überlassen. Auf jeden Fall hat man ein festes Quartier, von dem aus man seine Touren in die Schwarzen Berge starten kann.

Reiseveranstalter

Falcon Tours, Margaretenquertel 110, A-1050 Wien, Tel. 463/38770303.

Feral Travel AG, Weinbergstraße 157, CH-8006 Zürich, Tel. 01/368 44 44.

Springer Reisen, Leutschacher Straße 17, A-9020 Klagenfurt, Tel. 463/38 77 03 03.

Montenegro Travel, Spielsgasse 2,
60439 Frankfurt am Main,
Tel. 069/95 63 27 98,
Fax 95 63 28 02.

Monte Adria, Schleswiger Str.14,
60435 Frankfurt am Main,
Tel./Fax 069/56 34 19,
e-mail: maslovar@aol.com.

Neckermann Reisen,
Zimmersmühlenweg 51,
61440 Oberursel,
Tel. 061 71/65 00, Fax 65 21 25.

Reisen im Land
Eisenbahn
Montenegro verfügt über rund
250 Schienenkilometer. Das hört sich
vergleichsweise wenig an. Wer
jedoch bei Tag beispielsweise die
Strecke Belgrad–Bar gefahren ist,
wird einschätzen können, welch
große Ingenieurskunst und unge-
heuren Kraftaufwand es erforderte,
Schienen durch die unwegsamen
Landschaften zu legen und die Täler
und Schluchten durch Brücken passierbar zu machen.
Die wichtigsten direkten Eisenbahn-
verbindungen sind die Strecken
Podgorica–Bar, Bar–Belgrad, Podgorica–Niksic und Podgorica–Skadar in
Albanien. Auf der Strecke Belgrad–
Bar verkehrt auch ein Autoreisezug
mit Schlafwagen. Von Belgrad hat
man Verbindungen unter anderem
nach Wien, Budapest, Bukarest,
Athen.
Informationen gibt es an den Bahn-

höfen in Bar (Tel. 085/31 22 10),
Sutomore (Tel. 085/37 32 57),
Podgorica (Tel. 081/63 36 63),
Kolašin (Tel. 081/86 52 12),
Mojkovac (Tel. 084/721 30),
Bijelo Polje (Tel. 084/329 51),
Nikšić (Tel. 084/329 51) und
Belgrad (Tel. 011/64 52 88).

Busse
Nahezu jeder Ort in Montenegro ist
mit dem Bus erreichbar. Trotz der
Flug- und Zugverbindungen ist das
Reisen mit dem Bus am weitesten
verbreitet. Es gibt staatliche und auch
zahlreiche private Busunternehmen
wie etwa Auto Boka aus Kotor, Tara
aus Cetinje oder Rumijatrans aus Bar.
Die Unternehmen unterscheiden sich
in ihrem Streckennetz, der Ausstattung der Busse und den Fahrpreisen.
Neben diesen Überlandbussen werden die kleineren Orte und Dörfer
mit Lokalbussen angefahren. Nicht
immer sind die Haltestellen zu erkennen. Oft verraten nur die Wartenden,
ein provisorisches Unterstellhäuschen
oder auch zahlreiche Zigaretten-
kippen auf dem Boden, daß der Bus
hier hält. Wenn der Bus kommt,
sollte man dem Fahrer deutlich
zeigen, daß man mitmöchte. Wenn
der Fahrer nicht die Geschwindigkeit
senkt und scheinbar die Wartenden
stehen lassen möchte, scheuen sich
Einheimische nicht, den Busfahrer an
der Weiterfahrt zu hindern, indem sie
sich in der Mitte der Straße aufstellen
– es funktioniert.
In jedem größeren Ort findet man

Busstation

Busstationen, die in der Zeit von 6 bis 22 Uhr geöffnet sind. In der Sommersaison haben die Stationen in Budva, Podgorica Pljevljima, Bar und Herceg Novi bis 24 Uhr geöffnet. Informationen über die aktuellen Abfahrtszeiten bekommt man bei der jeweiligen Busstation:
Ulcinj (Tel. 085/812 25),
Bar (Tel. 085/31 44 49),
Sutomore (Tel. 085/37 31 28),
Budva (Tel. 086/45 60 00),
Tivat (082/616 20),
Kotor (Tel. 082/32 58 09),
Herceg Novi (Tel. 088/212 25),
Podgorica (Tel. 081/62 04 30),
Kolašin (Tel. 081/871 41),
Bijelo Polje (Tel. 86 40 33),
Cetinje (Tel. 086/210 52),
Nikšić (Tel.083/21 44 75),

Berane (Tel. 08 71/618 82),
Žabljak (Tel. 08 72/613 18),
Pljevlja (Tel. 08 72/810 40) und
Petrovac (Tel. 086/46 15 10).

Flugverkehr
Der innerjugoslawische Luftverkehr wird von den Fluggesellschaften JAT Yugoslav Airlines, Montenegro Airlines und dem Charterunternehmen Aviogenex bestritten. Die alteingesessene JAT feierte Ende der 90er Jahre ihr 70jähriges Jubiläum. Während der Touristensaison fliegt das Unternehmen die Strecke Tivat–Belgrad bis zu acht Mal am Tag, in der Zeit von Oktober bis März immerhin noch bis zu drei Mal am Tag. Tickets für Inlandsflüge bekommt man in jedem Reisebüro in

Jugoslawien und bei den JAT Vertretungen.

In Budva: Mediteranska 2,
Tel. 086/45 12 10, 45 16 62 und
45 16 41.

In Kotor: Trg od oruzja,
082/32 51 89/93.

In Podgorica: Trg Ivana Milutinovica
20, Tel. 081/24 42 48, 24 14 40 und
24 27 48.

In Tivat: Obala Marsala Tita,
Tel. 082/67 12 37 und 67 22 06.

Kotor, Uhrturm am Hauptplatz

Montenegro Airlines wurde erst
1995 gegründet. Die Flüge starten in
Podgorica, dem Heimatflughafen,
und in Tivat. Angeflogen werden
u. a. Belgrad, Bari in Italien, Sofia,
Frankfurt, Budapest, Ljubljana in
Slowenien und auch Sarajewo in Bosnien-Herzegowina. Gebucht werden
können Flüge mit Montenegro
Airlines in vielen Reisebüros vor Ort
oder direkt bei Montenegro Airlines,
Beogradska 10, 81000 Podgorica,
Tel. 081/23 06 41 und 23 06 48.
Aviogenex ist ein Charterunternehmen. Während der Sommermonate
führt das Reiseunternehmen Jugo-
tours Charterflüge auf der Strecke
Belgrad–Tivat durch. Die Preise liegen
in der Regel etwas unter denen der
anderen Airlines. Tickets bekommt
man in vielen Reisebüros in Montenegro.

Das jüngste Luftfahrtunternehmen in
Montenegro ist die Airline Pelican
Blue Line. Sie startet jeweils in Pod-
gorica und fliegt die Städte Bari in
Italien und Skopje in Mazedonien an.
Informationen und Reservierungen:
›Oki Air International‹, Tel. 081/241-
154; 069/03 27 04.

Post

Die montenegrinischen Postämter
erkannt man leicht an einem
schwarz-gelben Schild mit der
Aufschrift PTT. Das Kürzel steht für
›Post, Telefon, Telegraph‹. In fast
allen größeren Orten wie auch in vielen kleineren Dörfern ist ein Postamt
zu finden. In der Regel ist es von
7 bis 20 Uhr geöffnet. Ein Brief oder
eine Postkarte ist etwa fünf Tage

nach Deutschland unterwegs, ein
Paket benötigt ein bis zwei Wochen.
Die Briefkästen sind gelb und auch
sonst denen in Deutschland sehr

Schild der Post von Perast

ähnlich. Meist sind sie an Häu-
serwänden befestigt. In vielen der
größeren Orte besteht die Möglichkeit, sich seine Post postlagernd
zusenden zu lassen. Unter Vorlage
des Reisepasses kann die Post am
Schalter abgeholt werden. Während
der Touristensaison kommt es häufig
zu langen Warteschlangen an den
Schaltern. Es ist daher angeraten,
Briefmarken auch an Kiosken und
ähnlichen Verkaufsstellen zusammen

mit den Ansichtskarten zu kaufen.
Hier weiß man in der Regel auch,
welcher Briefmarkenwert benötigt
wird, um einen Brief oder eine Karte
ins In- oder Ausland zu versenden.

Radfahren

Wer glaubt, die ›Schwarzen Berge‹
sind nicht zum Radfahren geeignet –
zu bergig und zu anstrengend –, hat
Recht und täuscht sich zugleich. Sie
sind für ambitionierte Radfahrer
sicherlich eine Herausforderung und
zugleich wegen der Landschaft ein
Genuß. Alle anderen Radfahrer
finden an der montenegrinischen
Küste optimale Bedingungen – ohne
allzu große Steigungen.
Zu empfehlen ist unbedingt eine
Radtour um die Bucht von Kotor.
Startpunkt könnte beispielsweise
Herceg Novi sein. Man fährt in
südlicher Richtung, läßt bald Zelenika
hinter sich und erreicht Kumbor. Die
stark befahrene Magistrale gibt auf
den kommenden Kilometern nicht
sehr viel her, daher empfiehlt es sich,
direkt hinter Zelenika dem Ortsschild
nach Kumbor zu folgen. Jetzt besteht
die Möglichkeit, über Đenović, Baošić
bis nach Bijela der Ortsstraße direkt
am Meer zu folgen. Zügiges Fahren
ist nicht möglich, aber man wird viel
sehen, kann Badepausen einlegen
und findet zahlreiche Gelegenheiten
zur Stärkung. In Kamenari sollte man
die Fähre zunächst rechts liegen
lassen, um sich die Mosaike in Risan
und etwas später die alte Seefah-
rerstadt Perast mit ihren ›Kirchen-

inseln‹ anzusehen. Weiter geht die kurvenreiche Strecke, und bald ist es nicht mehr weit bis Kotor. Eine Pause hier ist selbstverständlich zwingend notwendig. Restaurants, Konditoreien und Cafés laden ein, und auch jetzt lohnt sich eine Besichtigung der Altstadt. Wer sich traut, kann anschließend mit dem Ziel Tivat weiterradeln. Allerdings führt der kürzeste Weg durch einen schlecht beleuchteten, mit Schlaglöchern übersäten Tunnel, in dem das Wasser von der undichten Decke tropft.

Alternativ läßt sich Kotor auch als Wendepunkt der Radtour nutzen. Auf der anderen Seite der Bucht fährt man zurück. Man läßt Prćanj hinter sich und wird überrascht sein, wie schnell man nun die Fähre in Lepetane nach Kamenarie erreicht. Für Radler ist die Fähre kostenlos.

Wer es organisiert mag, kann sich mit der Radfahrervereinigung Montenegros in Verbindung setzten:

Biciklistićki Savez Crne Gore,
M.Kucevica, P.F.130,
84000 Bijelo Polje, Tel 084/218 38
und 279 10, Fax 084/279 10.

Skifahren

Montenegro ist in erster Linie als Sommerurlaubsland bekannt. Überwiegend Einheimische besuchen und nutzen die Wintersportgebiete Montenegros. Bekannte Wintersportgebiete sind Kolašin und Žabljak im Durmitorgebirge. Skipisten, Lifte und Hotels stehen für den Wintersportler bereit. Die Preise sind noch vergleichsweise günstig, die Ausstattung nicht immer auf dem vielleicht gewohnten Niveau.

Sportliche Aktivitäten

Montenegro bietet zahlreiche Aktivitäten auf engstem Raum. In den Touristenstädten findet man die mittlerweile schon üblichen Sport- und Unterhaltungsangebote. Darüber hinaus wird der kulturinteressierte Urlauber in Montenegro ebenso auf seine Kosten kommen wie der sportbegeisterte Besucher. Insbesondere Sporttaucher, Angler, Jäger, Segler und Surfer finden optimale Bedingen vor.

Tauchen

Die montenegrinische Küste ist ein ideales Tauchgebiet. In Küstennähe beträgt die Meerestiefe bis zu 35 Meter, die Wassertemperatur von 20 bis 25 °C macht während der Sommermonate ein angenehmes Tauchen möglich. Mit durchschnittlich 14 °C ist die Wassertemperatur auch im Winter nicht zu kalt. Die durchschnittliche Sichtweite unter Wasser liegt bei 15 bis 35 Metern. Man findet Korallen, Schwärme von Zahnbrassen, Meeräschen und zahlreiche andere Fischarten wie Goldbrassen, Muränen, Meeraale und Rochen. Die montenegrinischen Küstengewässer konnten bisher noch nicht vollständig erforscht werden und weisen verschiedene hydroarchäologische Funde auf. In dieser Hinsicht interessant ist die Bucht von Risan, die Küste vor der Ortschaft Njivice bei Igalo, Kap Valujica bei Bar und der Fundort Alt-Ulcinj.

Versunkene Schiffe vor der Küste Montenegros stoßen ebenfalls auf großes Interesse bei Tauchern. Am Eingang der Bucht von Kotor liegt das Schiff ›Sent Istran‹, in der Bucht von Žanjic versank ein Patrouillenschiff. Der Zerstörer ›Zenta‹ versank etwa drei Kilometer vor der Küste bei Petrovac, liegt aber auf einer Tiefe von 70 Metern. Im Hafen von Bar versank die Jacht von König Nikola sowie das österreichische Kriegsschiff ›Dag‹ während des Zweiten Weltkrieges. Ein weiteres österreichisches Kriegsschiff versank nahe dem Lido Strand bei Ulcinj. Alle Schiffe sind für Leichttaucher erreichbar, mit Ausnahme des Wracks bei Petrovac.

Tauchinteressierte können einzeln oder als Gruppe unter der Anleitung bzw. in Begleitung eines Tauchlehrers eines montenegrinischen Tauchclubs in die Fluten steigen. Voraussetzung ist der entsprechende Taucherausweis eines Tauchvereins aus dem In- oder Ausland. Weitere Informationen:

Tauchverband von Montenegro, Mose Pijade 72, 81000 Podgorica, www.mdiving.cg.yu.

Tauchclubs in Montenegro
TK Neptun-Mimoza in Tivat, Hotel ›Kamelija‹, Tel. 08 26 45 00.
Die Tauchlehrer sprechen neben Serbisch auch englisch und russisch, organisiert werden Tauchkurse für P-1 und P-2. Tauchexkursionen an attraktiven Standorten der Bucht von Kotor und auf offenem Meer, archäologische Forschungen und Tauchen an erschlossenen archäologischen Standorten. Unterwasserfischfang, Fotographieren und nächtliches Tauchen. Der Verein verfügt über entsprechende Ausrüstung und Kompressoren.

Tauchclub ›Deep & Blue‹, Sveti Stefan, Tel. 069/03 00 03.
Organisation von Tauchexkursionen in der Umgebung von Sveti Stefan. Ausrüstung kann vom Verein gestellt werden.

Tauchclub ›Hobotnica‹ in Bar, Tel. 069/02 06 60.
Tauchausflüge in die Umgebung von Bar und zu versunkenen Schiffen.

Tauchclub ›Sebastijan‹ in Herceg Novi, Tel. 088/871 32.
Der Tauchclub hat sein Basislager auf der Halbinsel Rose und bietet Ausrüstung für bis zu 30 Personen. Während der Sommersaison werden Tauchausflüge für Einzelpersonen, Gruppen und auch Vereine angeboten.

Segeln
Montenegro hat eine lange Tradition im Segelsport. Die erste Segelregatta wurde bereits 1924 durchgeführt. Heute werden jährlich rund 15 Regatten für kleinere Segelboote und sogenannte Kreuzer veranstaltet. Zu den wichtigsten Regatten gehören die ›Jugoslawische Meisterschaften‹ und der ›Montenegro Cup‹. Daneben organisiert der Segelverband ver-

Die Küste ist ein Paradies für Segler

schiedene Regatten für kleinere Segelboote. Jeder Segelclub führt seine Vereinsmeisterschaften durch. Der Segelverband von Montenegro wurde bereits 1948 gegründet. Dem Verband gehören die Segelclubs aus Bar, Kotor, Tivat, Baosici, Meljine und Herceg Novi an.
Segelverband von Montenegro, Stari grad 372, 85330 Kotor, Tel. 082/167 62, e-mail: jscg@cg.yu.

Surfen
Für Windsurfer bestehen gute Bedingungen. In den offiziellen Prospekten des Tourismusministeriums ist von optimalen Bedingungen an der gesamten Küste die Rede, Windsurfer sind allerdings eher im Süden Montenegros zu finden. Gute Winde wehen vor der Küste bei Ulcinj und bei der Insel Ada. Allerdings sollte man hier geübter Surfer sein, da die Strömung einen schnell nach Albanien treiben kann – dann droht Ärger mit der Küstenwache.
Anfänger und Gelegenheitssurfer finden in der Bucht von Kotor ein sehr gutes Übungsfeld. Vormittags kommen in der Regel kaum Winde auf, dafür bläst nachmittags ausreichend Wind, um über die zugegebenermaßen kleinen Wellen zu flitzen. Sollte man abtreiben und nicht mehr auf dem Wasserweg zurückfinden, sind die Strände immer in Sicht- und Schwimmweite. So mancher unbedarfte Anfänger schob sein Surfbrett nach dem Erreichen des Strandes mit dem geliehenen Fahrrad eines Einheimischen zurück ins Hotel.
Seit kurzer Zeit ist auch der Skutarisee für Surfer freigegeben.

Sportfischfang
Fischen kann man in Montenegro in Flüssen, Seen und natürlich im Meer. Das größte Binnengewässer in Montenegro, der Skutarisee, bietet beste Bedingungen für Angler. Man kann sich am Ufer ein schattiges Plätzchen unter Jahrhunderte alten Bäumen suchen und die Angel auswerfen, um Karpfen, Aale und viele weiterer Fischarten aus dem Wasser zu ziehen.

Fischreusen bei Ulcinj

Wer nicht unbedingt festen Boden unter den Füßen benötigt, kann auch in einem Kanu auf den See hinausfahren.

Der Biogradsko Jezero (Biograder See) bietet ähnliche Bedingungen mit dem zusätzlichen Reiz, daß sich der Angler hier in einem der letzten Urwälder Europas befindet. Die Flüsse Moraca, Tara, Bojana und Piva sind bestens zum Forellenfang geeignet. An der montenegrinischen Küste kann sich der Angelfreund nach Herzenslust austoben. Wer es gewöhnlich liebt, angelt am Ufer oder fährt mit dem Boot aufs Meer. Man kann aber auch Netze auswerfen oder sein Glück mit der Harpune versuchen. Der Sportfischfang ist genehmigungspflichtig, Genehmigungen für den Sportfischfang können in der Gemeindeverwaltung beantragt werden.

Weitere Informationen:

Bund der Sportfischfangorganisationen, Sportski centar ›Moraca‹, Podgorica, Tel. 081/48 22 81.

Jagen

In Montenegro gibt es drei große Jagdreviere. Dazu gehört das Gebiet Skutarisee, die Jagdreservate Podgorica und Durmitor. Der Skutarisee bietet die größte Auswahl an jagdbaren Tieren, darunter Wildenten, Füchse, Wölfe, Schnepfen, Wachteln, Rotwild und Bären. Im Jagdgebiet von Podgorica können zusätzlich Hasen, Wildschweine und Wildtauben geschossen werden. Im Jagdreservat Durmitor sind es überwiegend Wachteln.

Taxi

Taxis findet man in allen größeren Orten an zentral gelegenen Halteplätzen, an Busbahnhöfen und am Flughafen. Die Taxifahrer am Flughafen sind verpflichtet ein gelbes Schild zu tragen, das sie als offiziell zugelassene Fahrer ausweist. Den Preis sollte man vor jeder Fahrt aushandeln. Seit kurzer Zeit findet man in den Taxen Preislisten mit Festpreisen.

Telefonieren

Vorwahlen von Montenegro nach Deutschland 99 49, nach Österreich 9943 und in die Schweiz 99 41, nach Montenegro 003 81. Dann die Teilnehmernummer ohne die ›0‹ der Ortsvorwahl wählen.

In den Touristengebieten kann man zwischen öffentlichen und privaten Fernsprechern wählen. Die privaten Telefonhäuser befinden sich meist im belebten Stadtzentrum und sind oft nur mit der Aufschrift ›Telefon‹ gekennzeichnet. Einige bieten auch die Möglichkeit, Faxe zu verschicken und zu empfangen.

Man wartet, bis ein Apparat frei wird, dann wird man aufgerufen oder bekommt ein Zeichen von der Kassiererin. Wichtig ist, erst dann zu wählen, wenn das Telefon frei geschaltet wurde, das heißt der Gebührenzähler wieder auf Null steht, da man sonst die Telefonrechnung des Vorsprechers mitbezahlen muß. Hat man erstmal den Telefonhörer in der Hand und es ertönt das Freizeichen, kann man ohne Vermitt-

lung auch ins Ausland durchwählen. Nach Beendigung des Telefonates bezahlt man an der Kasse oder in der Post am Schalter. Meist ist der Weg zu den privaten Telefonen etwas kürzer, man sollte jedoch bedenken, daß die Gespräche auch etwas teurer sind. Die Preise für internationale Telefonate bewegen sich auf deutschem Niveau, ohne daß es jedoch günstigere Tarife zu bestimmten Tageszeiten gibt. Es kann passieren, daß man nicht sofort eine Verbindung bekommt. Besonders in den Abendstunden kann es einige Zeit und etliche Versuche dauern, bis es endlich am anderen Ende der Leitung klingelt. Leichter kann man am frühen Morgen – einige Postämter öffnen bereits um 7 Uhr – ins Ausland durchkommen. Selbstverständlich kann man auch von fast allen Hotels aus In- und Auslandsgespräche führen. Da das Hotel jedoch daran mitverdienen möchte, ist der Preis entsprechend.

Trinkgeld

Die Trinkgeldgepflogenheiten entsprechen dem europäischen Standard. Ist man mit der Bedienung und dem Service zufrieden, kann man dem Kellner 10 Prozent des Rechnungsbetrages zukommen lassen.

Zahlungsmittel und Preisniveau

Offizielle Währung in Monengro ist der Euro. Montenegro ist zwar nicht Teil der Europäischen Gemeinschaft, dennoch wurde zeitgleich mit

In Virpazar, am Skutarisee

der EU auf den Euro umgestellt. So
fällt praktischerweise für die meisten
Besucher das lästige Geldwechseln
weg. Schon zuvor hatte man sich
vom jugoslawischen Dinar verabschiedet und die Deutsche Mark als
Hauptwährung eingeführt. Zwar
wurde die Umstellung von Mark auf
Euro auch in Montenegro dazu
benutzt, die Preise teils kräftig zu
erhöhen, aber Montenegro ist nach
wie vor ein preiswertes Urlaubsland.
Die Preise für Lebensmittel, Kleidung,
Kosmetika und elektronische
Geräte sind mit denen in Westeuropa
vergleichbar. Schnäppchen lassen sich
nur vereinzelt machen, und dann ist
die Herkunft der Waren oft zweifel-
haft. Beispielsweise werden CDs und
Computerprogramme für den Bruch-
teil des üblichen Preises verkauft und

sind ausschließlich Schwarzkopien.
Günstig können Restaurantbesuche
sein. Ein üppiges mehrgängiges Menü
kann man zu Preisen wie in Deutschland zur Mittagszeit bekommen. Aber
man sollte die Augen offen halten,
die Preise können von Restaurant zu
Restaurant sehr unterschiedlich sein.
Teurer ist es oft in den Touristenzentren. Für ein Bier wird dort gern
bis zu 2 Euro verlangt, für einen Cap-
pucino bis zu 1,50 Euro. Preiswert
wie eh und je ist der türkische Kaffee.
Früher kostete er oft 50 Pfennig, jetzt
oft 50 Cent. Günstiger sind die
Restaurantpreise im Hinterland. Eine
Fleischplatte für zwei Personen kostet
mit Beilagen und Getränken oft nicht
mehr als 10 Euro.
Preiswert sind in Montenegro Zigaretten (ab 0,30 Euro), Spirituosen
und Wein. Für Kunstliebhaber lohnt
ein Besuch der zahlreichen Galerien.
Meisterliche Kunstwerke lassen sich
dort günstig erwerben. Allerdings
ziehen auch hier die Preise in den
Sommermonaten deutlich an. Außerhalb der Touristensaison bezahlt man
nicht selten nur den halben Preis.
Der lokale Bus nimmt Gäste für
1 Euro mit, die Kinokarten kosten
etwa 2, Konzerte 5 bis 10 Euro.
Günstig sind Diesel und Benzin
(0,75 bzw. 0,85 Euro), allerdings ist
die Qualität nicht sehr gut und daher
der Verbrauch größer.

Zeitungen und Zeitschriften
Das Zeitungsmachen hat in Montenegro eine lange Tradition. Selbst

Kiosk in Herceg Novi

unter schwersten Bedingungen und zu Kriegszeiten wurden in Montenegro Zeitungen gedruckt. Zeitungshochburg ist Podgorica. Alle großen montenegrinischen Tageszeitungen und die wichtigsten Magazine haben dort ihren Sitz. Zu den wichtigsten Tageszeitungen gehören Pobjeda, Vijesti, Dan, Publika und Glas Crnogarca. Das wichtigste Magazin ist Monitor. In den 80er Jahren lagen an den montenegrinischen Kiosken an der Küste auch zahlreiche ausländische Zeitungen und Magazine aus. Mit den steigenden Touristenzahlen wird dies in naher Zukunft sicherlich wieder der Fall sein.

Zollbestimmungen

Selbstverständlich können Gegenstände für den persönlichen Bedarf – Kleidung, Schuhe, Wäsche, Toilettenartikel – zollfrei nach Montenegro mitgebracht werden. Dazu gehört auch persönlicher Schmuck, bis zu zwei Fotoapparate mit Filmen, eine Video- oder Schmalfilmkamera, ein Radio bzw. Kassettenradiogerät und auch Autoersatzteile von geringerem Wert. Allerdings sollten diese Gegenstände an der Grenze mündlich angemeldet werden. Das Einführen von Bargeld stellt ebenfalls kein Problem dar. Größere Mengen sollten jedoch ebenfalls deklariert werden.

Reisende über 16 Jahre können außerdem 200 Zigaretten, 50 Zigarren oder 250 Gramm Tabak, einen Liter Wein und einen Liter Spirituosen und eine geringe Menge Parfüm ein- oder ausführen.

Montenegro im Internet

Das Informationsangebot im Internet über Montenegro ist mittlerweile recht vielfältig. Allerdings sind die meisten Websites in serbischer und englischer Sprache. Das Angebot an deutschsprachigen Internetseiten mit dem Thema Montenegro beschränkt sich auf eine handvoll Seiten.

www.montenegro.yu.
Die offizielle Website Montenegros.

www.montenegro-info.com
Deutschsprachige Website über Montenegro. Mit einem Reiseführer und Infos über das Land, Kultur und Menschen, darüber hinaus Reiseberichte, kostenlose Downloads, Fototouren und ein Forum.

www.montenegro-reisefuehrer.de
Sehr schöne deutschsprachige Website, die über Städte und Sehenswürdigkeiten informiert. Besonderer Schwerpunkt ist Ulcinj.

www.visit-montenegro.com
Informative Website der Nationalen Tourismus Organisation Montenegros. Auch in deutsch.

www.montenegro-airlines.co.yu
Offizielle Internetseite von Monte-

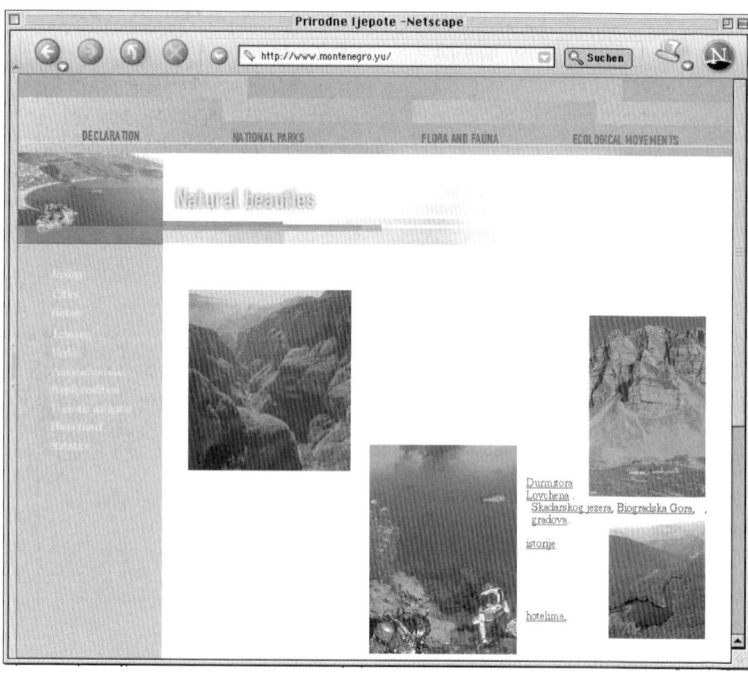

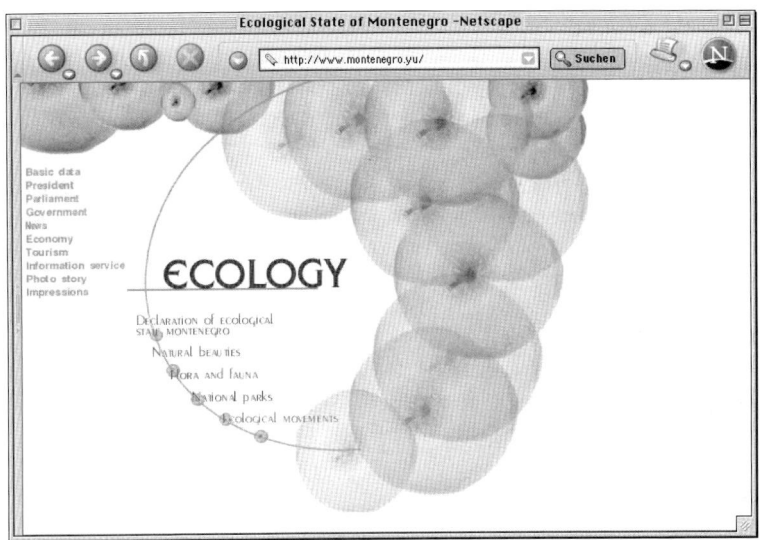

negro Airlines. Zu finden ist der Flug-plan, Informationen über die kleine Flotte, Adressen für den Ticketkauf und Kurzinformationen über Monte-negro.

www.jat.com

Offizielle Webseite von Jugoslav Air-lines, der jugoslawischen Airline. Folgende Infos sind zu finden: Flug-plan, Flotte, Zukunftspläne der Fluglinie, Buchungsmöglichkeiten, Pilotenschule u.a.

www.budvanska-rivijera.co.yu/

Infos zu der Region Budva inkl Sveti Stefan, Miloćer, Bečići u. a. Kurzvideo.

www.mse.cg.yu/index.asp

Montenegrinische Suchmaschine für Websites und E-Mail Adressen.

http://home.t-online.de/home/ markodu

Alles Wissenswerte über Slowenien, Kroatien, Bosnien-Herzegowina, Ser-bien, Montenegro und Mazedonien. Diese Seite beschäftigt sich vor allem mit Politik und Kultur der einzelnen Staaten.

www.mediaclub.cg.yu/

Aktuelle Nachrichten und weitere Rubriken wie Kommentare, Kultur, Sport, Bücher und Links. Mailingliste. Serbisch/englisch.

Der Autor

Marko Plešnik, geboren 1967 in Wuppertal. Schul- und handwerkliche Ausbildung in Remscheid, Abitur in Düsseldorf, anschließend Studium der Sozialpädagogik in Wiesbaden.

Seit frühster Kindheit regelmäßige Reisen nach und durch Montenegro und das ehemalige Jugoslawien. Zunächst nur in den Ferien mit Geschwistern, der deutschen Mutter und dem jugoslawischen Vater zu Besuch bei den Großeltern, später und bis heute auf eigene Faust und bei sich jeder bietenden Gelegenheit. Denn nicht erst jetzt zeigt sich eine starke Faszination für Montenegro, die ihre Motivation unter anderem aus einer noch stärkeren Zuneigung zu einer – wenn auch nicht echten – Montenegrinerin schöpfte. Die Reisen blieben nicht folgenlos: Dem Autor bescherten sie zwei kleine Montenegrinerinnen und der verehrten Leserschaft dieses Buch.

Personenregister

Ortsregister

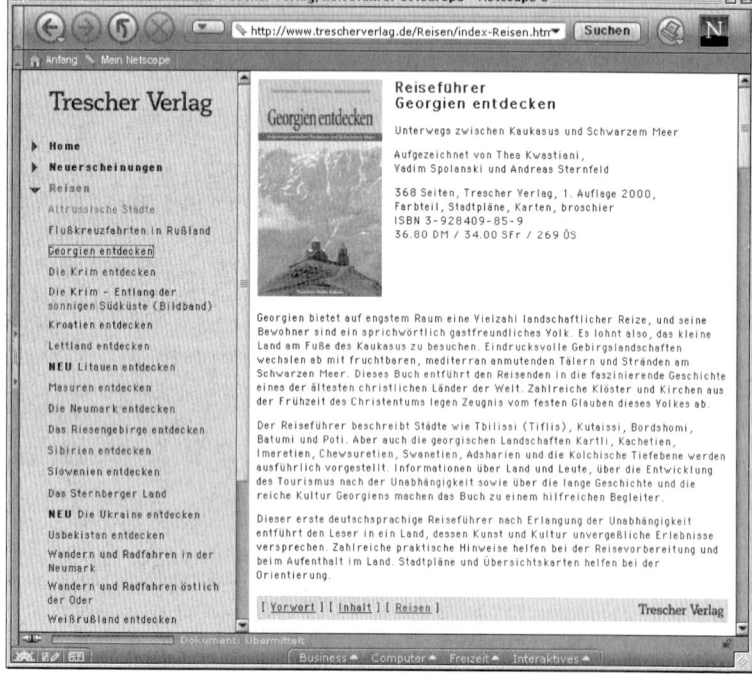

**Trescher Verlag im Internet unter www.trescherverlag.de
mit ausführlichen Infos über alle unsere Bücher und Onlineshop**

Trescher Verlag

Der Osteuropaspezialist

Armenien entdecken
3000 Jahre Kultur zwischen West und
Ost, 19.95 €

Bulgarien entdecken
Unterwegs zwischen Schwarzmeer-
küste, Balkan und Donau,
16.95 €

Estland entdecken
Skandinavische Impressionen
im nördlichen Baltikum, 16.95 €

Flußkreuzfahrten in Rußland
Unterwegs auf Wolga, Don, Jenissej
und Lena, 14.95 €

Georgien entdecken
Unterwegs zwischen Kaukasus
und Schwarzem Meer, 18.95 €

Kasachstan entdecken
Auf Nomadenwegen zwischen
Kaspischem Meer und Altaj,
18.95 €

Das Kosovo entdecken
Kultur und Natur zwischen Amselfeld und Albanischen Alpen, 13.95 €

Kroatien entdecken
Unterwegs zwischen Istrien,
Slawonien und Dalmatien, 14.95 €

Litauen entdecken
Europas neuer Mittelpunkt
im Baltikum, 14.95 €

Masuren entdecken
Unterwegs im Land der Seen
und Wälder, 13.95 €

Die polnische Ostseeküste
Unterwegs zwischen Oder
und Frischem Haff, 13.95 €

Trescher Verlag

Der Osteuropaspezialist

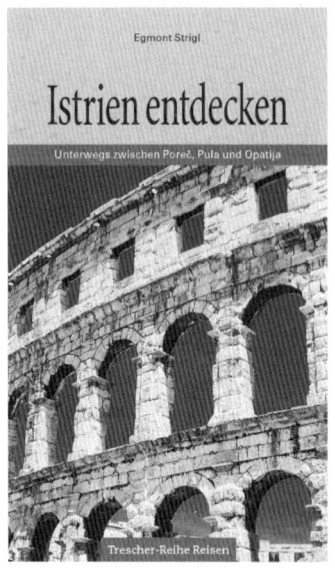
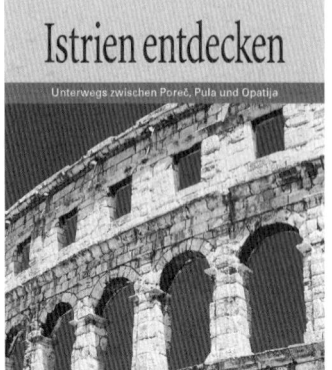

Das Riesengebirge entdecken
Rübezahls Land an der tschechisch-
polnischen Grenze, 13.95 €

Rumänien entdecken
Kunstschätze und
Naturschönheiten, 19.95 €

Sibirien entdecken
Städte und Landschaften
zwischen Ural und Pazifik, 18.95 €

Die Slowakei entdecken
Unterwegs zwischen Donau
und Hoher Tatra, 13.95 €

Slowenien entdecken
Unterwegs zwischen Alpen
und Adria, 13.95 €

St. Petersburg entdecken
Die europäische Metropole und ihre
altrussischen Nachbarn, 13.95 €

Transsib-Handbuch
Unterwegs mit der Transsibirischen
Eisenbahn, 19.95 €

Tschechien entdecken
Unterwegs in Böhmen und Mähren,
15.95 €

Usbekistan entdecken
Auf der Seidenstraße nach
Samarkand, Buchara und Chiwa,
17.95 €

Die Ukraine entdecken
Zwischen den Karpaten und dem
Schwarzen Meer, 19.95 €

Weißrußland entdecken
Natur und Kultur von Brest bis
zum Dnepr, 16.95 €

**Trescher Verlag im Internet unter www.trescherverlag.de
mit ausführlichen Infos über alle unsere Bücher und Onlineshop**